国　外　“　一　带　一　路　”　研　究　译　丛

Springer

THE BELT AND ROAD

从丝绸之路到“一带一路”：重塑过去，共创未来

［孟］黄　泽（Md. Nazrul Islam）◎主编

余承法　段园园◎译

CTS｜湖南人民出版社·长沙

《国外“一带一路”研究译丛》

主　编　蒋洪新　尹飞舟

副主编　邓颖玲　余承法

总　序

“‘一带一路’源自中国，但属于世界。”习近平主席这句话启示我们，“一带一路”建设需要中国智慧，也需要世界智慧。“一带一路”与世界智慧的关系是什么？在《国外“一带一路”研究译丛》出版之际，这个问题引起我们的深思。

一、“一带一路”倡议吸纳了世界智慧

丝绸之路是中国开凿出来的古代商路，其形成汇聚了沿线各国人民的智慧，是历史留给人类的财富。西汉时期，张骞两次出使西域，开通了丝绸之路，《史记》称之为“凿空”之旅。东汉时期，班超出使西域，使丝绸之路复通，《后汉书》记载，班超派遣的“甘英使大秦，抵条支。临大海欲度……”魏晋南北朝时期，北魏献文帝遣使通西域，《魏书》记载：“朝廷遣使者韩羊皮使波斯，波斯王遣使献驯象及珍物。”唐宋时期，贸易顺畅，陆上丝绸之路的发展达到鼎盛，海上丝绸之路也十分繁华，据韩愈《送郑尚书序》描述，“蛮胡贾人，舶交海中……外国之

货日至，珠香象犀玳瑁奇物溢于中国，不可胜用”。元朝时期，意大利旅行家马可·波罗根据他经行地中海、欧亚大陆和游历中国的经历，写下了著名的《马可·波罗游记》，向欧洲展示了神秘的东方。明朝时期，著名航海家郑和7次远洋航行，到达亚洲、非洲的30多个国家和地区。“驼队和善意”“宝船和友谊”架起了东西方交流的桥梁，打开了各国友好交往的大门。

丝绸之路是贸易之路，将中国的丝绸、铁器、瓷器等带到西方，将胡椒、亚麻、葡萄等带回中国。丝绸之路是文明交流之路，沿线的古埃及文明、古巴比伦文明、古印度文明和中华文明长期交流互鉴，佛教、基督教和伊斯兰教交流共融。中国古代的四大发明经阿拉伯人传到欧洲，佛教、伊斯兰教以及基督教的分支沿着丝绸之路进入中国，丰富了中国的文化。文明因开放而发展，民族因包容而共存，丝绸之路留下了丰富的文化遗产。

鸦片战争以后，联结东西方的丝绸之路日渐式微，几乎被历史尘封。1868年至1872年，德国地理学家费迪南德·冯·李希霍芬（Ferdinand von Richthofen，1833—1905）在中国先后作了7次旅行，调查地质、矿藏等。在1877年出版的《中国：我的亲身旅行及其研究成果》第一卷中，他首次提出了“丝绸之路”的概念。1910年，德国历史学家阿尔伯特·赫尔曼（Albert Herrmann，1886—1945）在其著作《中国与叙利亚之间的古代丝绸之路》中引申了李希霍芬的观点。1913年，法国汉学家埃玛纽埃尔-爱德华·沙畹（Émmanuel-Édouard Chavannes，1865—1918）提出了“海上丝绸之路”的概念。1936年，李希霍芬的学生斯文·赫定（Sven Hedin，1865—1952）推出《丝绸之路》

一书。从此，以中国为起点的海上丝绸之路和陆上丝绸之路，拂去了历史的尘烟，重新回到了人们的视线。

20 世纪后期，国际社会开始出现一些复兴丝绸之路的提法。1988 年，联合国教科文组织宣布启动为期 10 年的“综合研究丝绸之路——对话之路”项目，旨在加强东西方文化交流，密切欧亚大陆各国人民的关系。2008 年，联合国开发计划署与中国和中亚四国政府联合发起“丝绸之路复兴计划”，该计划包括俄罗斯、伊朗、土耳其、中国等 19 个国家，于 2008—2014 年实施了 230 个项目，投入 430 亿美元，在公路、铁路、港口、通关等方面着力，构建运输走廊。2004 年，日本提出将中亚五国及外高加索三国定为“丝绸之路地区”，实施“丝绸之路外交”战略，抢占能源。2005 年，美国约翰斯·霍普金斯大学中亚高加索研究院院长弗雷德里克·斯塔尔（Frederick Starr）提出“新丝绸之路”的想法，强调建设连接南亚、中亚、西亚的交通运输和经济发展网络。2011 年，美国提出“新丝绸之路”计划，以阿富汗为中心，将中亚、南亚连起来，构建区域性地缘政治、经济体系，意在围堵和遏制中国、俄罗斯和伊朗。同年，伊朗启动“铁路丝绸之路”计划，旨在连通阿富汗、塔吉克斯坦、吉尔吉斯斯坦和中国的铁路线。2012 年，哈萨克斯坦宣布实施“新丝绸之路”项目，计划充分利用区位优势，将该国打造为中亚地区最大的过境中心。多年来，俄罗斯将“中欧运输走廊”称为“新丝绸之路”，强调俄罗斯应该在“新丝绸之路”上发挥决定性作用。这条走廊从中国、中亚、俄罗斯到德国，联通铁路网和港口。上述这些提法不同程度地体现了“丝绸之路”蕴藏的智慧，在国家与国家的关系中找到了符合自身利益的发展空间和路径，但是它们的价值观存在局限，囿于局部利益和短期效应，没有宽广的全球视野和历史纵深感，因而缺乏可接受性、可持续性和开创性。

2013年秋，习近平主席分别在哈萨克斯坦和印度尼西亚提出了共建“丝绸之路经济带”和“21世纪海上丝绸之路”的倡议，标志着古代丝绸之路的复兴进入了一个新的历史时期。习近平主席融历史眼光和全球视野于一体，深邃地思考丝绸之路的历史与未来。他对丝路精神进行了高度的概括：“古丝绸之路绵亘万里，延续千年，积淀了以和平合作、开放包容、互学互鉴、互利共赢为核心的丝路精神。这是人类文明的宝贵遗产。”他针对全球发展中存在的问题，从构建人类命运共同体的高度，提出了一个促进各国人民共同繁荣发展的方案。习近平主席提出的“一带一路”倡议是贡献给世界的中国智慧，之所以能够得到国际社会积极而广泛的响应，正是因为该倡议具有历史眼光和全球视野，吸纳了世界智慧。正如世界银行前行长金墉所说：“‘一带一路’倡议植根于古代丝绸之路的历史土壤，点亮的是未来世界发展的星空。它将推动跨境乃至跨大洲的融通，惠及世界大多数人口。”

二、共建“一带一路”需要联通世界智慧

共建“一带一路”的核心是区域联通、世界联通，而世界联通的根本是世界的智慧相通。从时间维度来看，“一带一路”

倡议贯通古今。丝绸之路从西汉时期开拓凿通到鸦片战争后日渐衰落，再到今天在国际社会共商共建中将重现昔日的辉煌，2000多年的漫长历史中虽然历经盛衰，却赓续绵延，其中有多少故事值得回味，有多少智慧值得汲取。2014 年 6 月，中国、哈萨克斯坦、吉尔吉斯斯坦跨国联合申报的丝绸之路项目被列入《世界遗产名录》，这标志着中国与“一带一路”沿线国家共同继承丝绸之路历史遗产的开始。从空间维度来看，“一带一路”倡议联通全球。丝绸之路以中国为起点，连接亚洲、欧洲和非洲，以开阔的胸襟、开放的态度接纳越来越多的国家和地区，以开放的态度容纳世界。根据“一带一路”倡议和国际合作的需要，结合古代陆海丝绸之路的走向，丝绸之路经济带有三大走向：一是从中国西北、东北经中亚、俄罗斯至欧洲、波罗的海；二是从中国西北经中亚、西亚至波斯湾、地中海；三是从中国西南经中南半岛至印度洋。21 世纪海上丝绸之路有两大走向：一是从中国沿海港口过南海，经马六甲海峡到印度洋，延伸至欧洲；二是从中国沿海港口过南海，向南太平洋延伸。在如此广阔的地域空间建设人类利益共享的联合体，在历史上还未曾有过。联通古今，历史和文化聚同；联通全球，视野和利益求同。“一带一路”的共建就是古今中外的智慧联通。

“共建‘一带一路’以政策沟通、设施联通、贸易畅通、资金融通、民心相通为主要内容。”“五通”是“一带一路”建设的基本路径，也是中国智慧和世界智慧联通的具体路径。“一带一路”与俄罗斯提出的欧亚经济联盟、东盟提出的互联互通总体规划、哈萨克斯坦提出的“光明之路”、土耳其提出的“中间走廊”、蒙古国提出的“发展之路”、波兰提出的“琥珀之路”等协同共进，是政策沟通的结果，也是智慧碰撞的成效。中国与印尼、老挝合作，加速推进雅万高铁、中老铁路等项目；中国与巴基斯坦、希腊合作，加紧建设瓜达尔港、比雷埃夫斯港。这种设施联通的背后是双方智慧的对接和融合。贸易畅通需要理念的统一、规则的共识，每打通一个环节，都是双方智慧的提升。资金融通汇聚和流动的是货币，挑战的是融资瓶颈，无论是投资还是融资，都得依靠双方的沟通、交流。民心相通直面文化和精神领域，促进各国的人文交流，促进各国人民的相互了解，这是“五通”中最为重要的，因为民心相通使各国人民心意和智慧相通，直接铸就“一带一路”的民意基础和社会基础。

“共建‘一带一路’为实现人类命运共同体提供了新的助力。”“一带一路”的包容性和开放性，体现出构建人类命运共同体的理念。经济全球化给世界带来了美好，也带来了困惑。“面对经济全球化带来的机遇和挑战，正确的选择是，充分利用一切机遇，合作应对一切挑战，引导好经济全球化走向。”中国智慧倡导“和为贵”“协和万邦”，强调“己欲立而立人，己欲达而达人”。“一带一路”倡议引领包容性全球化，为经济全球化的发展提供富有中国智慧的解决方案。包容性全球化强调共商共建共享，追求普惠和均衡，激发世界各国人民的智慧，让世界各国人民因为合作共赢实现更加美好的生活，让世界各国因为责任共同体、利益共同体而走向命运共同体。

三、为共建“一带一路”汇聚更多的世界智慧

要进一步吸纳世界智慧，进而联通世界智慧，最佳路径就是从域外视角来观察和思考问题，域外视角是学习世界智慧的好方法。“一带一路”的核心是对接各国的发展战略，促进区域的基础设施建设和互联互通，实现共同繁荣。因此，参与共建的各国不能只考虑本国的利益，还要考虑他国利益和区域利益；不能固守本国的理念，还要理解和尊重他国的理念。对于中国来说，就要把中国的愿景与“一带一路”沿线国家共同的愿景相结合，把中国的利益与“一带一路”沿线国家共同的利益相结合。共建“一带一路”要求我们不能局限于中国的视角来看问题，要学会从域外视角、从人类命运共同体的理念来看问题。其他国家对“一带一路”的认识是域外视角，其他国家的政府、商界、学界、民众关于“一带一路”的理解与认识也是域外视角，还有一些国际组织、区域组织对“一带一路”的看法都是我们加深认识“一带一路”的域外视角。通过这些域外视角了解国际社会复杂的观点和诉求，是深入研究“一带一路”必走的一步，深入理解其中蕴含的智慧更是共建“一带一路”所不可或缺的。

2017 年 5 月，在“一带一路”倡议提出将近 4 年之际，首届“一带一路”国际合作高峰论坛在北京举行，包括了圆桌峰会和 6 个分论坛，29 位外国元首、政府首脑及联合国秘书长出席，来自 130 多个国家和 70 多个国际组织的 1500 多名各界代表参会。与会领导人和代表充分交流，分享政策实践和合作体会，

产生了 270 多项合作成果。2019 年 4 月，第二届“一带一路”国际合作高峰论坛再次在北京召开，圆桌峰会以外，分论坛增加到 12 场，另外还举办了一场企业家大会。这届论坛有 38 个国家的元首或政府首脑以及联合国秘书长、国际货币基金组织总裁共 40 位领导人出席，来自 150 个国家、92 个国际组织的 6000 余名外宾参会。会议进一步扩大了共识，产生了 283 项合作成果。这两届高峰论坛都在充分交流的基础上发表了联合公报，凝聚了共建“一带一路”的国际共识。

“一带一路”国际合作高峰论坛提供了倾听各国政府声音的场所，要更深入地了解国际社会对“一带一路”的认识，还需要倾听来自民间的声音。这就需要了解各国智库的观点，需要了解各国学界、商界、民众的心声，需要了解一些区域组织和国际组织的看法，还需要了解相关区域和国家的经济、文化、教育、科技等方面的现状及其对接“一带一路”的路径。

“一带一路”倡议提出以来，国内学术界从政治、经济、文化和历史等领域展开了“一带一路”的研究，推出了一大批“一带一路”的研究著作，反映了国内研究“一带一路”的热情。但是，国内学术界对国外“一带一路”研究成果的了解不够，国外相关研究成果仅散见于论文、著作中，缺乏系统的反映。事实上，“一带一路”倡议一经提出便引起了各国智库的重视，相关成果已经比较丰富。美国的卡内基国际和平基金会、兰德公司、布鲁金斯学会、外交关系协会等智库机构对“一带一路”合作倡议极为关注，它们透过美国亚太再平衡战略的多棱镜，从不同视角对中国与“一带一路”相关国家的关系进行探讨。尽管美国至今仍置身于“一带一路”之外，而且对“一带一路”的评价常常不怀好意，但是美国对“一带一路”一直保持着很高的关注度。俄罗斯的智库战略和科技分析中心发表了一系列“一带一路”研究报告，态度比较平和务实。印度有多家智库机构如全球关系委员会、和平与冲突研究所、国家海事基金会、南亚分析集团等也都在密切关注“一带一路”，尤其关注中印关系以及两国与南亚的关系发展问题。英国国际战略研究所、德国基尔世界经济研究所、荷兰国际关系研究所、瑞典安全和发展政策研究所、比利时布鲁盖尔研究所、土耳其国际战略研究机构、以色列国家安全研究院、巴基斯坦伊斯兰堡政策研究中心、加拿大地缘政治监控中心、澳大利亚洛伊国际政策研究所、新加坡李光耀公共政策学院、哈萨克斯坦战略研究所等数十家国外智库机构也都着眼于“一带一路”倡议背景下的世界战略、安全、经济前景研究。同时，各国大学中致力于中国研究的学者也活跃于“一带一路”研究领域，纷纷撰文著书，表达他们关于“一带一路”的观点。随着共建“一带一路”的推进，国外“一带一路”研究成果也越来越丰富。

基于“为国内研究‘一带一路’提供域外视角，为建设‘一带一路’提供域外智慧”的宗旨，我们编译出版《国外“一带一路”研究译丛》。该译丛选取国外研究“一带一路”的最新著作、论文和研究报告，内容包括国外对“一带一路”的认识和看法、国外对“一带一路”建设的研究、国外对“一带一路”沿线国家和地区的研究等。《国外“一带一路”研究译丛》的出版，将拓展国内“一带一路”研究的视野，为国内“一带一路”

的研究提供“他山之石”，为推进“一带一路”建设提供智力支持，助力中国话语体系的构建和国际话语权的提升。

“一带一路”倡议自2013年提出以来，越来越被国际社会所接受。根据中国一带一路网（www.yidaiyilu.gov.cn）提供的数据，2016年底，有39个国家和国际组织与中国签署了共建“一带一路”合作协议；到2019年10月，与中国签署协议的国家和国际组织迅猛增加到167个，其中有发展中国家，也有发达国家。6年来，中国与“一带一路”沿线国家在港口、铁路、公路、航空、电力、通信等领域开展了大量合作，迅速提升了相关国家的基础设施水平，成果超出预期。中国与“一带一路”沿线国家的贸易和投资保持了强势增长，超出了中国对外贸易和投资的平均水平。截至2019年7月，亚投行成员已经达到100个，其中60%以上来自“一带一路”沿线国家和地区。到2018年4月，中国与61个“一带一路”国家共建立了1023对友好城市，占中国对外友好城市总数的40.18%。

“大道之行，天下为公。”共建“一带一路”，是当今国际社会构建人类命运共同体的伟大实践。“一带一路”建设之所以能够得到沿线各国的共同参与，并取得如此迅速的发展，是因为它是汇聚了世界智慧的中国方案。随着越来越多的国家和人民的热情参与，联结世界、和平兴盛的丝绸之路必将重现人间。

蒋洪新　尹飞舟

2019年10月于长沙

译者前言

2013 年，习近平主席在出访中亚和东南亚国家期间，先后提出共建“丝绸之路经济带”和“21 世纪海上丝绸之路”的重大倡议，即著名的“一带一路”倡议，得到国际社会的广泛关注和高度认可。他在第二届“一带一路”国际合作高峰论坛记者会上的讲话中指出，共建“一带一路”是通向共同繁荣的机遇之路。共建“一带一路”合作取得的早期收获，为各国和世界经济增长开辟了更多空间，为加强国际合作打造了平台，为构建人类命运共同体作出了新贡献。构建“一带一路”创新合作模式，需要加强“五通”，即政策沟通、设施联通、贸易畅通、资金融通和民心相通，以点带面，从线到片，逐步形成区域大合作格局。

国内已经出版了众多有关“一带一路”的研究著作，既有理论层面的阐述和分析，也有实践层面的探索，还有中外合作的案例分析，但多为我们中国人的视角，代表中方的主流观点。国外学术界如何看待“一带一路”倡议？如何回顾“一带一路”的历史、分析其发展现状并展望未来前景？这是我们在推进“一带一路”

建设中需要关注的内容和借鉴的视角。鉴于此，湖南师范大学翻译传播跨学科研究团队申请获批了“十三五”“十四五”国家重点出版物出版规划项目“国外‘一带一路’研究译丛（第一、二辑）”，推出了第一辑 9 部译著，拟推出第二辑 15 部有关国外“一带一路”经济、法律等领域的著作，《从丝绸之路到“一带一路”：重塑过去，共创未来》便是其中之一。这是由北京师范大学-香港浸会大学联合国际学院（简称“北师港浸大”，英文名为 Beijing Normal University – Hong Kong Baptist University United International College，简称 UIC）数字社会科学专业副教授黄泽博士（Md. Nazrul Islam）主编的一部跨学科研究文集。该文集收录的 16 篇英语论文分为 7 篇，涵盖与“一带一路”密切相关的历史、文化、宗教、环境、医药健康和经济发展影响等话题。主编认为，“一带一路”倡议是一个始于丝绸之路、跨越千年的文化化过程，不仅在地缘政治和地缘经济方面发挥了重要作用，而且为推动文化交流提供了良好平台。该文集开创了在“一带一路”研究领域进行中外学术对话与合作交流的先河，有助于我们借助域外视角加深认识“一带一路”倡议的重大意义，在研究的队伍、主题、内容、视角等方面具有鲜明特色，体现重要的翻译出版价值。

研究队伍的国际化。书中各章作者来自中国、美国、加拿大、孟加拉国、柬埔寨、菲律宾、新加坡、哈萨克斯坦等，他们的学习、工作经历使他们拥有国际化视野，在对“一带一路”的认识上能够采取不拘一隅的他者视阈、理性分析的中立立场、博取众长的包容心态、客观分析的研究范式，即使是美国学者贺书孟、中国大陆学者如中国人民大学国际关系学院王义桅教授、中国香港学者詹肇泰等，对“一带一路”倡议坚持赞扬立场的同时，也冷静分析具体建设中面临的困难或挑战。

研究主题的聚焦性。全书各章围绕跨学科论坛的主题即“‘一带一路’互联互通与欧亚一体化”展开。无论是回顾历史、关注当下，还是展望未来，所有章节都致力于强调互联互通和欧亚一体化；无论是概念厘定、理论阐述，还是案例分析、体系建构，都聚焦“一带一路”建设进行理性思考、剖析面临的困难、提出对策建议，都致力于推动“一带一路”建设中的人文交往和文化交流。

研究内容的全方位。全书在聚焦主题的前提下，论及与“一带一路”相关的历史、文明、宗教、社会文化、环境、医疗保健、区域影响七个方面的内容，既将“一带一路”作为文化化进程进行整体考察（如第一章），又纵观“一带一路”的历史维度和现实维度（如第二、三、四章）；既论及“一带一路”沿线国家和地区之间的宗教传播与交流（第五、六章），又探讨“一带一路”倡议为文化化进程带来的机遇（如第七、八、九、十章）；既分析“一带一路”倡议对整体的经济和环境可持续发展的影响（如第十一、十二章），又具体阐述“一带一路”给参与国的医疗、经济和社会发展带来的影响（如第十三、十四、十五、十六章）。书中重点分析了丝绸之路的历史与未来，认为“一带一路”倡议通过加强人类的沟通与合作，为文化互通与交流创造了潜在的丰富沃土，对欧亚大陆的综合性与持续性发展将带来有益的深远影响。

研究视角的多学科。全书研究队伍的国际化及其多元文化与教育背景，给他们观察、解读和分析“一带一路”带来不同的学科视阈，探究内容涉及历史学、环境学、经济学、管理学、宗教学、社会学、语言学、跨文化交际学等人文社会科学的不同领域，给读者带来多学科阐释与多维度启迪，也提供了各自不同的研究范式。

本译著从选材、审读、立项、翻译到最后定稿，历时三年。时间之长，过程之苦，困难之多，压力之大，非亲历者无法体会。

首先，部分内容的灵活处理。我们尽量采取遵循"直译为主、意译为辅"的全译原则，力图如实传达原著内容或撰述原文作者观点。但境外学界尤其是部分西方学者对"一带一路"并非异口同声地赞同和支持，部分作者在引用西方文献时，不可避免地带有偏见，某些内容带有"有色眼镜"，少数观点缺乏"政治正确性"，个别措辞不够严谨。对此，我们采取了灵活处理，如：除了更正或删除少数表述不当的言辞，还剔除了原著第五章讨论中国针对"一带一路"沿线亚洲国家公共外交政策中的宗教问题，一则因为我国大多数读者对此内容比较熟悉，二则因为部分内容表达不妥或与事实不符；将部分学者仍然采用的"一带一路"的旧译名"One Belt，One Road"及其简称"OBOR"统一纠正为"the Belt and Road Initiative"，相应的汉语表述为"'一带一路'倡议"。

其次，背景知识的缺乏。我们的专业领域为英语语言文学或英汉翻译，在面临不同学科的术语、陌生领域的知识时，显得捉襟见肘、力不从心，需要花费大量时间和精力补课、查询、核实，有时为一个术语的翻译而绞尽脑汁。如：culturalisation 究竟译成"文明化""文化化"还是"文明进程""文化进程"？我们颇费了一番心思，也进行了较多咨询和查证，最终决定按照构词法，采用多数学者常用的译名"文化化"。

再次，不同风格的协调。全书作者具备不同文化背景，来自不同学科领域，拥有不同的学术英语表达风格，而且各章内容皆由参会发言而来，不同口语与书面语的使用、英式英语与美式英语的差异，是我们翻译过程中需要协调但难以协调的挑战，这也印证了那句俗语——翻译是一门遗憾的艺术。

最后，烦琐细节的处理。原著 2019 年出版，虽然内容并未过时，但部分网络文献无法访问、不同作者的文献格式规范、对涉及汉语原文表述的不同翻译问题，需要我们对照查证和纠正。原著采用部分中文文献的英译本（如习近平的重要讲话、《推动共建丝绸之路经济带和 21 世纪海上丝绸之路的愿景与行动》）或者将中文论著译成英文，我们在翻译时直接引用汉语原文，因此对夹注和参考文献稍作了调整。这些都是颇为头疼而又不能忽视的细节，因为“态度影响质量”“细节决定成败”。

译著的出版是集体智慧的结晶，离不开多人的关爱和支持。译笔杀青之时，我们要衷心感谢诸位师友。《国外“一带一路”研究译丛》主编、湖南师范大学党委书记蒋洪新教授亲自进行项目策划、书目遴选与课题申报，始终关心项目进展。译丛联袂主编、湖南师范大学翻译传播研究所所长尹飞舟教授负责整体策划与安排，并亲自审校每部译著的终稿。译丛副主编、湖南师范大学语言与文化研究院院长邓颖玲教授对译丛事无巨细，穿梭于出版社、校内各部门与译者团队之间，殚精竭虑地推动译丛的整体进展、每部译著的翻译出版。湖南人民出版社贺正举社长、钟伦荣总编辑亲自抓牢、落实项目启动和翻译出版的诸多环节，版权编辑李玉婷高效多能地完成翻译版权的洽谈，项目负责人吴韫丽始终参与翻译出版的全过程。硕士生卿子晔、刘佳佳、李梓玉、肖家禹、吴敏等承担了文献查证、翻译校对等工作。译者在此一并致谢！

囿于译者学识浅陋、水平有限，书中错讹在所难免，恳请读者多提宝贵意见。

余承法　段园园

2023 年春

长沙岳麓山下

原著序言

中国政府提出“一带一路”倡议的地缘经济愿景显然是文化互动和交流的重要机遇。本文集将“一带一路”倡议视为一个始于丝绸之路、跨越多年的文化化进程。本书认为，“一带一路”倡议不仅在地缘经济中发挥了作用，还通过促进民间互动和交流，从根本上为文化交流创造了机遇和平台。通过分析从历史到宗教、从语言到文化、从环境到健康等主题，本书探讨从丝绸之路到“一带一路”的历程。人文、社会科学和商学等领域的专家、学者、研究人员以及本科生和研究生等将从文集中发现看待“一带一路”倡议的新视角、新思路。

本文集收录“北师港浸大第二届跨学科论坛：‘一带一路’互联互通与欧亚一体化”的部分发言论文。我要借此机会感谢论坛的所有参加人员，包括来自世界各地的发言人、主持人、讨论人和听众，没有他们的积极参与，本届论坛不可能成功召开。我还要感谢北京师范大学–香港浸会大学联合国际学院校长吴清辉教授的鼓励，及慷慨支持组织本次论坛并编辑出版本文集。

我要尤其感谢：北京师范大学-香港浸会大学联合国际学院协理副校长关利平教授对论坛的支持、鼓励并进行主旨发言，北京师范大学-香港浸会大学联合国际学院通识教育办公室主任杨斯敏教授对主办论坛和出版文集给予的全面指导。普罗富拉·C.萨克尔教授（Prof. Profulla C. Sarker）、法蒂玛·库克耶娃教授（Prof. Fatima Kukeyeva）、菲克迪·恩贡（Dr. Pheakkdey Nguon）、马克·佩里博士（Dr. Mark Perry）花费了大量时间阅读书稿，并为作者和编者提供了有价值的反馈。我真诚感谢北京师范大学-香港浸会大学联合国际学院通识教育办公室同事的无私奉献和辛勤付出，严思淇（Lavanie Siqi Yan）、黄如欢（Carol Ruhuan Huang）、袁湾（Wan Yuan）、苏小梅（Stacey Xiaomei Su）、潘思静（Sijing Pan）、吉玛·伊丽莎白·琼·巴恩斯（Gemma Elizabeth June Barnes）、西奥多·威廉·西姆斯·卡朋特（Theodore William Sims Carpenter）、尼古拉斯·大卫·斯图尔特-布洛赫（Nicholas David Stewart-Bloch）为组织论坛和准备书稿夜以继日地提供后勤服务。

黄　泽

2023 年 7 月

中国珠海

主编与作者简介

黄泽(Md. Nazrul Islam)，博士，北京师范大学-香港浸会大学联合国际学院通识教育办公室副教授，曾任加拿大不列颠哥伦比亚大学人口与公共卫生学院客座副教授（2015—2016）、北京师范大学-香港浸会大学联合国际学院联合研究所研究员（2011 年至今）、香港大学亚洲研究中心访问学者（2008）、印度加尔各答大学教师（2004—2005）、菲律宾马尼拉雅典耀大学客座研究员（2003）、德国学术交流中心（DAAD）研究员（2002—2003）、日本联合国大学研究员（2001）。曾在印度帕布纳少年学院、法里德普尔兹拉学校和塔拉梅拉伊山纪念学校学习。研究方向为：中草药和印度阿育吠陀医学等亚洲医学以及健康旅游、“一带一路”倡议和文化互联互通方面，以医学卫生为重点。主要著作包括：*Chinese and Indian Medicine Today-Branding Asia* (Springer Nature, 2017)、*Public Health Challenges in Contemporary China: An Interdisciplinary Perspective* (Springer, 2016).在 *Current Sociology*、*Health Sociology Review* 等知名期刊上发表几十篇有影响的论文。有关亚洲本土药物全球商品化的文章和讲座受到学术界和普通观众关注，接受知名报纸访谈。

玛丽亚·阿洛伊修斯（Maria Aloysius），获马来西亚威省理工学院商学文凭（管理）（2010）、马来西亚理科大学人类学与社会学学士学位（2014），马来西亚理科大学人类学与社会学硕士学位。曾获丹斯里拿督尤索夫·阿卜杜勒卡德尔奖学金（2014）。主要学术活动包括：参加 2013 年在日本广岛大学举行的国际论坛、2016 年/2017 年德国柏林洪堡大学亚非研究所举办的国际暑期学校。曾任研究助理等职务，2015—2018 年间获美国大学研究奖学金。曾辅导和协助一些课程，如冲突转化与和平建设和社会科学统计。主要成果包括：“A Qualitative Study on Public Breastfeeding: What's Appropriate and Inappropriate in Penang, Malaysia?”（*Advanced Science Letters*, 2017, no. 23, pp. 3185—3189）；“Postpartumhood: Dietary Practices and Breastfeeding Attitudes among Malays”（*Pertanika Journal of Social Science & Humanities*, 2017, no. 25, pp. 153—162）。

陈少娴（Siu-Han Chan），博士，社会学家，毕业于香港中文大学。现任北京师范大学-香港浸会大学联合国际学院社会学助理教授。主要研究方向为文化社会学、知识和知识分子社会学、殖民主义和后殖民主义。研究兴趣包括：中国传统和知识分子、中国现代性、殖民和后殖民时期的香港文化和社会。

郑沙武（Savuth Cheng），日本名古屋大学经济学博士，现任柬埔寨湄公河研究所高级研究员，在 21 世纪海上丝绸之路研究中心从事项目“重新审视柬中贸易联通性的决定因素和制约因素”研究。曾任柬埔寨智慧大学、金边皇家大学讲师。研究兴趣为劳动经济学和发展经济学。

苏帕纳克·乔恩（Sophanak Chorn），现任柬埔寨金边皇家大学国际学系全职经济学专业讲师、柬埔寨愿景基金会商业发展部研究员（2012 年至今），兼任大湄公河次区域（GMS）项目自由研究员。获柬埔寨皇家法律经济大学经济发展专业学士学位（2011）、柬埔寨大学英语语言文学专业学士学位（2012）、中国对外经济贸易大学应用经济学专业硕士学位（2013）。研究兴趣为国际发展、经济发展、国际贸易、教育以及小额信贷和经济发展项目的影响研究。目前正在柬埔寨金边皇家大学 21 世纪海上丝绸之路研究中心从事项目“重新审视柬中贸易联通性的决定因素和制约因素”研究。

道仁·久谢巴耶夫（Dauren Dyussebayev），博士，哈萨克斯坦国立大学“一带一路”国际研究中心、形象政策与公共关系主任，江苏省“一带一路”研究中心专家。2015—2016 年，在江苏师范大学进行研究和语言实习。研究兴趣包括：“一带一路”倡议、中国外交政策的理论与实践、中亚问题、国际关系、区域安全和国际一体化。参加的国际学术研讨会包括：商业经济、社会科学与人文（2017，日本大阪），国际研讨会（2017，中国徐州）等。主要成果包括：*China's One Belt-One Road Initiative: Implications for Kazakhstan*（2017）、*Belt and Road Initiative in the Focus of US Interests in Central Asia*（2018）、*Belt and Road Initiative: Prospects for Kazakhstan*（2018）。

冯瑞龙（S. L. Fung），荣获香港大学学士学位、哲学硕士，澳大利亚格里菲斯大学亚洲和国际研究学院比较戏剧专业博士学位。曾任香港浸会大学讲师、助理教授、博士生导师以及香港大学教育学士（语言教育）课程主任，现任教于北京师范大学-香港浸会大学联合国际学院通识教育办公室。出版 20 多部著作，发表 100 多篇关于中国戏剧、语言、文学和文化的论文。受邀担任中国戏剧出版社、中国文学出版社和广西师范大学出版社编委会成员。担任 *Journal of Yam Kim Fai Studies* 主编、*Quarterly Journal of Chinese Studies* 编委等。作为一位戏剧家，在香港、澳门和珠海参与了 10 余部戏剧的制作和演出，并担任戏剧编剧、词作家和副导演。2014 年 4 月，被波兰肖邦文化交流基金会文化委员会授予艺术文凭（优秀）；作为澳大利亚中国艺术协会的荣誉顾问，两次受澳大利亚塔斯马尼亚博物馆和艺术馆邀请，在皇家社会厅进行关于中国艺术的公开演讲（2014 年 4 月、8 月）。

贺书孟（A. Reza Hoshmand），荣获马里兰大学资源经济学博士学位。曾任美国新罕布什尔州纳舒亚市丹尼尔韦伯斯特学院研究生课程副院长兼商业与管理系主任教授，曾任教于哈佛大学、塔夫茨大学、夏威夷大学和加州州立理工大学波莫纳分校，曾任美国国际开发署在哥斯达黎加和喀麦隆等项目顾问，为美国经济与国际发展协会成员。作为一名经济学家，曾与联合国和美国国际开发署等机构合作。作为富布赖特学者，曾研究广东省珠江三角洲的外国直接投资，此后于 2008 年被香港城市大学聘为通识教育项目总监。出版 6 部关于统计分析和研究方法的专著，如 *Business and Economic*

Forecasting（Routledge，2009 年第 2 版）、*Tourism, Trade and Welfare: Theoretical and Empirical Issues*（与 Bharat Hazari 教授合著，Nova，2011）。

迪维娅·亨德拉尼（Divya Hundlani），获美国佛罗里达州迈阿密大学经济学学士学位、新加坡国立大学李光耀公共政策学院公共政策硕士学位（硕士论文研究公私合营在灾后环境重建中的作用）。曾任新加坡地球观测站研究助理，研究灾后环境中的经济生计和住房重建问题。研究兴趣包括：微观经济生计、斯里兰卡环境政策、经济发展中的可持续性概念。曾在新加坡、泰国和印度尼西亚等东南亚各国进行实地考察，搜集原始数据。

柯群英（Khun-Pearce Eng Kuah），教授，博士，现任香港大学社会学系名誉教授和新加坡南洋理工大学访问学者。曾任香港大学社会学系主任和人类学研究中心名誉学术主任，哈佛大学哈佛燕京学社访问学者，牛津大学访问学者兼任协调研究员，巴黎第七大学客座教授，美国莫纳什大学马来西亚分校人类学教授、艺术与社会科学学院院长等。研究兴趣包括：中国散居地与中国大陆的联系、宗教与政治、佛教、政治与慈善事业、性别和社会运动。出版专著 3 部（包括 1 部中文著作），主编著作 9 部，担任 4 本期刊的客座编辑、合作者，还发表多篇期刊文章和著作文章。

法蒂玛·库克耶娃（Fatima Kukeyeva），博士，哈萨克斯坦国立大学国际关系和世界经济系教授，任美国和民主研究资源中心主任，曾任哈萨克斯坦国立大学与卡内基国际和平基金会设立的“法拉比卡内基中亚项目”联合主任（2011—2014），曾参与组织一年一度有关中亚国家不同问题的美国和民主研究暑期班。研究兴趣包括：外交和安全政策、中亚问题、美国外交政策理论和实践以及全球化问题。已出版3部专著，发表关于中亚、美国外交政策、国际组织和国际参与的文章多篇。为富布赖特学者，荣获哈萨克斯坦国立大学校级年度最佳讲师（2007、2015）、杰出学者（2008）。

梁镗烈（Charles T. L. Leung），博士，社会科学家，致力于将冲突管理的概念和方法运用于现实。北京师范大学-香港浸会大学联合国际学院通识教育办公室教授，讲授社会工作与社会行政学、人文与社会科学多门专业课程，香港城市大学香港持续发展研究枢纽成员，研究香港专业服务在“一带一路”倡议中的潜力。基于在社会工作领域的熟练程度，研究如何调解利益相关者对利用社会发展计划的跨国界和文化的共识。社会兼职包括：香港调解资历评审协会有限公司（HKMAAL）认可的普通调解员、内地与香港联合调解中心（MHJMC）认可的国际认可专业调解员。参加第一届亚洲调解协会会议（2009），世界社会工作、教育和社会发展联合会议（2012、2014），亚太地区社会工作区域联合会议（2017）并发言。

尤特娜·恩戈伊（Yuthnea Ngoy），柬埔寨金边皇家大学外国语学院国际研究系讲师，为该校21世纪海上丝绸之路研究中心成员，与团队成员一起承担科研项目“重新审视柬中贸易联通性的决定因素和制约因素”。荣获澳大利亚詹姆斯·库克大学国际政治经济学专业经济学硕士学位（2015）、柬埔寨金边皇家大学外国语学院英语教育硕士学位（2014）。研究兴趣包括：宏观经济政策、经济增长、国际贸易和经济教育。

菲克迪·恩贡（Pheakkdey Nguon），美国克拉克大学人类-环境地理学博士，富布赖特学者。担任柬埔寨金边皇家大学国际研究系21世纪海上丝绸之路研究中心研究员、亚洲开发银行和联合国开发计划署环境顾问。研究兴趣包括：气候变化、可持续基础设施和环境管理。担任以下项目首席研究员：柬埔寨、缅甸和泰国制定"发展中国家通过减少毁林与森林退化减排，以及森林保护、可持续管理增加森林碳库"（REDD+）国家战略进程的比较研究，确保"一带一路"倡议的社会和环境可持续性。

马克·佩里（Mark Perry），博士，北京师范大学-香港浸会大学联合国际学院通识教育办公室助理教授。获芝加哥大学文化史博士学位。研究兴趣包括：全球历史、环境社会学以及宗教和种族关系的社会学。出版人类社会物质和精神发展关系研究的著作：*Convergence*：*Cities*，*Spirituality*，*and the Future of Civilization*（Oxford：George Ronald，2018）。

路易斯·米格尔·多斯·桑托斯（Luis Miguel Dos Santos），博士，中国澳门特别行政区年轻学者和教育家。获美国东北大学教育学博士学位、英国诺丁汉大学英语教育硕士学位、中国台湾中国文化大学政府管理硕士学位、美国拉塞尔学院管理学硕士学位、美国阿斯本大学工商管理硕士学位、美国马萨诸塞大学中国语言文学学士学位。研究兴趣包括：定性研究、教育、外语学习、生活故事、职业发展和成人学习。

普罗富拉·C. 萨克尔（Profulla C. Sarker），博士，孟加拉达卡皇家大学副校长。曾任孟加拉欧洲大学副校长、达卡总理大学副校长、拉杰沙希大学社会工作系教授和主席，曾任北京师范大学-香港浸会大学联合国际学院社会工作和社会管理教授、跨文化研究所所长、人文社会科学处处长。曾任社会兼职包括：孟加拉国政府和欧盟委员会国家粮食安全和营养监测项目高级政策顾问，澳大利亚拉筹伯大学社会发展区域中心课程委员会成员。出版专著 14 部，发表期刊论文 90 余篇。担任 10 余家期刊编委。指导了 18 名博士生和 6 名硕士生。曾参与组织第 14 届国际人类学和民族学科学大会（弗吉尼亚，1998），为健康、心理健康和社会工作国际研讨会（澳大利亚墨尔本，1999；芬兰坦佩雷，2001），第 3 届人类学与健康和疾病史国际会议（意大利热那亚，2002）的国际科学委员会成员。

苏越（Sherry Yue Su），获北京师范大学-香港浸会大学联合国际学院环境科学学士学位，伦敦大学学院建筑环境、环境设计与工程硕士学位。奥雅纳（大中华区）建筑可持续发展工程师，在中国参与了许多可持续建筑设计项目，如汇山项目 LEED 申报、世博园区 LEED ND 开发、董家渡区 LEED 设计和认证，以及宜家上海和长沙项目的可持续设计。

丁郑文（Dinh Trinh Van），博士。研究兴趣包括：越南和中国文学、“一带一路”研究、越南研究和中国研究。参与越南和中国的学术会议并宣读论文，内容涉及越南和中国的经济、政治和战略问题以及越南的中国研究状况。常在越南主要日报上发表有关越中关系当前问题的文章。完成研究项目“评估中国‘21世纪丝绸之路’体系的作用、目标和影响的理由和实践”（2017—2019）。

詹肇泰（Siu-tai Tsim），博士，北京师范大学-香港浸会大学联合国际学院环境科学系副教授。获香港中文大学生物学学士和硕士学位、香港科技大学生物学博士学位。曾在美国天普大学从事博士后研究。研究兴趣包括：风水景观的生态价值和可持续环境管理等。兼任 *Journal of Cleaner Production*，*Environment and Ecology Research* 等国际期刊匿名评审专家。

尤瓦克特普·范恩（Yuvaktep Vann），柬埔寨皇家法律经济大学英语法学学士课程法律讲师。研究兴趣为巨型基础设施发展的法律方面，包括决策过程、融资结构和环境保障措施。目前正在为“湄公河开放发展计划”撰写关于湄公河下游地区国际基础设施融资框架的文章，其中涉及“一带一路”倡议下中国资助的基础设施项目。曾为纽约执业律师，拥有纽约大学法学院环境和能源法的法学硕士学位，富布赖特学者。

王翔（Xiang Wang），博士，北京师范大学-香港浸会大学联合国际学院通识教育办公室副教授，讲授世界宗教和佛教研究等课程。获耶鲁大学东亚研究硕士学位、斯坦福大学宗教研究博士学位。主要学术兴趣包括：亚洲研究、灵性经典、全球宗教、死亡学、神秘主义和世界文学。出版著作6部，发表期刊和会议论文17篇、研究报告和报纸文章多篇。

王义桅，博士，中国人民大学欧盟“让·莫内”讲席教授、国际事务研究所所长和欧盟研究中心主任。曾任中国驻欧盟使团外交官（2008—2011）、复旦大学美国研究中心教授（2001—2008）。主要研究兴趣包括：“一带一路”研究、欧洲一体化、公共外交、中国外交政策和中欧关系。最近的主要著作包括：“中国北约研究丛书”9部、《海殇?：欧洲文明启示录》（上海人民出版社，2013年，被译成英文）、《“一带一路”：机遇与挑战》（新世界出版社，2016年，被译成20种文字）、《世界是通的——“一带一路”的逻辑》（新世界出版社，2017年，被译成10种文字）等。

黄匡忠（H. C. J. Wong），任教于北京师范大学-香港浸会大学国际联合学院。加拿大布鲁克大学社会学专业毕业后，在香港开始了社会工作和社会管理的教职生涯。在将个案、小组和社区方法应用于青少年工作、家庭生活教育、学校社会工作、公民教育和健康教育方面具有丰富经验。曾任教于小学、中学和大学，并在学校和医疗机构担任行政人员。为跨国界社会工作者组织（注册于香港的非政府组织）创始人之一，现为该组织的董事会成员，主要致力于灾难社会工作干预。

黄靖雯（Wei Chin Wong），博士，北京师范大学-香港浸会大学联合国际学院通识教育办公室助理教授。获澳门大学博士学位（2014），博士论文《1786—1900年中国秘密社团与英国殖民政府之间的相互关系》被亚洲学者国际会议（ICAS）列入2015年ICAS图书奖的人文科学最佳论文名单，因论文《英属马来亚时期的“澳门”——移民和马来亚华人社区的形成（1810—1870）》获澳门国际研究所青年研究员奖（2012）。

谢立言（Mandy Liyan Xie），北京师范大学-香港浸会大学联合国际学院环境发展中心全人教育办公室助理辅导员。获得联合国际学院环境科学学士学位（一等荣誉）。

阮宾皓（Bonny Bun-ho Yuen），博士，北京师范大学-香港浸会大学联合国际学院环境科学系助理教授。获新西兰奥克兰大学学士学位、香港城市大学博士学位。曾在美国杜克大学尼古拉斯环境学院从事博士后研究，研究兴趣为水质评定和可持续发展。

Contents 目录

第四篇　社会文化的动态发展

第五篇　环境

第六篇　医疗卫生

第七篇　参与国家的影响

序章 “一带一路”倡议：世界的互联互通

己欲立而立人，己欲达而达人。

——孔子

· 要快富，修高速。

· 要更富，修公路。

· 要最富，修网路。

· 庆祝肯尼亚铁路修建120周年。

· 肯尼亚曾经拥有一条“疯狂铁路”线，如今人们意识到铁路决定当今世界的发展。从历史上看，铁路为肯尼亚发展的最大贡献者，在发展肯尼亚的商业、政治、宗教和文化领域方面发挥了无可比拟的作用。

· 内罗毕总站是肯尼亚现代铁路发展史上的一颗明珠，是一件宏伟的艺术作品，提供了豪华的旅行体验，并因将带来“肯尼亚繁荣未来”的承诺而受到珍惜。

· 车站主楼是一幢20米高的建筑，外形类似于两辆柴油机车从蒙巴萨和马拉巴的铁轨方向驶来，在内罗毕终点站枢纽处相遇。车站设有旅客手续办理处、主控制室、运营办公室和便利设施。

·在内罗毕车站，柴油机车将取代蒸汽机车。曾经，带有传奇色彩的蒸汽机车穿越美丽的风景。如今，通过宏伟的现代化标准轨距铁路线，起伏的现代列车在“疯狂铁路”上往返穿梭，忠诚地亲吻着肯尼亚的土地。

·肯尼亚共和国政府和中华人民共和国政府之间的承诺和合作，以及30,000名肯尼亚人和3,000名中国人的劳动，让该项目比计划提前了18个月完成。肯尼亚铁路公司、铁道第三勘察设计院集团公司–当地私人公司–当地公司（TSDI–APEC–EDON）联盟和中国路桥工程有限公司之间的团队合作有力证明：只要相信自己，葆有信念和激情，一切皆有可能。

·我们在肯尼亚庆祝我们的铁路能保持畅通、连通国家、造福人民。

·向所有帮助实现这一梦想的男女致敬！

·这座纪念碑由肯尼亚共和国总统兼国防军总司令乌胡鲁·肯雅塔阁下于2017年5月31日揭幕，标志着蒙巴萨–内罗毕标轨铁路（简称“蒙内铁路”）开始运营。

女士们、先生们：

我很荣幸，也很高兴能参加今天的学术会议。

在发言之前，我想向大家分享第一组数据。

自2013年“一带一路”倡议提出以来，中国在沿线国家和地区的投资额超过700亿美元，商品贸易额超过5万亿美元。中国已经建立了75个海外经贸合作区，投资额超过270亿美元，为20多万当地人创造了就业机会。中国的丝路基金已经签署19个项目，承诺的投资额为70亿美元。

未来5年，中国在“一带一路”沿线国家的对外投资将达到5000亿美元、中国出境游客预计将达到7亿人次。

2017年5月，北京举办了首届“一带一路”国际合作高峰论坛，1500多人出席。事实上，其中一半人并非由中国政府邀请，而是自愿参加。因此，即便我是正式与会者，而且提前半个小时到达，还是没能在会场找到座位。为什么这么多人被这样一个论坛吸引？但也有一个国家受到中国政府邀请却没来参加，那是印度。也许是印度对经过克什米尔地区的中巴经济走廊存在一些误解或者顾虑。

我想和大家分享第二组数据。截至2017年底，超过86个国家（或国际组织）与中国政府签署了共建“一带一路”的谅解备忘录。另外，联合国大会和安全理事会以及其他团体或委员会都认可“一带一路”倡议，而且“构建人类命运共同体”和“一带一路”倡议已多次被写入联合国决议。最近的联合国人权理事会也呼应建立一种新型的国际关系。“一带一路”倡议只提出了5年，只是一个成长中的幼儿，仍有诸多不足，但为什么受到全世界的如此欢迎？

“一带一路”倡议是包容的、开放的，因此中国政府从未发布过地图明确标示哪些国家被纳入“一带一路”倡议。“一带一路”并不是一条新的丝绸之路，它是全球化的、全方位的，不只是贸易和文化交流。从蒙内铁路的案例来看，非洲是“一带一路”倡议中最引人注目的大陆。

我的演讲题目是《发展旧大陆，发现新大陆》。“旧大陆”是西方的说法。欧亚大陆肯定是“旧大陆”。在英国地理学家哈尔福德·约翰·麦金德（Halford John Mackinder，1861—1947）看来，欧亚大陆是世界岛，不过这是地缘政治的观点。今天，我们从地缘政治转到地缘经济，因为“一带一路”基本上是经济合作。我用“新大陆”一词，是因为拉丁美洲和非洲被称为“新大陆”，但这些地区很少有国家实现工业化。除欧洲国家外，世界上所有的内陆国家都很穷，没有一个实现工业化或现代化。为什么？这是因为所谓的“发现新大陆”是海洋全球化。如今，90%的贸易都通过海洋，所以像哈萨克斯坦和蒙古这样的内陆国家非常贫穷。5 年前习近平主席访问哈萨克斯坦时首次提出“丝绸之路经济带”，因为哈萨克斯坦是世界上最大的内陆国家。老挝是东南亚最贫穷的国家，因为这也是一个内陆国家。现在，我们正在建设一条从老挝延伸出来的铁路；也许在未来，我们会从老挝修建通往新加坡和马来西亚的铁路。这样，老挝就可以通向海洋，加入全球价值链。

这是“一带一路”的大致目标，因为世界不是平的，世界范围内的贫富差距、沿海和内陆之间的差距太大。例如，深圳的经济总量超过 2 万亿人民币，是甘肃省的 6 倍。现在广东省的经济总量超过了俄罗斯，但中国也有非常贫穷的省份。在美国和欧洲，贫富差距也很大，这就是当初特朗普当选总统的原因，也是英国脱欧的原因。因此，世界需要更多的相互联系，解决贫富差距的问题，解决一些国家的问题，解决国家内部部分人民和部门一贯被边缘化的问题。因此，我认为“一带一路”倡议是深受欢迎的。

回顾历史，1871 年，德国统一，两次击败了法国。即使在现今，法国也无法与德国的经济和工业科学竞争。我们来看看德国和法国的地图，从铁路图可以得出一个结论：德国的铁路系统是互相连通的，而法国的整个铁路系统都连接到巴黎。法国的铁路系统对社会等级制度非常有利，但对国际竞争十分不利。以前，非洲有24个国家是法国的殖民地，非洲人要去邻国，必须从巴黎转机，无法直达。现在，这种情况已经发生了变化。因为“一带一路”倡议，我们建立了高速铁路、高速公路以及区域航空网络。例如，在非洲，我去过埃塞俄比亚首都亚的斯亚贝巴。中国现在有5个直达亚的斯亚贝巴的航班，而过去只能在迪拜或巴黎转机。那时东部非洲想跟上深圳和上海的步伐。现在，内罗毕和蒙巴萨被称为非洲的经济特区，所以蒙巴萨就相当于非洲的上海或深圳。我们与非洲国家共享这一愿景，希望解决与此相关的问题。今天的全球化类似于法国的铁路系统，是一个糟糕的受益者系统。打个比方：如果你坐在我面前，我给你发一封邮件，但这封邮件并没有直接到你那里，而是通过美国的互联网，再到你的邮箱。如果你向香港或伦敦汇款，就得使用SWIFT[①]代码。在一切事物上我们确实都是彼此连通的，但我们要通过美国和西方连接。为什么发展中国家都很贫穷？这是因为发展中国家之间没有相互连通。因此，“一带一路”倡议希望在彼此之间、在我们发展中国家之间建立更强的互联互通和横向连接，因为中国是最大的发展中国家。四十年来，中国的扶贫事业对联合国的贡献超过76%，超过7亿中国人口脱贫。中国能够成功，

① SWIFT是Society for Worldwide Interbank Financial Telecommunications的简称，译为“环球银行金融电讯协会”，是为了解决各国金融通信不能适应国际支付清算的快速增长问题而设立的国际银行同业之间合作的非盈利组织，1973年5月由美国、加拿大和欧洲的15个国家的239家银行宣布成立，总部设在比利时布鲁塞尔。目前大多数国家的大多数银行都在使用SWIFT系统。——译者注

为什么其他发展中国家不能？

这就是“一带一路”倡议的目标。美国有大量书籍和文章讨论互联互通，其中一本为帕拉格·康纳（Parag Khanna）所著的《超级版图：全球供应链、超级城市与新商业文明的崛起》①，提到了全球互联革命——这是“一带一路”倡议的关键。“一带一路”倡议要解决贫困、发展差距和安全方面的问题。我访问巴基斯坦和阿富汗时发现，人们仍然遭受电力短缺、暴力和恐怖主义等问题。为什么会出现这些现象？我认为中国解决这些问题的方法是给予人民希望、提高人民的生活水平、缓解贫困、推动区域可持续性发展。我认为这就是以发展为导向的全球化，而不是“颜色革命”，不是所谓的“阿拉伯之春”。这就是中国成功而苏联失败的原因。

“一带一路”倡议可追溯至2000年前的古丝绸之路。“丝绸之路”由柏林洪堡大学教授李希霍芬提出。他的学生斯文·赫定在1936年出版的一本书中，预言中国将帮助振兴古丝绸之路。中国振兴古丝绸之路，将是中华民族伟大复兴的开始。赫定在1936年就预言了这一点，那时红军还在长征，可见他是很有远见的。

为什么是丝绸之路？为什么是中国？为什么是现在？为什么丝绸之路对其他国家有利？马可·波罗在13世纪进入古代丝绸之路，打通了东西方之间的主要联系，各种文明通过贸易途径相互交流。不幸的是，1453年奥斯曼帝国在土耳其崛起，占领了伊斯坦布尔（当时的拜占庭），然后封锁了古代丝绸之路。随后出现了蒙古帝国的衰落和许多其他事件。欧洲人需要来自印度及亚洲其他地区的香

① 该著作原名为*Connectography：Mapping the Future of Global Civilization*，兰登书屋（Random House）2016年出版。——译者注

料和药品，但无法通过欧洲大陆获得，后来他们发现了海洋，并在世界各地建立殖民地。葡萄牙和西班牙将地球分为东半球和西半球。这意味着我们是东方，你们是西方，东西半球因此得到划分。

但是，许多国家并没有忘记振兴亚洲丝绸之路，联合国教科文组织、联合国开发计划署和日本都是如此。日本曾考虑从奈良开始建一条亚洲丝绸之路。2010 年，欧盟提出了一个新丝绸之路计划——建立一个从里斯本延伸到符拉迪沃斯托克的欧亚自由经济区，美国在 2011 年也提出了一个新的丝绸之路战略。中国实际上最近才提出振兴古丝绸之路。最初，习近平主席在哈萨克斯坦和印度尼西亚访问时，该倡议称为“丝绸之路经济带”（一带，One Belt）和“21 世纪海上丝绸之路”（一路，One Road），合在一起就是 One Belt and One Road，现在我们在汉语中说“一带一路”倡议，英译为 the Belt and Road Initiative，就是为了避免误解或混淆。只有一条路吗？不是，不止一条。自鸦片战争以来，中国就有自己的发展道路。我们鼓励其他国家也要有自己的发展道路。在中国，“路”的意思是“道路”。《道德经》写道：“道生一，一生二，二生三，三生万物。”因此，“一带一路”不是一个带或一条路，而是一切从“一”开始，然后因道生一。“道”是一个命运共同体，这是我们从《道德经》中了解到的“道”的含义。关于经济带，中国的改革开放形成了一个模式，即“中国模式”；而路，正如前面所说，是关于中国工业化和中国成功的道路。因此，“一带一路”倡议与其他宗教经典如《古兰经》共享很多智慧。《古兰经》中也有一个关于道路的类似说法，即安拉说：“这是通往真理的道路。”《古兰经》中，同样也有一个类似于命运共同体的说法。我从埃及孔子学院了解到这一点，他们将我的书译成阿拉伯语。我是从他们那里了解到这句话的，因为我不懂阿拉伯语。我在访问德国和奥地利时，也学会从他们的文化理解“一带一路”倡议，将其与爱因斯坦的相对论（$E=mc^2$）相联系，即欧洲的命运通过欧亚大陆与中国互联。

因此，“一带一路”倡议是通过欧亚大陆形成互联，但现在超越了欧亚大陆，到达非洲和拉丁美洲，是通过空中、陆地、海上和互联网联系起来的全球合作平台。这需要非常先进的技术。“一带一路”倡议的关键领域是进行基础设施建设。全世界都受苦于落后的基础设施。西方（包括美国）受苦是因为基础设施建设投资没有经济回报（至少在短期内没有），私人资本没有兴趣投资基础设施。但在中国，我们能够投资基础设施建设，因为我们有非常强大的国有企业，考虑的是长期利益。国家发改委有共产党的坚强领导。中国人可能会问：“为什么西方公司不愿意投资基础设施，而中国公司愿意？”首先需要理解其中的一个关键因素：你如果读过国家开发银行前行长陈元的书，你就知道他解释了所谓的发展融资，如从印度尼西亚雅加达到泰国曼谷就有一条高速铁路。日本想与中国的高铁公司竞争，但不能获得地方政府的信服，所以日本公司只得放弃。但在中国，有国家开发银行支持建设高速铁路。我们怎么从这些项目汇总赚钱呢？印度尼西亚、泰国这样的国家虽然没有钱，但有资源。在雅加达和曼谷之间的铁路沿线，中国公司可以创造投资机会，可以投资房地产、旅游和其他产业。因此，铁路本身并不赚钱，但可以在铁路沿线建立经济区和工业园区，这些项目都能赚大钱，而中国是唯一拥有各种部门和产业的国家。因此，我认为我们的制度和经济竞争优势能够帮助做到这一点。

发展中国家受困于落后的基础设施。他们想了解中国快速发展的经验。中国人民就会回答：“要致富，先修路；要快富，修高速；要闪富，通网路；要共富，连通路。”这就是“一带一路”倡议的核心所在。因此，首先，基础设施非常重要；其次，要有产业集群；再次，要建经济走廊。基础设施应该惠及当地人民——这是工业化的前提条件和关键。如果不实现工业化，就会继续贫穷。如果贫穷，就没有钱投资基础设施——这样就形成恶性循环。这是许多国家贫穷的原因。但我们能为他们的第一批项目提供资金，帮助他们开始工业化，之后他们就会有钱来偿还贷款。中巴经济走廊就是一例，中巴经济走廊有四个支柱产业。

第一个是基础设施建设。第二个是能源。巴基斯坦的能源依赖沙特阿拉伯的石油。我访问过卡拉奇，这里电力短缺，每年有1000人因为高温而死亡。第三个是经济区和工业园区。目前有70多个经济区和工业园区，其中几百个是瓜达尔港下属项目。瓜达尔港5年内将成为未来印度洋上的“深圳”。深圳曾经是个村庄，现在已是中国乃至全世界最先进的城市之一。根据中巴经济走廊建设长期规划，到2030年，巴基斯坦将从所谓的失败国家成为中等收入国家。这将是了不起的成就。中巴经济走廊延伸到阿富汗，印度、伊朗也想陆续加入，经济走廊将南亚和中国连在一起。这就是经济走廊的辐射效应。

最后一个是软基础建设。因为美国总是与中国和其他伙伴进行贸易战，我们就签署了自贸区双边投资条约进行谈判。那么，我们在新的框架下如何谈判？我认为“一带一路”倡议鼓励新兴国家和发展中国家加入谈判。世界经济结构已然改变，但政治治理仍由西方主导，没有相互联通。因此，我认为印度就会对与中国合作改革全球治理表示长期兴趣。

这是4年前发布的“行动与愿景”的原始版本。起初只有18个省，但现在中国所有省份都已参与。新疆是经济带的核心区域，因为新疆占中国领土的1/6，有8个邻国；福建是海上丝绸之路的核心区域，福建泉州是一个非常古老的城市，马可·波罗，还有许多波斯人和阿拉伯人都曾在泉州生活过。中国与邻国的关系越来越密切。7年前，第一趟中欧班列从重庆开往德国。现在欧洲有超过19个国家的24个城市与中国23个城市相连，每年超过7000趟班列连接中国和欧洲，其成本只有航空价格的1/5，时间只有海上航线的1/3。

最重要的是，世界上1/3的智能手机、1/5的笔记本电脑、1/9的车辆由重庆制造。这些货物都通过陆路而非海路运送；海路运输确实便宜，但所需时间太长，平均需要35天。现在通过陆路，只需11天就能到达德国。德国拥有欧洲最大的陆地港口。德国是欧洲的中心地带，所以很容易通过德国将货物运送到其他地方。如果将货物从重庆送到上海，再送到鹿特丹，然后从鹿特丹出发，仍需一段时间才能到达欧洲腹地，所以需要更长时间。

因此，这对中国和欧洲公司有利，产生了新的价值链，也有助于中国内陆省份融入全球化和全球价值链。重庆是中国经济最具活力的城市；在整个亚洲经济，中巴经济走廊帮助所有中亚国家融入印度洋。汉代的张骞到达过中亚，明代的郑和到达过印度洋。但是，我们如何才能使印度洋和所谓的西部地区即“西域”或“西洋”连接起来呢？这就是中巴经济走廊的目标。两千年以来，甚至三千年来，历史上从未实现过这一目标。今天，我们正在把梦想照进现实。由于印度的犹豫不决，孟中缅印走廊的进展不大。因此，印方面临的问题是：如果印度不受邀请，印方就会认为不够透明；如果印度受到邀请，效率就不高。因此我们应该更耐心地与印度合作来解决这个问题。我们将建立一个新的“人字形”中缅经济走廊。这是一条非常重要的能源管道，从皎漂港延伸到云南瑞丽，然后到达中国其他地方。也许在未来，高速铁路系统也将从昆明延伸到新加坡。如今，中泰铁路和中老铁路正在建设中，泛亚铁路网也将连通。以上都是我的想法。

其他国家也有能源、交通和其他相关项目。此外，由于气候变化，北冰洋还在结冰。但我们可以将 20 天的贸易缩短，还可以建立直通欧洲的水下电缆。所有的欧洲国家都有自己的项目，但如果我们发挥战略协同作用，就可以通过基础设施的互通促成欧亚大陆一体化的系统效应。首先实现基础设施互通，其次是贸易与金融互通，正如我所强调的“一带一路”实现的“五通”（政策沟通、设施联通、贸易畅通、资金融通、民心相通）。目前还只是“一带一路”的 1.0 版本，现在开始延伸到非洲和拉丁美洲，接下来将扩展到全球。

“一带一路”倡议涵盖 3 种国家：第一种为“一带一路”经济走廊沿线国家，包括中国等 65 个最早参与国；第二种为 86 个与中国政府签订合同的参与国；第三种为其他国家，如美国和亚投行成员国。由于我们使用美元，亚投行成员国也是相关国家。美国是每个国家的“邻国”，因此美国肯定被纳入“一带一路”倡议中，还有英国和其他国家。

总而言之，“一带一路”倡议两翼齐飞，既涵盖陆地的，也包括海洋的，三大原则为“共商、共享、共建”，这是全新的原则，完全不同于殖民主义、帝国主义和霸权主义时期的原则。我们说“一带一路”是一个兼具共同利益、共同责任和共同命运的共同体，因为命运从一开始就更具宗教意义。

因此，共有 4 种丝绸之路：绿色丝绸之路、健康丝绸之路、智能丝绸之路、和平丝绸之路。我们这里不再赘述。

“一带一路”未来将覆盖那些世界上最具活力的经济发展地区，而且我认为，这些地区将为世界经济发展作出贡献。到 2050 年，“一带一路”倡议为世界经济增长的贡献将超过 8%，将产生 30 亿新中产阶级。我在德国发表此演讲时，宝马基金会有人问我：“确定会出现 30 亿新中产阶级公民吗？”这肯定会给西方国家带来巨大收益，而发展中国家也将从中受益。我们的梦想是让穷人成为中产阶级。

“一带一路”倡议有 8 个重点领域：基础设施、工业、资源、经贸、金融、文化、生态和海运公司。到目前为止，“一带一路”沿线国家至少有 24 个国家的 75 个大型工业园区，被称为“六大经济走廊建设”。中国为什么要这样做？这是古代的丝绸之路。郑和下西洋时，平均每次率领近 3 万人、200 多艘船，但从来没有在任何岛屿上殖民过一英寸土地，这跟殖民主义完全不同。郑和最远抵达东非。郑和使用的所谓宝船，不同于哥伦布的珠宝船（黑色的船上有一个十字架），前者如此之大，后者如此之小，前后相差近 90 年。如今，我们站在南太平洋上，行程超越了郑和。中国为何要这样做？我认为第一点是，到目前为止，中国模式是相当成功的，所以我们想与其他发展中国家分享经验。中国拥有最大的外汇储备，我们以前购买美国联邦债券，但是随着美元的通胀，我们的外汇储备缩水。现在中国用自己的钱投资丝绸之路基金。正如我所说，中国有各种各样的技术部门和文化部门。我认为中国人对绵延不断的古代文明非常自豪。我们的人才培训制度很完善，4 年前一个高中生参加高考时，作文就是用甲骨文写的。

过去 10 年间，中国高铁建设规模已经超过 2 万公里，每公里造价 2 亿元。这实在是令人赞叹。在部分西方经济学家看来，中国债务沉重，但为何享受高速的发展？这是因为外溢效应。正如我所做的解释，中国的高铁有创新，我也解释过钱从哪里来。当然，有很多风险：经济冒险、政治安全、所谓的不稳定的收入来源。这与 20 世纪 60 年代类似，当时中国为帮助巴基斯坦修建喀喇昆仑公路，派遣了 3000 多名士兵，但因为所处海拔太高，无法呼吸，最终有 700 人死亡。巴基斯坦是我们的铁杆兄弟，我们要感谢这条公路。

以前，中国强调与西方国家的价值链。而现在“一带一路”沿线国家在中国的价值链下发展，中国是帮助包括俄罗斯在内的国家融入全球价值链的关键，所以这是理解“一带一路”倡议的关键。许多经济学家预测，“一带一路”沿线国家的经济增长潜力巨大，虽然到目前为止，这些国家还很贫穷，但有巨大的发展潜力。风险和利益总是并存。“一带一路”沿线国家将发展新的贸易，也会让其他发展中国家受益。

为了总结“一带一路”倡议的使命，寻求全世界后危机时代的繁荣，我们将“全球失衡”改为“全球再平衡”，将“部分全球化”调整为“包容性全球化”。所有贸易主要在优势国家间进行——这是全球化的惯例。与其他大洋相比，印度洋的面积非常有限。所以这是“黑夜中的灯光”，光亮只能照到北美、日本和西欧，其他地区如印度等地仍处于黑暗之中。3 亿印度人因为缺少电力供应而生活在黑暗之中。印度是最大的民主国家，但是处于黑暗之中的民主，印度人民怎样才能获得电力、实现工业化呢？“一带一路”倡议能够做到这点，有了“一带一路”，印度就可以连接互联网。

“一带一路”互联互通，帮助沿线国家获得国际劳动分工，欧洲、俄罗斯、16+1 合作机制[①]国家，甚至英国都可从中获得利益。爱因斯坦曾说，欧亚未来将通过欧亚大陆与中国相连。爱因斯坦的话使我们想到如今的“一带一路”倡议。南亚许多人都认为中巴经济走廊和其他项目是很好的项目。联合国提到，这是由于阿富汗—巴基斯坦经济走廊的存在。70%来自科伦坡的货物抵达了印度，所以中国建科伦坡和汉班托塔港口，印度从中获益最多。

因为“一带一路”倡议，欧洲人给国际规则设置了更高标准，不过有些“一带一路”沿线国家，如尼泊尔和阿富汗，实际上还是欠发达国家，对这些国家不能提出高要求。如果高标准营销手段行之有效，为什么还有这么多国家陷于贫困呢？因此，中国发展金融，不仅仅靠市场，还要靠一只“看不见的手”和一只“看得见的手”同时发挥作用。我们应该创造机会为这些国家开辟市场。这就是中国模式的秘诀，这是西方做不到而中国能做到的原因。中国

① “16+1 合作机制”是指中国和中东欧 16 个国家共同制定的一份中期规划。这 16 个国家是波兰、捷克、斯洛伐克、匈牙利、斯洛文尼亚、克罗地亚、罗马尼亚、保加利亚、塞尔维亚、黑山、马其顿、波黑、阿尔巴尼亚、爱沙尼亚、立陶宛、拉脱维亚。——译者注

支援修建坦赞铁路时，5 年时间内派出 5 万多名工人，其中伤亡人数达到 3 万。因此，我们的非洲穷兄弟后来帮助中国恢复了在联合国安理会的席位。

非洲人想从“一带一路”中学习经验，或者学习中国改革开放的经验。非洲如今拥有很多投资，因此我们想跟他们分享经验。毛里求斯纸币上印着中国人的头像，斯里兰卡的货币上印有中斯“一带一路”合作项目普特拉姆燃煤电站的图片。如果中国不受欢迎，他们为什么要把中国人的头像印在自己的货币上？因此我认为，对于中国学生而言，认真学习将来就有可能让你的头像出现在其他国家的货币上。这是很有可能的。要想获取更多信息，你们可以查看官方文件、网站和本人著作。“一带一路”是一种新型的文明，而不是帝国主义悲剧的重演——这就是人类的希望。

感谢聆听！

王义桅

2018 年

中国人民大学欧盟“让·莫内”讲席教授

第一篇
“一带一路”倡议的构想

第一章　从丝绸之路到“一带一路”：文化交流

黄　泽①

一、引言

理论上讲，“一带一路”是古丝绸之路的复兴和延伸，是一条横跨欧亚大陆的货物运输和服务贸易之路。古丝绸之路也是阿拉伯人、中国人、中亚人、印度人和欧洲人之间文化互动和文明交流的主要途径之一。中国国家主席习近平 2013 年宣布与 60 多个国家共建海上丝绸之路和陆上丝绸之路，“一带一路”的构想应运而生。“一带一路”旨在通过建设港口、道路、铁路和其他基础设施复兴古代丝绸之路，并通过贯彻和平共处五项原则，即互相尊重主权和领土完整、互不侵犯、互不干涉内政、平等互利、和平共处，来加强人民之间的交往②。中国官方文件以合作重点为题，规定了“一

① 黄泽（Md. Nazrul Islam），中国珠海，北京师范大学-香港浸会大学联合国际学院人文社科学院副教授，E-mail：nazrul@ uic.edu.cn。

② 中文标题为《推动共建丝绸之路经济带和 21 世纪海上丝绸之路的愿景与行动》。

带一路”倡议[1]下互联互通的五个层面：政策沟通、设施联通、贸易畅通、资金融通、民心相通[2]。

在主流英语文献中，“一带一路”倡议被认为是当前中国领导层塑造世界未来的“地缘经济愿景”和“地缘政治抱负”[3]。本书认为“一带一路”倡议是始于古代丝绸之路并延续至今的文化化过程，虽然对地缘政治和地缘经济产生影响，但通过开展人文交流，将从根本上打造文化交流平台。本书通过分析历史、宗教、语言、文化、环境、健康和国家影响等话题，探索从丝绸之路到“一带一路”的历程。

本章主要介绍全书主题。正如序言所言，“北师港浸大第二届跨学科论坛：‘一带一路’互联互通与欧亚一体化——文化交流”上发表的论文主题多样，包含一系列与“一带一路”互联互通相关的问题，因此具有跨学科性质。构想“一带一路”倡议并引入各种观点和见解十分重要。本章第一部分试图对“一带一路”倡议进行概念界定，探索从丝绸之路到“一带一路”的历程。第二部分讨论

---

① 2016 年以来，中国官方文件的英译文中，“One Belt, One Road”的提法已被“the Belt and Road Initiative”（简称 BRI）代替。——译者注

② 中文标题为《推动共建丝绸之路经济带和 21 世纪海上丝绸之路的愿景与行动》（https://www.ndrc.gov.cn/xwdt/xwfb/201503/t20150328_956036.html），英文标题为 Joining Hands to Build a Silk Road Economic Belt and a 21st Century Maritime Silk Road—Vision and Actions（http://english.www.gov.cn/archive/publications/2015/03/30/content_281475080249035.htm）。——译者注

③ 马来亚大学中国研究所穆罕默德·阿里（S. Mahmud Ali）在论文《中国的“一带一路”：地缘经济愿景和地缘政治结果》（China's Belt and Road: Geo-economic Vision; Geo-political Fallout）中使用了两个术语：geo-economic vision（地缘经济愿景）和 geo-political ambition（地缘政治抱负）。该文扩展的专著《中国的“一带一路”愿景：地缘经济学与地缘政治学》2020 年由施普林格出版集团出版（*China's Belt and Road Vision: Geoeconomics and Geopolitics*, Springer, 2020）。——译者注

学术文献中现存的两种主流视角，即中国的地缘经济愿景和地缘政治抱负。第三部分介绍第三视角，即“一带一路”倡议下软实力的文化化过程。全书分为7篇，一共16章，涵盖与“一带一路”互联互通和文化交流的相关问题。

（一）从丝绸之路到“一带一路”

“丝绸之路”一词最早由德国地理学家李希霍芬在19世纪70年代提出，指穿越中亚、连接欧洲与南亚和东亚国家的贸易路线。李希霍芬还指出，世界上没有单一的丝绸之路，“丝绸之路构成了一个横贯大陆的商业路线网络”（Barisitz，2017：10）。丝绸之路也随着时间的推移而变化，这取决于不同的条件，如战争、抢劫、自然灾害等。例如，在丝绸之路建立的最初几年，古代丝绸之路的北部受到“游牧骑手”的保护，而南部则“受到冰冻的山路的威胁”（Mayhew，2010：36）。由于高昂的运输成本和有利的运输条件，古代丝绸之路上交易的大多是低重量、小体积、高价值的商品，主要为奢侈品（Cameron & Leal，2003：32；Barisitz，2017：10）。中国丝绸由于重量轻、在欧洲市场需求高，成为丝绸之路上的流行商品（Mokyr，2003：369；Barisitz，2017：10）。当时，中国的丝绸产量正在飞涨，价格飙升。除了中国的丝绸，其他奢侈品和商品，如锦绣、刺绣、纸、贵金属、地毯、服装、玻璃、马和奴隶也通过丝绸之路运输、交易。在历史上的不同时期，谷物、橄榄油、腌制食品、蜡、木材、纺织品等体积较大、成本相对较低的商品也通过不同本地和区域市场的路线进行交易（Barisitz，2017：10）。

除消费品，丝绸之路也是从古代到中世纪欧亚大陆文化和医药交流的主要路线。医学史学家提供的证据表明，中世纪和近代的几种流行病，特别是大流行病都由商人在经过丝绸之路时从一个地区或大陆传播到另一个地区或大陆。通过丝绸之路传播得广为人知的疾病之一是黑死病，是一种起源于东南亚的淋巴腺鼠疫，约在14世纪导致多达三分之一的中国和欧洲人死亡（Barisitz，2017：10—11）。另一个著名的例子是天花，天花通过陆路或海路从埃及传入印度，随后流行起来，特别是在18、19世纪（Fenner et al，1988：210—211）。天花也是经由丝绸之路传入中国的，早期的中国和印度医学文献中，如《黄帝内经》、《遮罗迦本集》（*Caraka Samhitā*）和《妙闻集》（*Susruta Samhitā*）等，很少提到这种疾病。因此，从公元前到近代，丝绸之路是欧洲、中亚、印度和中国之间国际和区域商业、文化和医疗交流的网络（Fenner et al，1988：10；Waugh，2002：1）。

（二）中国与丝绸之路

张骞是中国汉代早期的探险家和使节，在公元前138年，作为丝绸之路探险队一员他率领中国第一批外交使团前往中亚，联合大月氏攻打匈奴。300名武装人员和车队与张骞随行，他们还“带着金币丝帛”以支付沿途旅费。张骞及其使团在旅途中被巡逻和控制中国西部的匈奴部落俘虏，逃脱后带回了宝贵的信息。

东晋佛教僧侣和佛经翻译者法显（约337—约422）从中国徒步到印度，据说在旅程中经过了丝绸之路。法显从西北部进入印度，通过朝圣到达华氏城（今比哈尔邦首府巴特那）和蓝毗尼（今尼泊尔）。法显在5世纪初到达古印度，当时古印度由笈多王朝统治，并将许多佛教经典从古印度带回中国。法显余生都在翻译和编辑从古印度（今印度、巴基斯坦和孟加拉国）和锡兰（今斯里兰卡）搜集来的经文（Li，2016：38—44）。法显在书中还提到了丝绸之路沿线众多王国和城市的地理、历史以及中国与这些城市的异同。这些城市大多位于印度，如摩揭陀王国（位于今比哈尔邦南部的一个古代印度王国）、华氏城、马图拉（印度今北方邦的一座圣城）等。法显的旅程和记述清楚记载着古代丝绸之路为丝绸之路沿线国家文化和宗教联系的主要通道。

陆上丝绸之路在唐朝达到了黄金时代。唐朝都城长安除了承担丝绸之路上的文化互动和交流中心功能外，还是最受欢迎的贸易和商业中心。公元7世纪唐太宗统治期间，中国著名佛教学者和旅行家玄奘（602—664）从长安城前往印度取佛教真经。在其第17年的印度陆路之旅中，玄奘参观了著名的佛教景点那烂陀寺（现位于印度比哈尔邦），包括古代那烂陀大学。玄奘在公元629年开启旅程，途经中国甘肃和青海，经过吉尔吉斯斯坦、乌兹别克斯坦和阿富汗，最后通过北部进入印度。由于政治和商业原因，陆上丝绸之路在唐朝后期开始衰退。安史之乱（755—763）后，陆上丝绸之路基本上被弃之不用，海上丝绸之路则越来越受欢迎。在唐朝末年到宋朝，中国更加注重发展造船和航海技术，最终海上丝绸之路取代了陆上丝绸之路（Ni et al，2017：121）。到宋朝和元朝，海上贸易达到顶峰。宋朝、元朝和明朝没有对西方领土施加控制，通往西亚和欧洲的主要贸易方式是海运。东西方贸易的主要商品也从丝绸变成瓷器。这条东西路线将中国与阿拉伯和波斯紧密联系在一起。经过几个世纪的不断发展和演变，海上丝绸之路一直延伸到地中海（Ni et al，2017：121）。

郑和是明代宦官，先后7次，平均每次率领2.7万余人的大军和200多艘船只下西洋（1405—1433）。郑和穿越东南亚马六甲海峡，进入印度洋，到达东非。郑和之旅比葡萄牙船长瓦斯科·达·伽马（Vasco da Gama）早几十年，瓦斯科·达·伽马作为欧洲第一人于1498年通过海路抵达印度。然而，郑和并没有像瓦斯科·达·伽马和其他欧洲探险家那样在沿海路线上殖民土地。虽然海上勘探和贸易在明朝初期达到顶峰，但由于欧洲在亚洲各地的扩张等，中国的航海业从明末到清朝开始衰落，最终海上丝绸之路也变得不那么重要。在殖民过程中，欧洲列强在亚洲各地的影响日益突出，中国也不例外。中西两次鸦片战争造成的破坏，以及中亚五国并入苏联，都阻碍了中国借助陆上和海上丝绸之路通往西方的道路和旅程，并导致后来丝绸之路被弃而不用。

（三）“一带一路”概念化界定

2013年9月，中国国家主席习近平在对哈萨克斯坦进行国事访问期间，在纳扎尔巴耶夫大学发表演讲时提出，“中国和欧亚国家将开展一个宏伟的联合项目——丝绸之路经济带”。中国认为，除西欧外，大多数内陆国家没有实现工业化，没有很好的道路连接，从而导致了欠发达和贫困。建设该经济带的主要目标是通过道路、公路、铁路和信息技术网络建设将东南亚到中国与西欧的陆路连接。同年10月，习近平主席在对印度尼西亚进行国事访问期间，向印度尼西亚议会发表讲话时提出，中国和有关国家应建设一条连接中国与东盟国家、南亚国家、非洲和欧洲的21世纪海上丝绸之路（Mitrovic，2018：17）。基于习近平主席的上述两个倡议，“一带一路”倡议应运而生。

在“一带一路”一词中，“带”指“丝绸之路经济带”，“横贯欧亚大陆，重新点亮古丝绸之路”，连接中国和欧洲，是“最受青睐的交流路线”（Cheng，2018：3）；“路”指“21 世纪海上丝绸之路”，将中国与地中海连接起来，直达印度洋和东非，最终将中国与 60 多个国家连接起来：两者共同形成“一带一路”互联互通网络。由于国际上存在一些质疑，自 2016 年以来，“一带一路”战略（“One Belt, One Road”）在中国官方文件中被重新命名为“一带一路”倡议（the Belt and Road Initiative）。

2017 年 5 月 14 日，习近平主席在北京首届“一带一路”国际合作高峰论坛开幕式讲话中指出，“一带一路”倡议是受到丝绸之路精神的启发，丝绸之路精神是“人类文明的伟大遗产”，体现了“和平合作、开放包容、互学互鉴、互利共赢”的精神。他认为，“一带一路”是一条“和平之路、繁荣之路、开放之路、创新之路、文明之路”。从中国主流视角来看，“一带一路”倡议旨在打造经济走廊和人文合作走廊，让所有参与国实现互利共赢。

“一带一路”倡议可被看作中国向世界提供的一项“重要公共产品”，也可视为后全球化时代中国提出的加强国际合作的新主张，而所谓的全球化已经成为一种“美国化”或“西方化”，并非真正的全球化。“一带一路”从根本上代表着中国“全面开放和文化复兴的必然趋势”，世界需要一种新型全球化，而中国打算推动并确保“中国经历了从参与全球化到塑造全球化的过程”。“一带一路”是中国向参与国特别是新兴经济体和周边国家输出的一种可持续发展模式，对世界有很大贡献。因此，“一带一路”可被视为一种中国发展模式：中国打算将一种可替代生产、分配和交换的模式推广到其他发展中国家，且这种模式迟早会取代当今的全球化。

“一带一路”倡议也可被视为中国和参与国之间的文化交流互动，将推动“一带一路”沿线国家的文化发展。中国将以“对外援助和人道主义援助作为软实力策略的方式”影响这些国家，并“通过建立孔子学院和孔子课堂”来传授中国语言和文化（Kuah，2018）。以弘扬中国语言文化为主要内容的孔子学院数量快速增长，是中国文化在“一带一路”沿线国家存在的范例。根据时任教育部副部长田学军于2017年5月在北京举行的“一带一路”国际合作高峰论坛前夕宣布的消息，截至2017年3月，“中国已在53个‘一带一路’沿线国家开办137所孔子学院和131个孔子课堂，超过46万人学习汉语”（Wong，2017）。中国还将通过建立大学分校来弘扬自己的文化，例如厦门大学马来西亚分校是厦门大学的分校，也是在东南亚实施教育和推广中医药的先驱之一。因此，“一带一路”可被定义为在沿线国家提升和扩大中国软实力的平台。软实力可以被概念化为一个国家通过出口社会和文化产品来确保对其他国家产生影响的过程。中国不仅在“一带一路”上投入财力，还积极推动参与国文化、医药、旅游等行业发展。

（四）“一带一路”倡议——中国的经济愿景

在过去的40年里，中国通过实行开放的经济政策，取得奇迹般的经济成就，已经成为世界第二大经济体。彭博社预计，到2032年，中国将超过美国成为世界最大的经济体。同年，世界四大经济体中的三个将为亚洲国家——中国、印度和日本，其余两个都是与中国陆地或海洋接壤的邻国（O'Brien，2017）。韩国和印度尼西亚两个亚洲新兴经济体也将于2032年进入世界十大经济体名单，中国与韩国和印度尼西亚两国有着独特的经济联系。在经济取得成功的最初几十年，中国通过利用低价劳动力、大量人口、土地资源和政府的严格控制，专注于制造业。这种制造业战略使中国经济在很大程度上依赖于出口，并积累了过剩资本。中国将这些盈余资金用于购买外国国债，且相当大一部分中国债券投资进入了西方市场。

自21世纪初西方经济低迷以来，中国一直在寻找其他可替代的投资机会。中方已实现投资主体多元化的愿望，并开始实现“一带一路”倡议设想。中国将通过建设海港、高铁网络、道路、桥梁、工业园、互联网和电信设施等大型基础设施，将盈余资本投入“一带一路”沿线国家。

中国官方文件将“一带一路”倡议解释为经济愿景，并指出建设“‘一带一路’有助于促进沿线各国经济繁荣和区域经济合作，加强不同文明交流互鉴，促进世界和平发展”①。文件还提出了“一带一路”框架下的八大重点合作项目：基础设施互联互通、产业投资、资源开发、经贸合作、金融合作、人文交流、生态保护、海上合作。②

然而，中国实施“一带一路”倡议的意图和成为世界领先经济强国的愿望可被视为历史上经济辉煌的复兴和文明繁荣的主张。从中世纪到近代，中国从先进的经济技术强国衰落为发展中国家，很大程度上是由人口增长、官僚作风、封建国家的性质、未能发展实验科学与技术以及完全依赖经验科学等因素造成的（Needham，1981；Lin，1995）。史料表明，在2000年以前，中国和西欧是技术和机构治理最先进的两个地区，直到4世纪，这两个地区的收入水

① 中文标题为《推动共建丝绸之路经济带和21世纪海上丝绸之路的愿景与行动》。

② 同上。

平还相当。从10世纪下半叶到13世纪下半叶，中国在GDP增长方面取得了重大进步（Maddison，2003）。从11世纪到19世纪初，尽管由于16世纪到18世纪初人口快速增长，中国的人均GDP相对较低，但GDP总量仍然远远高于西欧。

表1.1 不同历史时期中国和西欧在GDP、人口增长、人均GDP和城镇化率方面的对比

	人口（百万）		国内生产总值（亿美元）		人均国内生产总值（美元）		城镇化率（城市人口占总人口的百分比）		
年份	中国	西欧	中国	西欧	中国	西欧	年份	中国	西欧
1000	59.0	25.4	26.6	10.2	450	400	1500	3.8	6.1
1300	100.0	58.4	60.0	34.6	600	593	1600	4.0	7.8
1400	72.0	41.5	43.2	28.1	600	676	1700	—	9.9
1500	103.0	57.3	61.8	44.2	600	771	1800	3.8	10.6
1820	381.0	133.0	228.6	160.1	600	1204	1890	4.4	31.3
1913	437.1	261.0	241.3	902.3	552	3458	1953	13.3	约为60（1950年）
1950	546.8	304.9	239.9	1396.2	439	4579	2000	36.2	—
2001	1275.4	392.1	4569.8	7550.3	3583	19265	2010	49.7	—
2018	1415.0	无	11000.2（2016年）	16398.0（2016年）	6895（2016年）	35632（2016年，欧盟）	2015	56.1	73.4（2014年）

来源：表1数据来源于安格斯·麦迪森（Angus Maddison）教授，于2018年5月28日从以下网页中获取：http：//www.worldometers.info/world-population/western-europe-population/，其他数据见脚注。

[a]Christiaensen, Luc; Gindelsky, Marina; and Jedwab Remi（2013）, The Speed of Urbanization and Economic Development: A Comparison of Industrial Europe and Contemporary Africa, p. 22. PDF 文件于 2018 年 5 月 22 日获取自：http：//siteresources. worldbank. org/INTIE/Resources/Remi_ luc. pdf.

[b]World Bank Report. 2018 年 5 月 3 日获取自：http：//www. worldometers. info/worldpopulation/western-europe-population/.

[c]于 2018 年 5 月 3 日获取自：https：//tradingeconomics. com/european-union/gdp-per-capita.

[d]China Statistical Year Book. 2018 年 5 月 3 日获取自：http：//www. stats. gov. cn/tjsj/ndsj/2015/indexeh. htm.

[e]Department of Economic and Social Affairs, United Nations（2014）

中国在中世纪时期完全专注于农业生产，确保了封建生产方式。在国家官僚机构和中央集权政策的支持下，中国能够确保经济持续地增长。农业部门生产过剩有助于提高政府的税收。在宋代，“通过分发农业手册和日历来传播实践技术”，政府收入产生盈余（Maddison，2005：61）。明朝的海军技术优于同时期的欧洲，海军上将郑和及其舰队在 1405—1433 年将远洋贸易拓展到整个印度洋和东非海岸（Maddison，2005：56）。

尽管取得上述成功，但中国的经济在 19 世纪迅速衰退，原因包括封建国家的官僚主义性质、内战、外部势力的入侵等。国家“官僚主义和相关士绅阻止了欧洲模式下独立的商业和工业资产阶级的出现”，任何有利可图的商业活动都受到国家审查（Maddison，2005：62）。直到 20 世纪初，中国才试图发展“基础现代科学，如将自然界的数学假设运用于实践，充分理解和使用实验方法，系统地积累公开发表的科学数据”（Needham，1981）。相反，西欧的经济在同期大幅上涨，且此后加速增长。中国落后于西方是因为“没有从基于经验的创新转变为基于实验和科学的创新，而欧洲通过17世纪的科学革命做到了这一点”（Lin，1995）。以上都导致了中国经济的失败，虽然中国和西欧在14世纪的收入水平相当，但到了1950年，西欧的收入水平比中国高出10倍（Lin，1995；Maddison，2005）。

在20世纪最后20多年里，由于邓小平采取了开放的经济政策，中国的经济形势开始逆转。如今，中国已经实现从一个农业经济体到高度工业化经济体的转变，因而获得“世界工厂”的称号。中国已成为许多发展中国家经济发展的榜样。通过这种发展模式，中国人历史性地解决了绝对贫困问题。“一带一路”倡议是一种中国发展模式，中国打算将其输出到其他发展中国家，帮助其消除贫困。

（五）“一带一路”倡议为何是中国的经济愿景？

在中国人看来，发展的关键是修路、互联互通。中国人有种说法，启发他们在中国周边国家建设“一带一路”：“要致富，先修路；要快富，修高速；要闪富，通网路；要共富，连通路。”90%的贸易货物通过海上运输，因此今天的全球化可称为海上全球化。具备地理优势的国家和城市，在海洋全球化的浪潮中迅速崛起。发展中世界的内陆国家和城市仍然贫穷，首先是因为互相之间没有通过公路和铁路等将基础设施相互连通；其次，没有工业化，部分原因是没有足够的基础设施，而这是工业化的先决条件。当前全球化带来的大部分好处都流向了西方国家。2001年，西方GDP占世界的52%，但人口只占世界的14%。西方国家的平均收入约为22500美元（以1990年的购买力计算）。相比之下，占世界人口86%的其余人口的平均收入不到 3400 美元（Maddison，2003）。中国打算打破这一差距，并将通过"一带一路"倡议加强发展中国家之间的互联互通（见图 1.1）。

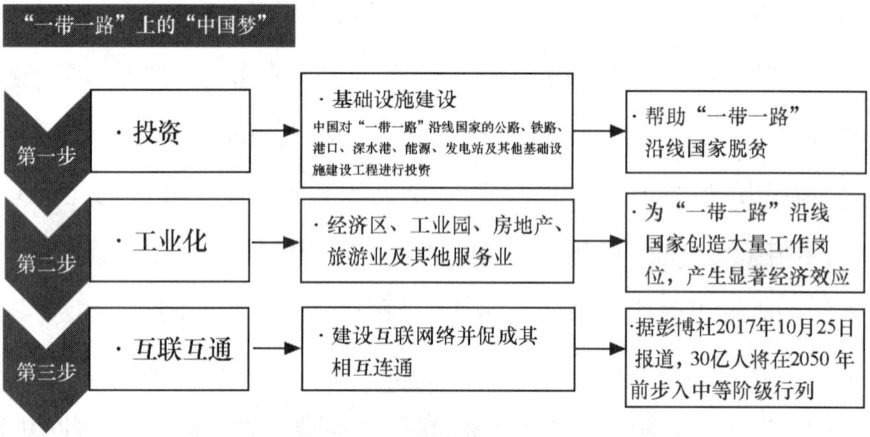

图 1.1　中国对"一带一路"倡议的设想

注：本图由本章作者绘制。其中若干想法来自王义桅教授于 2018 年 3 月 26 日至 27 日在中国珠海联合国际学院举行的"第二届跨学科论坛：'一带一路'互联互通与欧亚一体化——文化交流"上的主旨演讲。

许多"一带一路"沿线国家并不富裕，但拥有丰富的自然和人口资源。中国将通过"一带一路"调动和利用这些资源。中国在修建公路、铁路、港口等方面的投资可能不会立即产生金融方面的利润，但中国企业将进一步开发沿线的经济区、工业园区、房地产和旅游业。中国发展这些工业园和服务业产生的利润，将用于投资基础设施项目。工业化和城镇化是脱贫的关键。中国通过基础设施建设帮助发展中国家实现工业化，并使其有能力在后期收回投资。在中国人看来，投资、基础设施、工业化和互联互通是脱贫致富的四大支柱。中国有多余的资本可以投资海外，打算通过对"一带一路”沿线国家进行投资，消除贫困循环。彭博社报道称，到 2050 年，“一带一路”倡议对世界经济增长的贡献率将超过 80%，将帮助 30 亿亚洲人发展为中产阶级。因此，中国希望“一带一路”倡议被视为一种新文明，而不是重演 18 世纪和 19 世纪发生在亚洲、非洲和拉丁美洲的殖民悲剧①。

然而，批评人士对中国投资“一带一路”沿线国家大型基础设施项目的动机提出了质疑：

第一，中国很大部分投资是以贷款的形式进行，将使被投资国陷入债务负担。许多“一带一路”沿线国家在财务上举步维艰，这些国家有能力偿还债务吗？如果没有，接下来会发生什么？中国企业能否从投资“一带一路”沿线国家的大型基础设施项目中获利？对此，一些中国智囊团分享了中国自己的经验。中国在 21 世纪初经历了同样的现实，当时短期外债占外债总额的 45%。截至 2003 年上半年，世界银行已向中国的 245 个项目提供了 366 亿美元的贷款，这对中国的成功发挥了重要作用，特别是在发展基础设施方面，因而中国也成为世界银行最大的客户（Ding，2018：15）。中国靠苦干成功地偿还了这笔债务，凭借的是自己的“制造实力”，堪称“一带一路”国家的榜样。中国智囊团进一步解释说，如果人们“没有负债，可能不想努力工作”，“没有债务的人没有动力努力工作，但不努力工作会增加债务负担”（Ding，2018：15）。

第二，中国在“一带一路”国家的这些项目将对环境产生何种影响？这些项目是否可持续？中国在国外房地产市场的投资就是一

① 中国人民大学王义桅教授在 2018 年 3 月 26 日至 27 日在中国珠海联合国际学院举行的“第二届跨学科论坛：‘一带一路’互联互通与欧亚一体化——文化交流”上发表主旨演讲时阐释了这一理念。

个例子，大量的土地被用来建设房地产项目。许多中国投资者认为房地产，尤其是住房，是一种投资产品，而不是居住空间。中国各地有数千座由中国开发商开发的“鬼城”，入住率不到5%。中国投资者将发展房地产作为他们在“一带一路”国家的投资项目之一，鼓励中国买家在海外购房。已经有人担心，中国买家很少使用海外房产，将导致这些国家出现房地产泡沫。

二、“一带一路”倡议：地缘经济抱负

中国政府网刊登了一份题为《推动共建丝绸之路经济带和21世纪海上丝绸之路的愿景与行动》的文件，文件提到，“一带一路”倡议承载着和平合作、开放包容、互学互鉴、互利共赢的“丝路精神”[①]。历史表明，丝绸之路从未超出政治含义。汉朝时，由于匈奴游牧部落经常从其西部地区掠夺财物，迫使汉代皇帝与匈奴首领建立朝贡关系，给汉朝造成了沉重的经济负担，当然也引起了汉族统治阶级的不满。在这种朝贡关系下，汉朝每年支付给匈奴部落的货物和食品“最多时达到92000米丝绸，大约95000升谷物和200000升葡萄酒”（Barisitz，2017：32）。当该制度首次正规化时，记录显示，预计每年向匈奴部落缴纳的税款相当于汉朝政府工资的三分之一，或全部收入的7%（Barisitz，2017：32；Barfield，2011：237）。汉武帝决定中止与匈奴的朝贡关系，选择军事手段，并将骑兵纳入军队。从公元前121年到公元前119年，汉朝军队在几次战

① 中文标题为《推动共建丝绸之路经济带和21世纪海上丝绸之路的愿景与行动》。

斗后最终击败了匈奴。公元前105年费尔干纳入侵后，帕提亚和汉朝互换大使，并沿着连接双方的商队路线开启了双边贸易，丝绸之路因此出现（Barisitz，2017：33），可见政治需要是形成丝绸之路的主要先决条件之一。唐代是丝绸之路使用的高峰期，为了给丝绸之路上的交通和货物提供军事支持，维护与中国西部领土的紧密联系，唐朝政府在安西和北庭设立了都护府。到了宋明时期，中国失去了对西域的控制，丝绸之路也逐渐衰落，最终弃而不用（Ni et al，2017：123）。

“一带一路”倡议一直被视为中国抱负的体现，受到许多以欧美为中心的评论家和批评者的广泛讨论。中国国家主席习近平于2017年5月14日在北京举行的首届“一带一路”国际合作高峰论坛上致开幕词时申明，“一带一路”倡议承载着“丝绸之路精神”，即“和平合作、开放包容、互学互鉴、互利共赢的精神”①。尽管中方一再保证和平是“一带一路”的基本原则，但西方评论人士仍然出于各种原因对此持怀疑态度：一些人认为，中国在“一带一路”倡议下的大部分支出都流向了发展中国家，其中许多国家政治不稳定、腐败、财力匮乏。中国不太可能从这些投资中预见到任何有益的经济回报。

今天，“西方已经果断地转向国内”，而中国人“已经果断地转向国外”，世界上“几乎没有几个角落不受中国的影响”（Rudd，2017：1）。

---

① 习近平：《携手推进“一带一路”建设——在“一带一路”国际合作高峰论坛开幕式上的演讲》，新华网，http://www.xinhuanet.com/politics/2017-05/14/c_1120969677.htm（2017年5月14日）。——译者注

三、中国文化发展进程中的“一带一路”

“一带一路”框架下的五大合作重点之一是民心相通。习近平主席在 2017 年北京举行的首届“一带一路”国际合作高峰论坛开幕式上的演讲中讲道：“‘国之交在于民相亲，民相亲在于心相通。’‘一带一路’建设参与国弘扬丝绸之路精神，开展智力丝绸之路、健康丝绸之路等建设，在科学、教育、文化、卫生、民间交往等各领域广泛开展合作。”历史表明，古代丝绸之路不仅有利于运输贸易货物，还有利于文化、宗教、医学、艺术等方面的交流。阿拉伯天文和历法通过丝绸之路传入中国。佛教起源于印度，通过陆上丝绸之路传入中国。伊斯兰教由使用陆上丝绸之路的阿拉伯和波斯商人传入印度，同时还经由陆上丝绸之路传入中亚和中国。伊斯兰医学在印度被称为尤纳尼医学，是通过丝绸之路的波斯和阿拉伯医生传播到印度的。世界上三大宗教基督教、伊斯兰教和佛教都是通过陆上丝绸之路传播的，因而丝绸之路成为一个独特的文化交流场所。丝绸、纸张、火药、印刷技术，以及舞蹈、杂技、哑剧、魔术、音乐、绘画、建筑、文学等都经丝绸之路得以传播。商人、外交官、僧侣、传教士、士兵、难民、游牧民等也活跃在丝绸之路上，其中有著名的旅行者，如马可·波罗，以及军队将领、考古学家和探险家。图姆舒切斯语、婆罗米语、伊朗语族、摩尼教手稿、古代粟特字母、佛教经文、蒙古佛教经文、波斯语、印欧语言，以及考古和建筑，例如希腊化建筑、巴克特里亚-托克里斯坦兵马俑、基齐尔洞穴的木制建筑、宝石树下的孔雀、玻璃器皿、纺织品、金属制品等，也通过丝绸之路运输、交流或分享（Meisternst，2017：IX-XV）。

从中国人的角度来看，“一带一路”倡议不仅复兴了历史上作为贸易和商业之路的丝绸之路，而且还成了一个运输和文化交流的场所，其中包括教育、智库网络和伙伴关系、科学技术、政党和非政府组织、旅游、音乐、健康、医药、体育和历史文化遗产，并加强了民间互动。中国已在语言、物资、丝绸之路等多个领域与参与国展开合作，包括非物质文化遗产、教育、文化活动等。如前所述，截至2017年3月，中国已在53个“一带一路”沿线国家开办137所孔子学院和131个孔子课堂，超过46万人在学习汉语。中国还在国内各地建设孔子文化城，试图在中国公民和海外游客中复兴和推广孔子文化和教学，比如位于中国广东省西南端湛江的遂溪孔子文化城已向公众开放（图1.2、1.3）。

图1.2　中国广东省湛江市遂溪孔子文化城游览示意图

（来源：2018年7月10日，本章作者摄）

图 1.3　遂溪孔子文化城内展厅及中国传统建筑

（来源：2018 年 7 月 10 日，本章作者摄）

教育是另一个需要关注的领域。中国政府将向“一带一路”沿线国家来华留学生提供约 1 万个奖学金名额。来自不同省市的各地方政府还设立了丝绸之路专项奖学金，鼓励国际文化交流。中国还将为 2500 名外国青年科学家安排短期科研工作，为 5000 人次外国科学家、工程师和管理人员提供培训；并在未来 5 年内建立 50 个联合实验室[1]（习近平，2017）。中国还为年轻学生开设培训班，

① 习近平：《携手推进“一带一路”建设——在“一带一路”国际合作高峰论坛开幕式上的演讲》，新华网，http://www.xinhuanet.com/politics/2017-05/14/c_1120969677.htm（2017 年 5 月 14 日）。访问时间：2018 年 5 月 15 日。

为知识分子[①]提供奖学金，从而提高其对“一带一路”沿线国家的接受度。

批评人士称，在发展中国家提供援助，以及在“一带一路”沿线国家实施各种扶贫和复兴项目，都是中国正在扩张软实力的表现，引起评论家争论。习近平主席在 2017 年演讲中提到，未来 3 年，中国将向发展中国家提供 600 亿元人民币援助，为沿线国家建设更多民生项目。中国还将“向‘一带一路’沿线发展中国家提供价值 20 亿元人民币的紧急粮食援助，并向南南合作援助基金追加捐款 10 亿美元”。中国将在“一带一路”沿线国家启动 100 个“幸福家园”项目、100 个扶贫项目、100 个医疗康复项目。中国还将发展非政府组织合作网络、“一带一路”新闻联盟等人文交流平台、音乐教育联盟。中国还将鼓励在沿线国家举办国际论坛和展会，推动博鳌亚洲论坛、中国-东盟博览会、中国-欧亚博览会、中国-南亚博览会、中国-阿拉伯国家博览会等贸易和文化交流活动。[②] 促进旅游业是中国在“一带一路”倡议下的另一个人文交流领域。[③] 中国官方关于“一带一路”倡议的文件提出，中国将“扩

---

① 意大利新马克思主义哲学家、政治家安东尼奥·葛兰西（Antonio Gramsci）使用了“有机知识分子”一词。

② 中文标题为《推动共建丝绸之路经济带和 21 世纪海上丝绸之路的愿景与行动》（https://www.ndrc.gov.cn/xwdt/xwfb/201503/t20150328_956036.html），英文标题为 Joining Hands to Build a Silk Road Economic Belt and a 21st Century Maritime Silk Road—Vision and Actions（http://english.www.gov.cn/archive/publications/2015/03/30/content_281475080249035.htm）。——译者注

③ 中文标题为《推动共建丝绸之路经济带和 21 世纪海上丝绸之路的愿景与行动》（https://www.ndrc.gov.cn/xwdt/xwfb/201503/t20150328_956036.html），英文标题为 Joining Hands to Build a Silk Road Economic Belt and a 21st Century Maritime Silk Road—Vision and Actions（http://english.www.gov.cn/archive/publications/2015/03/30/content_281475080249035.htm）。——译者注

大旅游规模”。“举办旅游宣传周和宣传月”“打造具有丝绸之路特色的具有国际竞争力的旅游线路和产品”“简化旅游签证手续”，每年已有数以百万计的中国游客涌入马来西亚、泰国、新加坡等“一带一路”沿线国家。虽然中国游客可能为“一带一路”国家的经济贡献了亟须的外汇，但公众对环境、卫生、房价等方面的担忧日益高涨。

投资非物质文化遗产是中国推动文化民族主义的另一个领域。中国正在建设博物馆和博览会，并在城市、纪念碑和考古文化遗产方面进行投资，其中 34 项被联合国教科文组织确认为著名的世界遗产名录（Winter，2016：2）。众多中国驻“一带一路”国家大使馆在春节期间举办中国文化活动，与各国当地人民共同庆祝中国文化。中国将文化作为加强国际影响力的重要方面，特别是“一带一路”沿线国家。

三、结论

2013 年，中国国家主席习近平首次宣布了“一带一路”倡议。中方一再保证，这是一项受古代丝绸之路和平、繁荣、相互合作精神启发的倡议，参与国将通过该倡议获得经济和社会效益。尽管一些西方批评人士将“一带一路”倡议解读为中国的地缘政治抱负，目的是创造一种新型的政治经济霸权，但现在得出这样的结论还为时过早。在“一带一路”倡议下实施宏大的项目面临着明显的挑战，例如缺乏对文化、社会和环境背景、政治和信贷风险、官僚框架、法律机制、监管程序和当地合作伙伴的充分了解（Blanchard，

2018：9）。“一带一路”倡议还需要考虑陆上丝绸之路和海上丝绸之路沿线各种安全问题（Arduino，2018：1）。“一带一路”沿线国家存在政治不稳定、国内叛乱、恐怖主义、宗教暴力等问题，这些都是合理的关切。中国需要关注的另一个问题为环境可持续发展，建设绿色“一带一路”。

自 18 世纪初以来，中国作为第一个非西方大国，从一个发展中国家崛起为世界第二大经济体，并对按照自由资本主义哲学运行的欧美世界秩序构成了挑战（Ali，2018：10）。中国是世界上最大的发展中国家，“一带一路”倡议是中国希望为发展中国家提供的另一种发展模式和“药方”。中国打算通过“一带一路”倡议创造一种新的文明形态，而不是重蹈 18 世纪和 19 世纪西方崛起时代的殖民主义和帝国主义历史的覆辙。我们至少还需要几十年的时间才能看到和体验中国的“一带一路”倡议在参与国产生的重大影响：是继续作为发展中国家的地缘经济愿景，还是转变为中国对参与国的地缘政治抱负？现在对上述两个论点进行评估或得出任何结论还为时过早。但是，“一带一路”倡议必将增进民心相通，促进人文交流，造福所有参与国。而中国是否会通过“一带一路”沿线国家的文化化和人际交往来扩大软实力，还有待考量。

参考文献

Ali, M. S. (2018). China's Belt and Road: Geo-economic vision; geo-political fallout (unpublished article), Institute of China Studies, University of Malaya, Malaysia.

Arduino, A. (2018). *China's private army: Protecting the new silk road*. Singapore:

Palgrave Macmillan.

Barfield, T. (2011). Nomadic pastoralism. In Bentley (Ed.), *The oxford handbook of world history*. Oxford: Oxford University Press.

Barisitz, S. (2017). *Central Asia and the silk road: Economic rise and decline over several millennia*. Singapore: Springer Nature.

Blanchard, J.-M. F. (Ed.). (2018). *China's maritime silk Road Initiative and South Asia: A political economic analysis of its purposes, perils, and promise*. Singapore: Palgrave Macmillan.

Cameron, R., & Leal, L. (2003). *A concise economic history of the world-from Paleolitic times to the present*. New York: Oxford University press.

Cheng, Y., Song, L., & Huang, L. (Eds.). (2018). *The Belt & Road Initiative in the global arena: Chinese and European perspectives*. Singapore: Palgrave Macmillan.

Department of Economic and Social Affairs, United Nations. (2014). *World urbanization prospects: The* 2014 *revision* (p. 8). New York: The United Nations A PDF document, retrieved from the following link: https://esa.un.org/unpd/wup/publications/files/wup2014-highlights.pdf. Accessed on 22 May 2018.

Ding Gang (2018, July 5), *Why western media rush to badmouth BRI, global times* (Vol. 10., No. 2624). Beijing: Global Times English Edition.

Fenner, F., et al. (1988). The history of small pox and its spread around the world. In F. Fenner et al. (Eds.), *Small pox and its eradication*., Chapter 5 (pp. 209-216). Geneva: World Health Organization.

Kissinger, H. (2012). The future of US-Chinese relations: Conflict is a choice, not a necessity.

Foreign Affairs, March/April 2012. Retrieved from the following link: http://www.mauld-ineconomics.com/images/uploads/overmyshoulder/The_ Future_ of_

US-Chinese_ Relations_ Foreign_ Affairs.pdf. Accessed 24 May 2018.

Kuah, K. E. (2018). China' s soft power: Culturalisation along the Belt Road corridors, a key note paper presented at the 2nd Interdisciplinary Forum on "Belt-Road Connectivity and Eurasian Integration: Meeting the Culture" and held at the United International College, Zhuhai, China, March 26-27, 2018.

Li, X. (2016). Faxian' s biography and his contributions to asian buddhist culture: Latest textual analysis. In*Asian culture and history*, Vol. 8, No. 1, pp.38-44. Toronto: Canadian Center of Science an Education.

Lin, J.Y. (1995, January). The needham puzzle. *Economic Development and Cultural Change*: 269-92.

Maddison, A. (2003). When and why did the west get richer than the rest? In S. Heikkinen & J. L. van Zanden (Eds.), *Exploring economic growth: essays in measurement and analysis; A fest schrift for Riita Hjerppe on her* 60*th birthday* (pp. 29-62). Amsterdam: Aksant.

Maddison, A. (2005). *Growth and interaction in the world economy: The roots of modernity*. Washington, DC: The AEI Press Published for the American Enterprise Institute.

Mayhew, B. (2010). Central Asia highlights. In B. M. Mayhew et al. (Eds.), *Lonely planet guide: Central Asia* (5th ed., pp. 34-61). Oakland: Lonely planet publication.

Meisterernst, B. (Ed.). (2017). *The silk roads: Critical concepts in asian studies* (Vol. 1-2). London: Routledge.

Mitrovic, D. (2018). China' s Belt and Road Initiative: Connecting and transforming initiative. InY. Cheng, L. Song, & L. Huang (Eds.), *The Belt & Road Initiative in the global arena: Chinese and Europeanperspectives*. Singapore: Palgrave Macmillan.

Mokyr, J. (2003). NA. In J. Mokyr (Ed.), *The Oxford encyclopedia of economic history (p.* 369). Oxford: Oxford University press.

Needham, J. (1981). *Science in traditional China: A comparative perspective*. Cambridge, MA: Harvard University Press.

Ni, P., et al. (2017). *Cities network along the silk road* (p. 121). Singapore: Springer.

O' Brien, F. (2017). China to Overtake U.S. Economy by 2032 as Asian Might Builds. *Bloomberg Business News*, December 26, 2017. Retrieved from the following link: https://www.bloom bergquint.com/global-economics/2017/12/25/china-to-overtake-u-s-economy-by-2032-as asian-might-builds. Accessed 14 May 2018.

Rudd, K. (2017). *When China leads*. PS, 27 Oct 2017. Retrieved from the following link, http://kevinrudd.com/blog/2017/10/27/kevin-rudd-in-project-syndicate-when-china-leads/. Accessed 24 May 2018.

Wang, Y. (2018a). The Belt and Road Initiative: Mutual connectivity of the world. A key note speech presented at the second interdisciplinary forum on Belt Road connectivity and Eurasian integration: Meeting the Culture and held at the United International College, Zhuhai, China on March 26-27, 2018.

Wang, Y. (2018b). Forward. In Y. Cheng, L. Song, & L. Huang (Eds.)., (2018) *The Belt & Road Initiative in the global arena: Chinese and European perspectives*. Singapore: Palgrave Macmillan.

Waugh, D. (2002). *The origins of the silk road*. University of Washington Lecture Series.

Winter, T. (2016). *One belt, one road, one heritage: Cultural diplomacy and the silk road, the dip lomat, March* 29, 2016. Retrieved from the following link: https://thediplomat.com/2016/03/one-belt-one-road-one-heritage-culturaldiplomacy-and-the-silk road/. Accessed on 27 May 2018.

Wong, C. (2017). One belt, one road, one language? *The Diplomat*, May 12, 2017. Retrieved from the following linkhttps://thediplomat.com/2017/05/one-belt-one-road-one-language/. Accessed on 22 May 2018.

Xi, J. (2017). *Key note speech at the opening ceremony of the Belt and Raod Forum for international cooperation in Beijing, May* 14, 2017. Beijing: Xinhuanet.

第二篇
历史与文明

第二章（从历史角度看）“一带一路”倡议下的中国崛起

丁郑文①

一、引言

中国是四大文明古国（古埃及、古巴比伦、古印度和中国）中现存的文明古国，是世界上历史最为悠久的国家。考古发现与连续不断的历史文字记录的一致，也证明了这一点。与此同时，大多数古代文明抑或衰落，抑或湮没于其他文明中，以求新的存在形式。古埃及文明结束于几千年前，古巴比伦在历史上曾多次遭到入侵和破坏，语言灭绝，宗教消失。古印度河流域文明虽比其他两个文明保存得更好，但仍然经历了穆斯林和英国的殖民统治。人们认为中国文明被保存下来的原因是其语言、书写体系——汉字，以及儒家、道教和佛教，佛教虽来自印度，但后来成为中国文化的重要组成部分，今天仍然为中国人所用。中华文明继续蓬勃发展，以独特的方式适应不断变化的世界。与其他文明相比，中国文化的独特之

---

① 本研究得到国家科技发展基金会的资助（NAFOSTED），项目编号506.01—2016.01。丁郑文（Dinh Trinh Van），越南河内国家大学研究事务办公室副主任。

处体现在人的生存方式和持久的生命力方面。

今天的中国就像一条龙，沉睡几个世纪后苏醒。回首过去200年发生的一切，中国的愤慨情有可原，但中国宣称将和平崛起[①]。中华文明会继续复兴崛起。传统历史的振兴集中体现在国家主席习近平提出并于2013年正式启动的“一带一路”倡议[②]。该倡议的特别之处在于扎根于过去，崛起于现代。过去的价值观与现代交织，反映了传统的不断发展。过去的角色、意识形态对如今的发展作出了贡献。

二、 中国在“一带一路”中的“历史性互联互通”

两千多年前，勤劳勇敢的欧亚大陆人民探索、开辟了多条连接亚欧非的贸易和文化交流路线，后世统称为“丝绸之路”。千百年来，丝绸之路精神——和平合作、开放包容、互学互鉴、互利共赢，代代相传，推动了人类文明进步，为丝绸之路沿线国家的繁荣发展作出了巨大贡献。丝绸之路精神象征着东西方交流合作，是世界各国共享的历史文化遗产。21世纪是以和平、发展、合作、共

① Kishore Mahbubani, *Understanding China*, *Foreign Affairs*. Council on Foreign Relations (2005). p. 49.

② 2015年3月28日，《推动共建丝绸之路经济带和21世纪海上丝绸之路的愿景与行动》白皮书在博鳌亚洲论坛上正式发布。这份官方文件由中华人民共和国国务院授权，由国家发展和改革委员会、外交部和商务部联合发布，简明扼要地阐述了“一带一路”倡议的背景、原则、框架思想、合作重点与机制等。中文文本来源网址为：https://www.ndrc.gov.cn/xwdt/xwfb/201503/t20150328_956036.html。英文标题为 *Joining Hands to Build a Silk Road Economic Belt and a 21st Century Maritime Silk Road—Vision and Actions*，来源网址为：http://english.www.gov.cn/archive/publications/2015/03/30/content_281475080249035.htm。——译者注

赢为主题的新时代，在全球经济复苏乏力、国际和地区形势错综复杂的情况下，弘扬丝绸之路精神显得更加重要。

“一带一路”有两条主线：一是“丝绸之路经济带”（一带），二是“21世纪海上丝绸之路”（一路）。“一带一路”可追溯到2000多年前的古代丝绸之路，丝绸之路在汉代建立了中国与欧洲和地中海中心之间的贸易联系。最初，丝绸之路标志着中国和西方世界商业关系的开始。然而，在13世纪初蒙古帝国解体后，这条路线的贸易量显著减少。然而，丝绸之路对马可·波罗（Marco Polo，1254—1324）来说仍然意义重大，在1299年完成的回忆录中，他记录了自己的中国之旅。马可·波罗的旅行路线19世纪仍在使用。事实上，“丝绸之路”一词由德国地理学家费迪南·冯·李希霍芬于1877年首创，他将其称为Seidenstrasse或Seidenstrassen。马可·波罗和冯·李希霍芬都提到在丝绸之路上来回运输的货物。

在中国历史上，“一带一路”可以分为自然路线和非自然路线两种类型。自然路线浑然天成，基本因地质构造形成。人工（非自然）路线由人修筑而成。然而，同时也存在各种类型的路线，这些路线融合了自然路线和人工路线（部分是自然路线，部分是人工路线）。自然路线通常与河流路线交织在一起，基本由出于贸易和文化目的而进行探索和开拓的人发现。目前，车站和海港在自然路线中应运而生，人工路线则由人类发现并建造。古代丝绸之路是连接亚洲、欧洲和非洲主要文明的典型路线，后人统称为“丝绸之路”。

而另一类路线，如京杭大运河①，作为世界上最长最古老的运河或人工河流之一，是根据人类意愿挖掘的，挖掘出的河流系统彼此相连，并与自然河流系统相连。如今的“一带一路”基本由人工建成。

更有趣的是，“一带一路”不仅是人类的意志，也是丝绸之路和郑和远航的非自然路线遗产。因此，人工路线实质是对先人意志的继承，是从古代到现代的一种传承。人造路线不仅是一种重复、整合或重构，而且是一种延续和变化，具有中国人特征的独特发展规律。因此，“一带一路”的灵魂包含了过去的崛起。“一带一路”属于人类意志创造的非自然路线，反映了中国发展全局的规律。与非自然类型一起，“一带一路”还重振了古代丝绸之路和郑和海上贸易路线，基本上是中国历史上一个新的发展进程的重组和回归。此外，它还反映了中国国家主席习近平对汉武帝、张骞、成吉思汗、忽必烈、朱棣、郑和过去倡议的继承。这是中国发展进程中的一个独特之处。在建立和实施建造非自然路线思想的创始人或发起人方面，传承是过去的崛起。在谈到过去在“一带一路”中的崛起时，有必要提到非自然类型的路线。

“一带一路”是中国历史上最大的联通网络。这一宏大而典型的建设工程一直延续至今，是中国人民的骄傲。所有这些伟大工程的有趣之处在于连通性。今天，“一带一路”是规模最大的联通网

① 春秋末期（公元前770—前476），吴国（都城在今江苏苏州）君主夫差向北进攻齐国。他下令修建一条运河用于贸易，同时也为了在军队与宋齐两国交战时向北运送充足的物资，以防与北方的宋鲁两国交战。见 Joseph Needham, *Science and Civilization in China* (Volume 4, Physics and Physical Technology, Part 3, Civil Engineering and Nautics). Taipei: Caves Books, Ltd., 1986, pp.271-272。

络。从这个角度，我们也可以看到“一带一路”的特殊性质，了解其互联互通规则的发展。换言之，“一带一路”通过将多条路线和多个通道串联成宏大工程的形式实现了互联互通，反映了历史的崛起。

“一带一路”不仅在非自然路线上继承过去并受其主导，而且继续遵循另一个具有中国独特性质的传统，即中国历史上伟大建筑工程的连通性。这也使“一带一路”成为中国历史上规模最大的互联互通。观察在“一带一路”之前的互联互通模式，我们发现，大多数建设工程都体现了皇帝及其臣民的意志和权力。典型的工程有长城、古丝绸之路、大运河水系和郑和的海上航道。这些建筑工程最显著的特点是，在如今仍有其形，都历经数百年甚至数千年形成。

长城是一道古老的城墙和防御工事，总长超过 2 万公里，位于中国北部，或许是中国极其悠久而生动的历史中最广为人知的文化遗产。长城连接了先秦的不同城市，后经秦始皇进一步建造，便被保存和修缮成如今样貌。长城为经济发展和文化进步提供了保护，守卫了丝绸之路等贸易路线，保障了信息传输和交通运输。长城是强大的象征，代表着中国的统一，因为长城的连接发生在秦朝大一统时期。

如果说长城是山峰之间的连接，那么古代丝绸之路则是沙漠之间的连接，连接了西藏、中亚和土耳其。有趣的是，沙漠中连接的主体是骆驼。再往东，双峰骆驼在伊朗或阿富汗被驯化的时间可能比单峰骆驼稍早一点。古代丝绸之路向西至美索不达米亚，东至印度，是帕提亚帝国和萨珊帝国统治时期丝绸之路上商队交通的基础。[①]

大运河是连接中国运河和水系的纽带。战国时期，中国开凿并连接了这条水系。如果说大运河是连接内河的水路，那么郑和的海上航路连接的就是中国与东南亚、南亚、印度和非洲之间的中国海港和海上航道。[②] 大运河也使中国南北之间的文化交流和政治融合成熟起来。这条运河甚至给中国早期的一些欧洲游客留下了深刻的印象。马可·波罗讲述了大运河的拱桥以及 13 世纪城市的仓库和繁荣的贸易。16 世纪末，著名的罗马天主教传教士利玛窦（Matteo Ricci，1552—1610）经运河从南京去了北京。

因此，早在“一带一路”之前，中国就有互联互通的传统，建成过伟大的工程。特别是，每个互联互通的时期，中国不仅创造了永世流传的工程，更重要的是，还塑造了新的发展力量，为中国未来的发展阶段创造了前提条件。例如，著名的《愚公移山》故事。

“一带一路”见证了中国的崛起，不仅体现在类型学和互联互通模式上，更重要的是与“一带一路”的主体有关。[③] 中国与沿线国家应在经济上实现共赢，中国也将在地缘政治上获益。在研究“一带一路”的主体之前，我们有必要追溯历史，了解和解释中国历史上的伟大成果，以便回答这些成就是否遵守规则的问题，如果是，这些规则意味着什么，本文将从发生的主体角度确定过去是如

---

① Clive Ponting. *World History*: *A New Perspective*. Random House, 2008, p. 370.

② 1405—1433 年，郑和指挥 7 次远征，航行到东南亚、南亚、西亚和东非。所乘坐大船长达 120 多米，有 4 层甲板，载有数百名水手。见 Elizabeth Pollard. *Worlds Together Worlds Apart*. New York: W.W. Norton & Co., 2015, p. 409.

③ 此处的“主体”（subject）指“一带一路”倡议的发起者。

何重现的。

有趣的是，每个宏伟的构造，如长城、古丝绸之路、大运河或郑和的海上航道，都与成对人物有关，想法可能起源于皇帝，或者朝臣，或者皇帝的后代，还需有执行者。

第一对值得一提的人物是秦始皇和蒙恬。秦始皇率先提出城市联通和将更多城市并入长城的想法。蒙恬将军直接带兵，指挥了10余年的长城修筑。在2000多年前，长城一直是中国历史上有效的防御手段。作为农业经济和游牧经济碰撞的产物，长城为经济发展和文化进步提供了保护，守卫了丝绸之路等贸易路线，保障了信息传播和交通运输。

古代丝绸之路由张骞和汉武帝在汉代建成，连接了西亚和中国。受到来自北方和西北的骑马游牧部落的入侵，汉武帝向西派遣使团寻求盟友。张骞在这30年间曾两次出使西域。在第二次任务中，他开辟了从中国到西方的路线，这为古代丝绸之路的形成铺平了道路。尽管这些代表团没有达成联盟，但带回了信息情报，不仅涉及现有中国产品的贸易，还带回一种优良的马匹品种。

此外，中国不仅以陆上丝绸之路和海上丝绸之路闻名于世，还有被誉为“中国品牌”的大运河水系，这也是一项宏伟工程。中国的这一运河体系与隋朝两父子的名字息息相关——隋文帝和隋炀帝，他们是中国几千年前完善水系的发起人，这两个名字也作为一种遗产和大运河一起流传至今。大运河使得河流体系和运河以及中国的大平原相互连接。大运河不仅内部水系相互连接，还与自然水系相连，几乎连通了中国各地的航道，将大沽河（今海河）水系与黄河、淮河、长江、钱塘江（现今在浙江）水系连接起来，中国经济逐渐南移，为盛唐奠定了基础。

丝绸之路的一个显著特点是打通全线，为中欧之间的交通运输创造了最有利的条件。丝绸之路再次联通的关键人物是成吉思汗及其孙子忽必烈。郑和的海上航线通常被称为“海上丝绸之路”，这是明代明成祖朱棣和宦官郑和的产物，标志着明朝海军的发展达到顶峰。

三、“一带一路” 先驱者的崛起

“东风” 列车创造了历史，轨迹直达 2000 多年前连接中国北方和地中海古丝绸之路的一部分。铁路途经哈萨克斯坦、俄罗斯、白俄罗斯、波兰、德国、比利时和法国，前往英国。这些有着相同远见的铁路项目，只是中国 “一带一路” 倡议中数十个公路、铁路、港口和发电计划中的一部分。这个庞大的、互联互通的基础设施项目名为 “一带一路”，横跨至少 65 个国家，涉及总人口 44 亿，约占世界经济产出的三分之一。

2013 年启动的 “一带一路” 倡议是中国国家主席习近平和时任国务院总理李克强努力的结果，两位伟大的领导人经常出现在实施 “一带一路” 倡议的政府工作中。“一带一路” 不是欧亚大陆的实体路线，而是一项将外交政策和经济发展相结合的全球倡议，现已写入中国共产党章程，表明它将在未来多年决定中国在世界的参与度和投资情况，将原有的项目和发展计划整合在一起，以实现中华民族的伟大复兴。

1999 年，当时中国政府通过 “走出去” 政策努力促进海外中国投资：这是给中国企业的一个指令，要求它们尽可能在境外投资和运营。中国领导层认为不能仅仅依靠国内市场实现增长。在国有企业的带动下，中国的海外投资从1991年的30亿美元增加到2003年的350亿美元。在此期间，中国政府签署了双边协议，开启合作融资和发展多个发展中国家的基础设施。

习近平主席在2013年的讲话中首次提到了“一带一路”的重要性①。由于外国人一直对其有误解，因此中国政府对2017年最初的英文名称“One Belt，One Road”进行了更改。“一带”指的是陆路（让人联想到穿越中亚的旧丝绸之路），而“一路”指的是从东亚港口到中东的海洋航线②。“一带一路”是习近平提出的一项政策，旨在加强中国与世界各国的“互联互通”。这一想法是为了促进中国境外五条走廊的发展和经济合作：通过中亚通往欧洲、中东和东南亚的陆路航线，以及连接中国港口与欧洲和南太平洋的海上航线。互联互通基础设施项目覆盖至少65个国家，涉及总人口44亿，约占世界经济产出的三分之一。

“一带一路”虽有助于中国的发展和整体国家安全，但也面临着各种挑战。美国战略研究中心将其称为“水晶网络”③。一方面，中国与世界互联互通的终极目的是实现以中国为中心和起点的全球

① 2013年9月，习近平当选为中共中央总书记后，访问哈萨克斯坦时提出了陆上丝绸之路，即“丝绸之路经济带”。几周后，他访问印度尼西亚时宣布了海上丝绸之路。这两项努力催生了亚洲相互协作与信任措施会议上宣布的正式倡议。

② 该倡议在2016年更名为the “Belt and Road” Initiative，在各种文件与新闻中不总保持一致。中国的声明并未提到与“一带一路”的联系，但对于中国在境外的一切新项目，人们都隐约期望能与“一带一路”产生某种联系。

③ Christopher K. Johnson, Center for strategic & international studies (CSIS), President Xi Jinping's “Belt and Road” Initiative, A Practical Assessment of the Chinese Communist Party's Roadmap for China's Global Resurgence, 2016.

互联互通。这一结构，主要分支包括中国北部和西部省份与俄罗斯和中亚的连接。这条道路将华东和华南的海港与东南亚、南亚、欧洲和非洲连接起来。另一方面，由于互联互通位于中国内陆，因此更便于观察。它是中国东部和西部之间的联通，东部只占 5%的陆地面积却容纳了 95%的人口，而西部占有 95%的陆地面积却只有 5%的人口[①]。新疆等省份与其他省份之间的连接，云南与国内外其他省份的连接，福建作为核心区与周边地区的连接，均使得核心地区吸引到外部的注意。

此外，"一带一路"是"带"与"路"的连通，实际为沙漠与海港的连通，骆驼与船只的连通，中国内陆与世界公路、铁路、海路的连通。更重要的是，"一带一路"再现了汉代丝绸之路、元代丝绸之路经济带的传统，并将郑和的海上路线与如今的海上路线连接起来。

在现今的"一带一路"中，陕西的内陆传统与福建、江苏、上海沿海传统也有所体现。如上所述，2013 年 9 月和 10 月，习近平主席率先提出了建立"丝绸之路经济带"和"21 世纪海上丝绸之路"，简称"一带一路"倡议，并将理念付诸实践。2013 年 12 月 13 日，习近平主席在中央经济工作会议上也重点讨论了该项目。2015 年 10 月，习近平主席访问英国时重申了对该项目的承诺。2017 年 5 月 15 日，在北京举行的"一带一路"倡议峰会上，习近平主席亲自主持会议，吸引了数百个参与国和 28 个国家的领导人和成员。

① 见 Hu Angang (ed), Tran Khang, Bui Xuan Tuan (translation). *Chinese Great Strategies*. Hanoi: Publishing House of News Agency, 2003.

此外，习近平主席还在许多国家（包括论坛）中多次提及该倡议。在与时任美国总统唐纳德·特朗普（Donald Trump）的会晤中，习近平主席提出共建“一带一路”伙伴关系。简单总结上述里程碑式事件，可以看出，习近平主席不仅是理念的倡导者，而且是切实的实践引领者。这份夙愿既是对过去的无法割舍也是对未来的展望。毫无疑问，习近平主席是“一带一路”倡议的核心人物、灵魂人物。

严格地说，北京既不是如今“一带一路”的中心、汇合点，也不是起点。丝绸之路的中心是陕西省会西安。到公元前2世纪末，甘肃建立了基地，以保护贸易路线免受游牧民族的入侵，这些基地成为丝绸之路上的重要贸易据点。这条主干道从长安（今西安）出发，经过兰州、武威、张掖、酒泉，到达敦煌，受到汉长城的保护。随着贸易的繁荣，外国商人将新的产品和思想带入中国。佛教也是在此时传入中国的，但主要流行于外国商人的聚集地。习近平主席曾自豪地说：“我的家乡陕西，就位于古丝绸之路的起点。站在这里，回首历史，我仿佛听到了山间回荡的声声驼铃，看到了大漠飘飞的袅袅孤烟。这一切，让我感到十分亲切。”[①] 众所周知，西安是中国历史上最古老、最富有的传统都城，也是汉唐两代王朝的都城。不远处，同样在陕西的咸阳是秦朝都城。中国最强大的三个朝代都扎根于陕西，习近平主席用这三个中国历史上最耀眼的朝代自豪地称赞他的家乡也在情理之中。尤其是西安，它是古代丝绸之路的起点，长安城是汉唐时期国际交流路线的中心。“一带一路”

① 习近平：《习近平谈治国理政》，北京：外文出版社，2014年，第287页。——译者注

的兴起意味着陕西省会西安的地位得以恢复，习近平的父亲习仲勋先生的陵墓就安置于西安①。从本质上讲，这是现在与过去的连接，从伟人辉煌的过去中汲取和寻找灵感。随着这种振兴，将西安看作丝绸之路行动计划的关键也不难理解；特别是西安交通大学更是丝绸之路国际学术交流的焦点②。数百所大学参与了丝绸之路学术研究。通过这样的方式，复兴了传统，振兴了家乡，为传统的家乡增添活力。在这个维度上，习近平主席是连接过去、复兴过去生活的关键，给西安带来了全新面貌。

不仅如此，据我们所知，西安是汉朝的都城，是交流的焦点和重心、丝绸之路的中心。从开通西域之路起，汉武帝就是一个特殊的人物，张骞被誉为打开汉朝对外开放的“执行者”，作为关键人物，他与汉武帝成为开拓古代丝绸之路的一对名人，具有打造古代丝绸之路的功绩。有趣的是，张骞也是陕西人③。今天，陕西博物馆以张骞雕像为特色，张骞墓也位于陕西。陕西西安历史悠久、成就辉煌，是中国历史上最伟大的首都，是古代丝绸之路的发源地和心脏，张骞又是塑造丝绸之路遗产的先驱，同样来自陕西的习近平主席有了互联互通的灵感和想法，并为中国历史这种独有的特质感到自豪。因此，西安交通大学文化交流中心以丝绸之路经济带的新名称复兴古丝绸之路也在情理之中。

---

① Dong Ngan-Tu Son.（2014）Chuyện về mộ bố ông Tập Cận Bình http://dantri.com.vn/the-gioi/ chuyen-ve-mo-bo-ong-tap-can-binh-1413886096.htm. Accessed on Jan. 31, 2018.

② Pham Sy Thanh, *A Strategic OBOR One Belt One Road of China and Policy Implications for Vietnam*. Hanoi：World Publisher, 2017, p. 127.

③ 见雪犁（主编）：《中国丝绸之路辞典》，乌鲁木齐：新疆出版社，1994年。——译者注

在中国历史上，中国第一代皇帝秦始皇因修筑长城而闻名，西安长城就是一座长城遗址；汉武帝定都西安，因为为丝绸之路奠定了基础而闻名；唐玄奘通过这条路上将佛教传入中国而闻名。如今，唐玄奘和秦始皇、汉武帝一样知名，甚至超过了他们。

除了陕西西安，福建、浙江也是“21世纪海上丝绸之路”的枢纽。众所周知，过去福建和浙江是中国著名的港口，历史上郑和就在这里开始建造船只，但将这些地方与西安联系起来具有新意义，是因为“一带一路”的设计者习近平曾担任福建和浙江省委书记。

实际上，在习近平与邓小平、李克强的联系中，还有一个维度值得一提。不谈年龄，只谈与“一带一路”有关的联系。从本质上讲，邓小平并没有参与，或者说并未直接建设“一带一路”，但是他为“一带一路”的建设奠定了基础。正如《推动共建丝绸之路经济带和21世纪海上丝绸之路的愿景与行动》指出的那样，“一带一路”的互联互通实际上是中国对世界的开放。习近平将邓小平提出的开放进一步具体化，并记录于《推动共建丝绸之路经济带和21世纪海上丝绸之路的愿景与行动》，文件列出了非常明确的连接点。在推进“一带一路”建设的过程中，李克强扮演了蒙恬、张骞、郑和三位核心人物的角色，动员政府和调动国家资源、庞大的宣传机构和雄厚的财力，全面落实这一理念。

习近平是连接古丝绸之路与新丝绸之路经济带的领导人，也是复兴和连接古丝绸之路与今丝绸之路的领导人。他首次扮演了连接古今丝绸之路体系和海上丝绸之路的角色，并将两个体系连成一个网络。

四、回归过去的目标和起源

一方面，“一带一路”旨在复兴中国。事实上，与中国历史上任何伟大的互联互通项目一样，“一带一路”也反映了当代中国的繁荣。例如，长城最初由秦始皇在公元前 3 世纪为抵御野蛮的游牧民族入侵而建造，是中国悠久而鲜活历史的明证。尽管未能完全阻止侵略者进入中原，但长城成为了中华文明经久不衰的强大象征。张骞是中国汉代杰出的外交家、旅行家和探险家，被誉为“丝绸之路的开拓者”“东方的哥伦布”。张骞试图连接中国与世界，并切实付诸实践。张骞的旅行与如今跨大陆贸易的主要路线——丝绸之路有所关联。从本质上讲，张骞的使命是给中国介绍当时未知世界的部分国家及其产品。司马迁在公元前 1 世纪编撰的《史记》中详细记载了张骞对中亚的考察。丝绸之路中亚路段在公元前 114 年左右得到扩展，主要得益于张骞的探索。[①] 隋朝的水系，特别是京杭大运河，后来成为连通元朝南北水系的重要保障。1405—1433 年，郑和受明朝皇帝派遣，开启了七次远洋探险，这在世界历史上都独一无二。到了明朝初期，中国的航海技术已经达到巅峰，在世界上都无可匹敌。造船企业在使用中国发明的指南针等诸多技术的同时，还从中国南海和印度洋海员那里借鉴技术并加以改造。几个世纪以来，中国一直是该地区的海上强国，在航海、造船等方面都取得了进步。14 世纪初，郑和率领世界上最大的船只进行了七次印

---

① Luce Boulnois. *Silk Road*: *Monks*, *Warriors & Merchants*. Hong Kong: Odyssey Books, 2005, p. 66.

度洋周边陆地的探险，展示了中国造船技术和航海远行的卓越实力。如今，在中国完成了 30 多年的发展奇迹后，为促进世界互联互通，“一带一路”倡议应运而生。

另一方面，这些伟大项目的出现也对中国产生了多维影响。秦朝时，秦国将各地统一为一个帝国。秦朝建造的长城为抵御北方侵略者的入侵，为帝国稳定奠定了基础。汉朝时，长城扩展到今天的中国西部，以保护丝绸之路的贸易。2000 多年前，长城在中国历史上一直是有效的防御手段。作为农业经济和游牧经济碰撞的产物，长城为经济发展和文化进步提供了保护，守卫了丝绸之路等贸易路线，保障了信息的传播和交通运输。丝绸之路打开了中国市场的大门，将中国推向了世界；外国的金银涌入中国，中国的产品开始销往国外。佛教也通过这种方式改变了中国文化的面貌。在元代，丝绸之路是其经济命脉之一，帮助外国货币涌入中国。京杭大运河是主动脉，有助于唐代的经济繁荣。海上丝绸之路曾经帮助福建泉州的港口成为世界著名的港口。以上都表明伟大项目利好的一面。但即使王朝处于鼎盛时期，这些伟大项目却不能起到同时帮助维持和振兴中国旧时代的经济、文化、商业的作用。

五、结论

“一带一路”不仅是一条路线，更是充满智慧的强国倡议，是文化强国和经济强国的结合，旨在实现世界互联互通，不仅限于欧亚大陆和非洲，它已然成为中国外交政策的主旋律。为打造中国外交政策的国际名片，“一带一路”将经济投资等硬实力与弘扬中华文化或改善中国形象等软实力相结合。如今已经全球化的“一带一路”在很大程度上已经取得成功，与其说是在具体项目方面，不如说是帮助改善了中国的形象。加入“一带一路”代表着能从中国日益增长的经济蛋糕中分得一杯羹。2017 年，习近平主席在达沃斯发表演讲称，在西方经济民粹主义和保护主义的时代，中国是全球化的捍卫者，“一带一路”有助于提升中国作为一个负责任大国的形象。西方的发展强调个人作用和创造力的提升，但今天中国的发展道路是推进人类命运共同体，通过创造条件，实现不同文化的交流和相互补充。“一带一路”是一个伟大的倡议，它是否预示着中国又一个发展巅峰的到来，让我们拭目以待。

参考文献

Angang, H. (2003a). *Chinese great strategies*. Hanoi: Publishing House of News Agency.

Angang, H. (Ed.). (2003b). Tran Khang, Bui Xuan Tuan (translation). *Chinese great strategies*. Hanoi: Publishing House of News Agency.

Boulnois, L. (2005). *Silk road: Monks, warriors & merchants*. Hong Kong: Odyssey Books.

Cardenal, J. P., & Araújio, H. (2013). *China's silent army: The pioneers, traders, fixers and workers who are remaking the world in Beijing's image*. New York: Clown Publisher.

Christopher K. (2016). Johnson, center for strategic & international studies (CSIS), President Xi JinPing 's "Belt and Road" Initiative, *A practical Assessment of the Chinese Communist Party's Roadmap for China's global Resurgence*.

Cuong, H. A. (Ed.), Tran Khang, Bui Xuan Tuan (trans. 2003), *Chinese Great Strategies*. Hanoi: Publishing House of News Agency.

Jinping X. (2014).*Xi Jinping tan zhi guo li zheng*. Beijing: Wai wen chu ban she, Publisher: 外文出版社有限责任公司.

Le (Ed.). (1994).*Chinese silk road dictionary*. China: Xinjiang Publishing House.

Monks and merchants, curated by Annette L. Juliano and Judith A. Lerner, February 17, 2018, Asia Society Museumhttp://sites.asiasociety.org/arts/monksandmerchants/index.html

Mahbubani, K. (2005).*Understanding China*, *Foreign Affairs*. New York: Council on Foreign Relations.

Needham, J. (1986).*Science and civilization in China*, *Volume* 4, *Physics and Physical Technology*, *Part* 3, *Civil Engineering and Nautics*. Taipei: Caves Books, Ltd..

Ngan, D. &. Son, T. (2014). Chuyện về mộ bố ông Tập Cận Bình. http://dantri.com.vn/the-gioi/chuyen-ve-mo-bo-ong-tap-can-binh-1413886096.htm. Accessed on 31 Jan. 2018.

Pollard, E. (2015).*Worlds together worlds apart*. New York: W.W. Norton & Co..

Ponting, C. (2008).*World history: A new perspective*. New York: Random House.

Thanh, P. S. (2017).*A strategic OBOR one belt one road of China and policy implications for Vietnam*. Hanoi: World Publisher.

Vision and Actions on Jointly Building Silk Road Economic Belt and 21st-Century Maritime Silk Road 2015/03/28. (n.d.). http://en.ndrc.gov.cn/newsrelease/201503/t20150330_ 669367.html. Accessed on 12 Dec. 2017.

第三章　畅想新丝绸之路上的中国：大象与世界丛林

陈少娴[①]

一、引言

2013年，中国提出“一带一路”倡议。“一带一路”倡议是中国的新经济发展政策，不仅给世界带来了巨大商机，也对振兴全球经济具有重要意义。有人怀疑中国的“一带一路”倡议挑战了美国与欧洲的跨大西洋关系和中东利益，也有人认为中国利用该经济倡议重新平衡亚太地区的力量。在西方霸权主义的政治话语体系中，中国是一个雄心勃勃、受权力驱动的国家。西方对世界秩序与发展早有具体的设想，并将自己居于首位，因此对崛起的经济体十分警惕。西方在认知上称霸于中国已是司空见惯。西方污蔑中国为专断的政治行为体，以牺牲他人利益为代价追求国家利益，还错误地将中国的“一带一路”倡议抹黑为扩张主义。在这种认知霸权之下，

---

① 陈少娴（Siu-Han Chan），中国珠海，北京师范大学-香港浸会大学联合国际学院社会学助理教授，E-mail：siuhanchan@ uic.edu.cn。

中国的文化和政治实体之独特性难以得到认可。

正如资深汉学家费正清（John King Fairbank，1907—1991）对中国传统外交关系的研究提及的，仅用现代语言，我们不能理解中国这种国际秩序……要想用现代英语理解该秩序，必须先了解同时代中国人及其他东亚人是如何用自己的语言理解的（Fairbank，1968：5）。另一位当代中国观察家马丁·雅克（Jacques，2009：416）也指出，仅仅或主要根据西方经验话语解释和评估中国，会忽略中国特有的东西，简要来说就是什么造就了中国。费正清和雅克建议，中国研究人员应增强同理心，对中国的差异保持文化敏感性。这一建议固然正确，但要想让中国摆脱西方认识论捏造的霸权理论的束缚，恢复中国的真实面貌，仅靠语言敏感性远远不够。因此，必须更细心地处理中国的不同之处，将其社会化（Chan，2017）。

笔者认为，从社会学的角度全面理解“一带一路”和中国，诠释中国，不仅需要文化意识和语言意识，还必须认识到中西方在思想观和世界观上存在差异，对中国采用另一种认知和本体论思维，充分理解其取向、性格和行为。本文将运用狮子和大象的隐喻分别阐释西方①和中国不同的本体论。西方狮子好战，认为中国是21世纪觉醒的狮子，会对世界构成威胁。然而笔者认为西方恶意推断中国现代崛起的行为并不能展现中国的本质，而是反映了西方的警惕

① 作者很清楚，引用“西方”“西方世界”或“西方社会”的概念时，存在过度泛化的问题。西方观点的统一肯定是一个神话，见Delanty（2003）关于“后西欧”这一概念的讨论。但在本文中，“后西欧”概念的使用主要是为了阐释（支离破碎的）文明，这种文明与中国根本不同。西方在这里主要指的是美国和英国，这两个国家在政治言论中明确地表达了“中国威胁论”，但并不局限于它们。

意识。中国的形象更贴近于大象①——丛林中象征和平的杰出生物。

民族国家与文明国家

世界常通过西方霸权的眼光看中国，这一错误做法给研究带来不便。因此必须确定中国的视角和特征，否则世界永远无法了解中国。本文观点与白鲁恂（Lucian Pye，1921—2008）（Pye，1992）的观点一致：中国首先是一大文明，然后是一个国家，并非普通的民族国家。这一界定有助于理解中国政治以外的方面，以及“一带一路”对中国及其邻国的意义。正如白鲁恂（1992：235—236）所言：

要想理解中国，首先要明白：中国不仅仅是诸国家中的一个。中国，名为国家，实为文明。现代中国的发展进程可以描述为中国人和外国人合力把华夏文明挤进随意的、受束缚的现代国家框架之中。

如果简单认为中国是一个精于算计且自大的国家，像其他西方现代国家一样盘算本国利益，便是大错特错。中国拥有悠久的历史，和这样的国家打交道应考虑其过去的积累与沉淀。中国的历史通过文化激励、道德要求、政治无意识等影响着现在和未来，其他民族国家皆相形见绌。

塔尔科特·帕森斯（Talcott Parson，1902—1979）的社会学概念指出，民族国家和文明国家的主要区别在于其作为社会系统的主

① 中国通常被称为“龙”，它是中国人的图腾。然而，龙作为一种神话生物，其内涵在不同文化中差别很大。作者认为，大象的形象更适于捕捉中国文明的非侵略性质，与西方文明的狮子形成对比。

要取向（Parson，1951，1977）[①]。两者有各自的政治和文化参照系。民族国家是民族性的现代最高政治体现，同时包含过去和现代（Chan，2018：332—333）。然而，正如艾瑞克·霍布斯鲍姆（Eric Hobsbawm，1917—2012）所说，“现代性指现代国家的基本特征以及与之相关的一切”（Hobsbawm，1992：14）。现代性要求进步，因此民族国家倾向于具有前瞻性的、追求外在成就的“目标实现”模式。作为西方社会的政治产物，现代民族国家很贴合马克斯·韦伯（Max Weber，1864—1920）对西方的概述，即“理性掌握世界”（Weber，1951：248）。民族国家相对专断，其政治效力的范围有限，这不仅仅是西方文明不团结的结果。政治框架的局限也正面反映了西方的世界观，西方世界观认为他们对“世界”和其他人存在巨大影响力（Weber，1951：227），能维持易发生冲突的现代国家之间的关系。

相比之下，文明国家的特征与性质截然不同。文明国家的底蕴不是“民族”的现代产物，而是一种崇高甚至令人敬畏的文明理念。考虑到文明的崇高感及其历史遗产的不动性，文明国家必须优先以帕森斯（1951，1977）提出的回溯与内部关注这一“模式维持”形式作为基本取向。顺应过去、保护早已处在人文巅峰的文明秩序是文明国家的当务之急。这种保护的趋势反映了儒家“理性适应世界”的世界观，与韦伯（Weber，1951：248）的名言如出一辙。“民族国家”善于征服，中国作为传统的文明国家，其政治想

① 根据帕森斯的理论，所有的社会制度都必须满足四个功能前提，即适应功能、目标实现功能、整合功能和模式维持功能，才能生存。但不同类型的社会制度有自己的优先项。

象力建立在儒家思想的本体论之上，“尽量拉近与世界的距离”（Weber，1951：227）。中国常以群体形式处理政治问题以减少潜在冲突。或者如马克·曼科尔（Mark Mancall，1933—2020）所说，“国际社会是中国内部社会的延伸”（Mancall，1963：19）。因此，中国的文化和政治概念相对不受国界限制，涵盖了丝绸之路沿线等更广泛的跨国文化及文明地区。

将中国定义为文明国家，可知中华民族复兴实为文明的复兴与维护。19—20世纪，中国由文明国家转变为现代国家，中华文明在痛苦挣扎下黯然失色。21世纪以来，中国逐渐恢复了文化自信，摆脱了“民族国家”之伪装。中国正在复兴，重塑为现代文明，向各地区传播文化与道德影响，成为区域团结的政治支点和推动力量。

本文从中国现代化的特定文化历史背景及中国作为文明国家的基本性质出发分析“一带一路”倡议。“一带一路”倡议是使中华文明影响更为深远的重要经济基础，这一文明工程的文化寄托源自史上丝绸之路网络和朝贡体制的形象与记忆。因此，除非有关实际政策，本文不使用“一带一路”这一较为狭义的概念，而主要采用“新丝绸之路”这一充满文化意象和历史典故的称呼。

以下先简述西方对中国及“一带一路”的警惕性，通过回顾西方政治史来说明为何西方会呈现出尤为好斗的狮子本体论视角。这一视角是西方称中国及其“一带一路”为霸权主义的错误表述之基础。随后讨论中国大象般的形象及历史成因，简要回顾中国历史，阐述皆大欢喜的中国政治意识。最后总结中国通过复兴丝绸之路网络，重构与邻国的关系，进而实现中华文明伟大复兴，这就是“新丝绸之路”。

二、狮子：西方政治本体论的隐喻

（一）中国是“觉醒的狮子”吗？

200多年前，拿破仑（Napoléon Bonaparte，1769—1821）曾警告全世界：“中国是一头沉睡的狮子。别打扰它，因为它一旦醒来，整个世界都会为之颤抖。”两个世纪后，中国国家主席习近平2014年在巴黎向包括时任法国总统弗朗索瓦·奥朗德（François Hollande）在内的听众发表讲话时说：“中国这头狮子已经醒了，但这是一只和平的、可亲的、文明的狮子。”[①] 拿破仑的预言反映了西方长期以来在政治层面对中国的国际力量与影响力心存忌惮，即便19世纪中国受西方压制，失去其在东亚地区的中心地位时，西方仍然存有这一顾虑。习近平主席的这段话不仅回应了拿破仑，也回应了对21世纪中国的崛起普遍持矛盾态度的西方世界。

尽管时隔两个世纪，但拿破仑提出的“觉醒的狮子”[②] 这一形象仍然印刻于西方人的脑海中，这为西方幻想中国的崛起具有普遍潜在威胁找到了借口，对中国的政治盟友也持续产生不良影响。类似不友好的形象巩固了西方解读中国为霸权国家的做法。在西方怀疑目光的审视下，中国的发展体现了某种原罪，遭受着消除西方对本国议程和繁荣进程疑虑的压力，中国常常处于被迫防御状态。随

① 这句话摘自《南华早报》2014年3月28日发表的《习近平说，世界对和平狮子的觉醒没有什么可害怕的》，http://www.scmp.com/news/china/article/1459168/xi-says-world-has-nothing-fear-awakening-peaceful-lion。

② 另一种说法称中国为“沉睡的巨人”。无论是狮子还是巨人，意思都一样。巨人的存在本身就让其他国家相形见绌，这反映了西方大国在看待中国问题上的焦虑和自我认知。

着中国的发展，其对世界秩序的影响力不断增强，西方国家对此很是忌惮，尽管中国领导人在各大场合表示“中国和平崛起与发展”“中国永远不称霸、永远不搞扩张”“不‘输出’中国模式”，[①] 但这些显然无法缓解西方国家的忧虑，因为西方真正想知道的是这头狮子究竟能否真正平静下来。

（二）西方眼中中国的“狮子形象”

宋代大诗人苏东坡与好友佛印和尚游玩时，辩论不过他，但一直想占次上风。一日，苏东坡终于抓住了一个机会，他问佛印：“以大师慧眼看来，吾乃何物?”佛印回答：“贫僧眼中，施主乃我佛如来金身。”接着，佛印问苏东坡：“居士看我样子又如何?”苏东坡揶揄道：“大师乃牛粪一堆。”佛印听了，并未生气，只是一笑置之。苏东坡回家后，得意地把这事告诉苏小妹。苏小妹听后说：“大哥，你又输了！禅师心中有佛，故所见皆佛；大哥心中有牛粪，故所见皆牛粪也。禅师心净，大哥心秽也!”[②]

听过《佛与牛粪》这则禅宗故事的人都明白：人的内心决定人的视野和行为，什么样的人看到什么样的世界。因此，狮子眼中别人也是“狮子”，用的也是狮子的本体论思维来设想世界。当西方把中国虚构为有威胁的“觉醒的狮子”时，也展现了他们的本质、政治方向和理念。因此，西方眼中中国的“狮子形象”就是他自己。

西方文化认为狮子是受人尊敬的“丛林之王”，以无与伦比的力量和优势统领动物世界，几乎所有的动物都是其猎物。尽管狮子

① 例如温家宝（2003）和习近平（2017）。
② 一个流行的中国传统故事。

占据压倒性的优势，但从拟人化的角度来看，狮子易焦虑不安，好战意识强，具有与生俱来的领土意识。狮子处于统治地位，时刻注意着自己的势力范围，不管入侵者是否是有意都会对其进行致命打击，从而解决权力竞争。对于狮子而言，竞争和征服为丛林的常态——捕食者和猎物、强者和弱者之间进行致命的竞争及零和游戏。

西方就像狮子一样，尽管占主导地位，也拥有权力，却依然有所恐惧。他们仍然为深植于心的生存焦虑所困。好战是西方狮子的本性，他们时刻准备着打“生存战”。征服者最警惕被侵占，这种焦虑感也促使其对旁人行为可能产生的后果高度敏感。狮子的本体论观点体现在西方主流政治思想——社会达尔文主义与政治达尔文主义中。政治就是“现实政治”（realpolitik）：无情、现实、投机取巧的政治行为者相互竞争以谋求各自利益最大化。他们的国际关系和外交以牺牲其他国家的利益为代价，增加本国及其派系的政治和经济利益——零和游戏（zero-sum game）。

（三）狮子观的历史渊源

西方对潜在竞争者甚是警惕，早在著名的古希腊伯罗奔尼撒战争（公元前431—前404）中便可见端倪，当时修昔底德（Thucydides，约公元前460—约前400）分析道：

雅典人和斯巴达人打破了占领埃维厄岛后达成的长达30年的休战协议，开启了这场战争。要解释为什么要打破约定……希腊人之间这场大战因何而起，我认为原因是这样的：尽管难以启齿，但斯巴达人对日益强大的雅典人心生恐惧，因此强硬开战。（Thucydides，2013：16）

格雷厄姆·艾利森（Graham Allison）曾提出现存大国和新崛起大国之间战争的“修昔底德陷阱”（Allison，2017），伯罗奔尼撒人的历史记忆常归结于此。罗马帝国曾经备受尊敬，奥匈帝国广袤无垠，不列颠殖民帝国也风光一时，然而他们都只是昙花一现，这都使得西方始终保持警惕（Mann，1990）。

西方无论是在历史维度还是政治层面都高度好战，因此产生了威斯特伐利亚式的国际秩序体系，设定了国家政治共同体的明确边界，划定了国家在其领土内的能力和影响力。民族国家狭义上可以理解为一种权宜之计，查尔斯·蒂利（Charles Tilly，1929—2008）（1985）批判其为好战性强，是与欧洲现代民族国家共生的象征。西方政治意识中，相互竞争实现目标的国家间总会发生重大冲突（Tilly，1985）。只是如今这一矛盾点从争斗的欧洲国家之间转移到西方和非西方国家之间。塞缪尔·亨廷顿（Samuel Huntington，1927—2008）的著名的自我实现式的预言表示，西方与其他国家之间的“文明冲突”或许是西方政治思想中的潜在焦虑在当代最有影响力的体现（Huntington，1997）。

（四）西方对中国及“一带一路”倡议的质疑

在不稳定的政治无意识和霸权主义认知的左右下，西方对中国“民族复兴”的夙愿十分担忧。美国一位中国观察家坦言，中国之崛起给世界带来了生存挑战（Chang，2015）[①]。尽管中国领导人一再保证“中国会和平崛起”，但是西方对中国快速发展的看法仍然难以改变。西方认为这类说法不过是中国的幻想，或者是中国要挑

① 除了政治分析，美国对其领导地位和生存的焦虑也体现在流行文化中。好莱坞电影中一个常见的主题（在其他电影中很少看到）就是美国正被外星物种或未来的敌人包围。

战西方全球领导权而采取的拖延策略。中国的繁荣壮大，诠释了一些西方无法完全理解的东西，西方便觉得中国是迫在眉睫的威胁（Navarro，2015）。

中国凭借“一带一路”倡议在欧亚地区大显身手，在周边乃至更远的地区获取地区优势。尽管中华人民共和国国务院授权发布的《推动共建丝绸之路经济带和21世纪海上丝绸之路的愿景与行动》富有浓厚的经济色彩，频繁使用“沟通”“协商”“谈判”等概念，但在西方人看来，中国实施如此宏伟计划的真实意图仍十分可疑。苏联解体后，中国被视为欧亚大陆腹地中不断成长的“新大博弈”的主要参与者[①]，与该地区的其他利益相关者如俄罗斯、印度和美国争夺影响力和领导力（Fingar，2016；Laruella，2010）。吴志远（Joel Wuthnow）在美中经济与安全审查委员会作证，简明扼要地总结了美国对“一带一路”的广泛关切：

> 评论人士将“一带一路”比作马歇尔计划，认为该倡议为中国创造战略优势的一种方式，就像第二次世界大战后美国利用经济手段巩固其在西欧的地位一样。20世纪初，英国地理学家哈尔福德·麦金德（Halford Mackinder，1861—1947）提出主导欧亚大陆是夺取全球霸权的先决条件的论点，该倡议也是这一论点的现代体现。经过深刻研究后，纳德吉·罗兰（Nadège Rolland）认为“一带一路”倡议为中国“宏大战略”的一部分，借助各国力量因素来“维护中国的影响力，至少重塑其周边国家”。(Wuthnow，2018：2)

西方常将中国与美国这样具有扩张性、受权力驱动的国家政治行为体类比，而这一类比的背后暗示着评论人士承认美国的主导和

① “大博弈”描述了19世纪俄罗斯和英国在中亚的竞争。

霸权地位，但是一旦中国采取任何类似方式，他们则采用双重标准对待中国。西方帝国主义当然不能容忍类似竞争对手，尽管笔者认为中国没有此类倾向。除此之外，整个美洲大陆都不在“一带一路”的路线规划内，这一点也让西方更加对中国这个庞大的经济文化工程之意图产生怀疑。

西方观察家对“一带一路”的质疑揭示了西方进行霸权理解的后果和暴力行为。无论中国如何灵活处理，总要被迫承受扩张主义这种无理污名。因此中国不得不反复辩护，对那些扭曲其意图、抹黑“新丝绸之路”的声音进行驳斥。但是中国的辩驳之路走得艰难，往往难以真实地表达其想法。中国的声音常常被那些污蔑其名声的声音所淹没，在西方政治认识论下也难以得到理解。

总而言之，对于西方世界来说，“一带一路”尽管处于初期，但仍是值得警惕的巨大工程。他们认为，中国邀请欧洲共建欧亚线路时，“一带一路”倡议挑战了美国与欧洲的跨大西洋关系。作为战略回应，美国正与澳大利亚、日本和印度结盟，建立名为“自由开放的印度洋-太平洋”（FOIP）战略的“一带一路”替代方案，以抗衡中国的“一带一路”倡议[①]。由此可见，西方的霸权政治认识论与政体同谋，共同维持其对于世界其他地区的主导地位。

---

① 路透社：《澳大利亚、美国、印度和日本就建立“一带一路”替代方案进行谈判》，https://www.reuters.com/article/us-china-beltandroad-quad/australia-us-india-and-japan-in-talks-to-establish-belt-and-road-alternative-report-idUSKCN1G20WG（2018 年 2 月 19 日）；《南华早报》：《美国可能推动印度-太平洋地区的项目，以对抗北京的“一带一路”计划》，http://www.scmp.com/news/china/diplomacy-defence/article/2132435/us-may-boost-projects-indo-pacific-counter-beijings（2018 年 2 月 8 日）。

三、大象：中国本体论思维的隐喻

为规避西方认知霸权解读的陷阱，需通过另一种认识论和本体论视角来阐释中国。若将世界比作丛林，那么首先应当无视西方狮子对中国的敌意。中国的本体论取向并非狮子，而是丛林中另一杰出生物——大象。由于政治思想偏见，西方将中国描述成咄咄逼人、如狮子般的超级大国。但是中国有其独特的文明意识，属于另一种完全不同的政治行为体。若使用西方为主导的视角来理解“一带一路”倡议和中国国家定位，无异于对中国施加符号暴力。这就相当于将大象放在狮子的栖息地，用狮子的食物喂养她，观察她的古怪行为。

（一）文明国家：中国是亚洲的大象

中国有种象棋游戏“斗兽棋”，该棋认为真正威严的动物为和平、长寿的大象而非凶猛的狮子或老虎。“斗兽棋”遵循动物的相对大小进行排列，将大象这一最大的陆地生物放在榜首。这种排列顺序约定俗成。大象看待丛林的方式及其在自然等级秩序中的地位与中国看待世界的方式及其世界地位一致。

食肉狮子的物种特征决定了其凶猛、具有竞争性，从而得以生存，但食草大象是温和的巨人。大象的领地意识远没有狮子那么强烈，在野外没有天敌，亦不捕食猎物。大象的生存不依赖其攻击性，巨大的身体、突出的象牙和有力的象鼻能让它在很大程度上避免其他肉食性物种的捕食。同时，大象的存在几乎不会对周围其他物种构成直接威胁。但如果情况需要，比如当其家人受到攻击或挑衅时，大象的反击可能十分致命。大象的威力与狮子截然不同，具有非支配性的卓越，用以保护其自主权，并与其他物种保持安全距离。

中国在世界丛林中总是泰然处之，就像危险的动物世界中沉着、平静的大象。中国这悠然自得的大象形象是文化和政治历史的产物。作为唯一现存完整的古代文明，中国社会过去及现在的政治意识都较浅。中国是文明和王朝政治制度的遗产，因此伟大帝国的兴衰在很大程度上与中国人对历史的理解及其政治意识背道而驰。在2000多年的封建历史中，中国似乎是一个从未被完全取代的“永恒帝国”（Pines，2012）。游牧统治者永远无法将其在草原上的统治逻辑完全强加于中国，相反，为统治中国，他们不得不屈服于文化上更为先进的中原秩序。因此，当非汉族统治者和民族接管中国时，往往被汉化而成为中国文化秩序的组成部分，反之亦然（Fairbank，1968；Li，2002）。无论是像繁荣昌盛、国际化的唐朝一样与邻国和谐相处、对邻国文化保持崇敬和尊重（Lewis，2009），还是与邻国发生对抗冲突，中国相对于野蛮文化而言，文明程度更高，文化和道德方面的优越性显而易见。

古代中国分裂成小国的状态通常会困扰着相互竞争的小国。由于不完整，这些小国都会把自己想象成“中国”的真正代表，认为自己是被上天赋予使命的国家。古代中国的军事冲突大都不是为了征服和统治，而是为了保护自己国家的安危。武装对抗也是中国离心力的体现和强化，是各小国在中国广阔领土上文化和政治强弱情况的参照之一。无论是否能统一、统一时间长或短，那些相对较小、狭隘的国家试图重新统一中国的行为往往不受限制（Hsu & Ho

2002；Yang，2004）。

在前现代中国世界秩序中，传统中国的自我形象是文明中心，这是中国理解伙伴关系的文化基础。必须强调的是，无论是在前现代还是现代，中国“中心主义”指的是位置性的，如大象之魁梧无害，而非独断专横性的，如狮子之主导统治。以“中国为中心”的秩序基本没有强加或压制的逻辑概念（Mancall，1984）。中国更喜欢在外界的声望并尊重邻国的权力。她的文明使命是对落后之人进行启蒙而非统治。在中国人的观念中，权力和政治一般为次要，文化和道德至上[①]。

“朝贡体系”是中国前现代世界秩序的结构基础，中国作为秩序中心展现出非压迫特征（Fairbank，1968；Mancall，1968，1984）。中国与邻国的朝贡外交关系极为复杂，古时的天朝是中国这一世界秩序的始创者和中心。不可否认，中国及其附庸国家处于某种形式的顺从、反平等主义关系（Fairbank，1968；Li，2002）。然而，中国世界秩序中的等级制度更多基于文化标准而非政治标准。[②] 中国朝贡制度的本质并非政治上的屈从，也绝非对其他国家的经济剥削，中国主要希望对其附庸国保持一定程度的政治影响，但不干涉其内政。[③]

朝贡体系最重要的价值在于通过保持中国与附庸国间持续友好

---

① 在中国，权力是文化和道德的附属物，在西方则相反，权力与暴力和统治密切相关，是西方道德的基础。马克斯·韦伯（Weber，1946：78）将国家这一最重要的政治角色定义为“声称在特定社区内垄断合法使用暴力的人类社区”就是一个很好的例子。

② 中国从未像西方帝国主义国家那样把附庸国当作殖民地。中国处于中国秩序的顶层，主要是因为她在文化和道德上的优越性。

③ 总体而言，中国对向邻国扩张领土一事兴趣平平。在大多数情况下，吞并邻国是防止西北游牧部落扰乱中原地区和中华文明的权宜之计。

的关系来维持区域和平与秩序（Li，2002；Liu，1980：ix）。中国的邻国愿意在朝贡体系中充当其附庸，多年来服从其世界秩序，原因在于他们除了能保持政治稳定和相对自治外，还能在贸易中获利，只要象征性服从中国就能获得天朝丰厚的赏赐（Mancall，1968；Chun，1968；Fletcher，1968）。总体而言，中国与邻国保持的前现代朝贡体系十分紧凑，其中政治、文化和经济相互渗透，形成集体秩序。这是前现代形成的重要基础。毫无疑问，前现代的中国世界秩序并非完美、没有冲突，但这种中国世界秩序的基本组织原则是公共的，是基于区域秩序的合作而非胁迫。

（二）伤痕累累的现代文明

前现代的中国世界秩序在 19 世纪开始瓦解，崩溃于 20 世纪初。中国在区域性世界秩序中失去重要地位，实际上是被迫与传统进行自我的剥离。中国不再守护其文明——当时国内普遍如此，被置于现代世界资本主义制度的边缘地位。

从政治上讲，从 19 世纪开始，中国不仅逐渐失去了与邻国的附庸关系等传统的政治自主权和优势，还被迫构建了狭隘的民族国家形式。从 19 世纪到 20 世纪中叶，中国成为西方帝国统治和侵略的受害者。西方殖民主义甚至掠夺了中国神圣的领土，沉重打击其经济地位，严重削弱其朝贡体系的物质基础。中国从最先进的前现代经济体系之一和丝绸之路沿线的主要区域创新和出口中心沦为一个欠发达的现代经济体。19 世纪，中国成为鸦片等西方产品的倾销地，并在之后的很长一段时间处于资本主义“产业链的最低端”——现代的“世界工厂”。

政治和经济边缘化或许极大损害了现代中国人的尊严和自我，

但最不利的是中国文化影响力减弱。中国是历史上一个伟大的文明，这种自我理解建立在中国贴近传统，将文化与道德秩序置于至高无上的地位。在前现代时期，中国的文化和知识范畴内似乎没有不能解决的问题。然而按照现代化的标准，西方帝国主义列强的现代观将中国抹黑成文化不发达的国家，把中国人抹黑为落后的民族。那时，中国社会不仅失去了文化自豪感，还走向文化否定（Chang，1987）。前现代世界的许多规则和规范已不再适用。中国作为一个依靠传统、以文化为荣的文明和政体也迷失了方向，时而忍辱负重，时而过度防御。文化和历史的混乱解释了高度文明的中国近代发展不稳定现象。

（三）21 世纪回归自我的中国

前现代辉煌的历史与近两百年来现代发展受阻形成鲜明对比，中国人似乎十分在意“民族耻辱”，现代中国也以“民族复兴”为时代主题。要想理解“民族复兴”，首先要对照中国传统文化的自我理解和中国现代化的历史经验。中国步入现代社会时，文明陷入混乱，遭受极大压制。中国被迫以“民族国家”的形式重设了一种有界限的现代运作模式，这种制度形式是为了维持“目标实现”式的强势政治行为者之间的政治平衡[①]，大体却与中国作为一个文明的本体论特征相悖（Pye，1992：ix，235—236）。因此可以预见，中国不会永远任人贬低。一旦时机成熟，中国会卸下“民族国家”之伪装，从政治、文化或本质认知等方面，挣脱西方世界乘人之危强加于中国的束缚。

① 虚伪的正义和民族自治，却不得不屈服于西方定义的“普世价值”或“普世标准”，这已是威斯特伐利亚民族国家体系的一个公开秘密（Ling，2014：1）。

笔者认为，21 世纪中国作为一种文明，其发展的文化主旋律是“赓续中华文脉，坚定文化自信”。就像丛林中的大象一样，中国在区域乃至世界都引人注目且具有影响力，迟早会恢复其该有的地位。进入 21 世纪，中国顽强克服了现代化进程中的主要障碍，在国际秩序中重新站稳脚跟，国际地位日益提升。如今中国已经拥有足够的文化自信和空间来追求目标，争取自主权。

中国从现代的伤害和挫折中恢复实属不易。周围遍布凶猛的、极具侵占性的“猫科动物国家”，中国在这些国家眼中既是潜在的威胁，也是猎物。21 世纪，中国仍要回归自我，中国人民和政治领导人也在为维护中国文明作出努力。一方面，“通过维护道德秩序来捍卫伟大文明的这份重大责任似乎让中国领导人忽视了其可能激怒其他国家政府的风险”（Pye，1992：250）。另一方面，中国人民对“历史和变革的周期”抱有奇妙的信念，认为中国一定会恢复昔日的辉煌和地位。

中国人民往往能够说服自己，认为随着时间的推移，中国就会发生变化，中国有望再次崛起到历史公认的伟大地位……这一基础展望使中国人开始谈论……“振兴”生活的需要和“中华复兴”的实现。（Pye，1992：127）

中国以丝绸之路的形象为基础，在 21 世纪努力复兴中国的区域世界秩序，这是她实现现代自我回归和自我重塑的重要组成部分。

四、畅想“新丝绸之路”上的中国

对中国的现代化发展来说，中国的过去及其文明的性质十分重要。坚持成为伟大且亘古不变的文明，这份压力或许就是中国文化和历史上挫折的来源，也是使这一古老文明在现代受挫的原因。然而失之东隅收之桑榆，一个时期的负担是另一个时期的坚定支柱。中国在现代成功生存下来后，便从历史遗产中汲取灵感来衡量当代中国的发展并重新进行自我定位。

因此，“一带一路”倡议是中国在缅怀过去时，试图恢复与历史上丝绸之路的商业和文化联系。鉴于其经济前景，“新丝绸之路”项目在很大程度上源于历史上中华治世的文化想象，但这种现代世界秩序基本上支离破碎。威斯特伐利亚式的国家和政治共同体的概念的僵化是西方历史和世界观的政治产物，在实际应用中荒诞不经，因此在建设“一带一路”进程中中国需要努力超越这些概念（Osiander，2001）。

不采用威斯特伐利亚之概念并不意味着中国会逾越其邻国的主权。中国只是对国家间的关系具备自己特有的概念，对政治共同体的边界有着更灵活的理解。受到传统朝贡体制的影响，中国并不将对外关系抽象理解为国家之间的关系。韦伯（Weber，1978：53）解释说，中国并不认为外交关系主要表现为政治性质，也不愿将意志强加于竞争政治行为体上。中国喜欢用血缘关系、人格化的术语来看待外交关系，比如君臣、父子、叔侄（尽管失之偏颇），或者现在常用的“伙伴”。规范性期望指相关方按照各自角色行事，如此关系便很和谐。[①] 言下之意便是，中国的政治共同体概念并不局限于狭隘的“民族国家”中，而是延伸到跨国的文化参照框架，将国家和人民纳入某种血缘关系中。那些未经深思熟虑就批评中国为

① 中国并不总是处于领导地位的“伙伴”。例如，在宋朝，中国是从属于其军事实力更强的邻国的“伙伴”（就像侄子），但指导中国与邻国外交关系的人格化原则是始终如一的。

扩张主义，指责中国通过“一带一路”倡议行使霸权的人，关注的只有西方霸权认识论下对霸权的解读，而忽略了其他同样有效的处理对外关系的方法。他们无法理解中国人对国家间关系的基本共性的想象，误以为中国在处理政治性问题时不讲政治。

“新丝绸之路”让人想起过去中国与邻国和贸易伙伴之间贸易和文化交流的珍贵记忆。当中国传统的世界秩序在现代解体时，“新丝绸之路”沿线的许多国家成为发展中国家，只是部分融入了资本主义的世界体系，甚至被边缘化。因此，需要重建“丝绸之路”网络，为许多边缘或半边缘国家提供新的机会，将其纳入一个熟悉的、更具包容性和世界性的秩序中。

（一）全球再平衡浪潮与中国“新丝绸之路”

尽管西方媒体对中国的“一带一路”褒贬不一，但从社会学角度看，冷战结束后，世界秩序的结构和权力差异推动了“新丝绸之路”的发展。尽管以美国为首的西方国家日益分裂，但他们却成为世界上无可匹敌的霸主和权力拥有者。他们用文化霸权甚至认知霸权等概念将中国和俄罗斯等竞争对手妖魔化，或者用“胡萝卜加大棒”手段哄骗较弱国家，使其落入自己股掌之中，否则就视其为敌人。苏联解体也给欧亚地区带来了新的动力和潜力，敦促该地区采取新的区域一体化形式。

以美国为首的西方国家以“普世价值”为借口，通过排他行为和单边主义敌视竞争对手及假想敌，这样只会陷入滋生恐怖主义的极端，或走向疏远冷落的另一极端。2001 年“9・11”事件后，特别是阿拉伯世界与美国和欧洲的关系遭受极大影响。这也是阿拉伯世界逐渐远离西方、在“新丝绸之路”上重遇中国的原因。中国

“为阿拉伯世界提供了一个回避与西方关系的方法。丝绸之路的复兴也适时提醒人们，世界重心或许不总在西方”（Simpfendorfer，2009：1）。辛芬德费尔的观察表明，阿拉伯世界对与中国建立更紧密的伙伴关系很积极，而早在“一带一路”倡议出台之前，中国和阿拉伯世界的一体化进程就已经开始。

同样，中国与中亚地区的一体化开始于20世纪90年代苏联解体后不久。苏联对中亚独裁控制的瓦解为该地区释放了活力。然而，主导力量的突然消失也造成了潜在的不稳定性和混乱性。新成立的中亚国家渴望形成另一种地区秩序。20世纪90年代，上海合作组织（Shanghai Cooperation Organization，简称为SCO）的前身——上海五国会晤机制（Shanghai Group）组织中国和新兴国家共同解决边界问题，体现出中亚地区对更紧密的区域合作的诉求，也象征着区域合作早期的成功。该组织进一步发展成为如今的上海合作组织，促进了中国与中亚邻国之间更为全面的双边关系（Peyrouse，2009）。

从阿拉伯世界和中亚的情况来看，中国与邻国和传统丝路伙伴的紧密融合是冷战结束后全球力量重新平衡的结果，也得益于以美国为首的西方国家日益加剧的单边主义和处理国家之间的关系时非友即敌的二元方式。这种日益密切的联系也可以被认为是历史的反弹。因此，中国的“新丝绸之路”愿景绝不是对重建中国的区域性世界秩序的片面迷恋，它既反映了对中国及其伙伴国家的集体历史预期，也反映了不对称世界的结构性倾向。中国要顺应社会和历史的潮流，承载世界对制衡西方和超越西方的新重心的渴望，履行文明国家的使命。

（二）"新丝绸之路"沿线地区的团结

中国投资或准备投资数万亿元人民币用于建设"新丝绸之路"沿线地区的基础设施，这既是"牵头人"的承诺，也是对伙伴国支持这一集体项目的经济鼓励。中国对"一带一路"地区基础设施的投资或补贴，扩展了关系，将中国及其伙伴国联结在互惠关系中（不然彼此就是潜在的竞争者），双方需要在互不侵犯和合作方面承担各种相互义务。"新丝绸之路"是中国的代表作，将其伙伴纳入相互关系、融入"命运共同体"①。就新产生的边界、资源和民族冲突问题，共同设想解决方案，提供更好的基础体制，加强区域沟通合作。未来的"新丝绸之路"秩序将重建破碎的友谊，以友好的贸易形式连接不同的国家——这是深化区域一体化的重要基础。这种前瞻性的秩序将更具包容性和世界性，在以美国为首的西方国家的单边主义和歧视欺凌下，为世界提供了第二种选择。只有恢复并维持这样的世界秩序，中国才能作为一个文明回归自我，充分了解自我，并完成自身历史使命。

五、结论：世界丛林中的大象

本文运用丛林隐喻以及狮子和大象的拟人化形象，衡量西方和中国不同的世界观和本体论视角。主要是为了得到中国独特的本体论视角和理解世界的模式，以便提供一种西方模式外的解读模式。要想解读"新丝绸之路"，必须仔细考虑中国的本体论视角和丝绸

① 过去几年，中国领导人在国际演讲中频繁提到这一概念。关于其含义和蕴含的讨论，见（Zhang，2018）。

之路的历史背景。

一直以来，全世界不加批判地挪用西方的认识论，因为霸权主义对于他们而言是最自然方便的选择，他们借此诬陷中国、阿拉伯世界或其他非西方地区。非西方国家的行动往往被污蔑为对西方构成威胁。西方的认识论霸权能让以美国为首的西方国家垄断话语权，使其在全球媒体和话语空间中对非西方国家进行长篇大论的批判。这种霸权主义不仅压制了非西方国家发声，还扭曲了他们对本土社会和文化发展中所珍视的东西的认知，对其施加了符号暴力。借用乌尔里希·贝克（Ulrich Beck，2002）的话，这种霸权主义关闭了对话的大门，迫使非西方民族和社会屈服于霸权者的要求，阻断交流，推动西方的“民主独裁主义”。霸权国家通过垄断话语权、迫使他人认同西方的意识形态机制来避免挑战的同时还能保持其霸权和统治地位。

如果世界追求的集体命运是世界主义而非独裁主义，那我们必须要倾听和尊重中国、阿拉伯世界及南半球的声音。当然，这只是第一步。随后需为将西方的认识论和世界观相对化提供思维空间，容纳其他思考和看待世界的方式。如果不构建相对化、不去除霸权化，世界就无法实现真正的国际化和多元化。这也是本文试图在西方框架之外阐述中国及“新丝绸之路”计划这一更具有文化真实性的观点之原因。学者们是时候反思各自的认识论立场，对其他社会的研究需摆脱长期以来毫无根据的认识论霸权。

尽管本文使用了丛林隐喻，但对于中国相关研究来说毕竟不是上策。丛林仍然属于西方的政治思想和世界观，这个比喻依旧认为世界充满了紧张和冲突。援引西方的逻辑来分析中国，不完全适用。中国的世界观和国家形象与西方完全不同，对这个高度文明的国家而言，文化和社会的隐喻更为贴切。中国没有像西方那样在野外生存的恐惧和不安，只有生活在人类世界中的认知。中国是文明国家，只有野蛮人才会诉诸力量和权力。中国人喜欢言之有理、沟通交流并遵守道德规范。

不幸的是，中国周围仍有许多人以丛林的方式设想世界和国家间的关系。因此，中国时常被迫适应西方的逻辑，这很大程度上违背了其意愿与天性。即使如此，中国仍然有文明国家的自我认知，不会轻易被动物世界的变化所腐蚀而变得好战。中国只想成为和平的巨人，成为世界丛林中大象般的存在：不主动攻击、努力回避可能的侵略。

让我们拭目以待，看看“一带一路”何时能够完成使命，成为造福世界的“发展带”，惠及各国人民的幸福路，并向人们提供一种世界主义和社群主义的新型文化世界观。

致谢：感谢香港中文大学社会学系陈海文教授。他通读了本文稿，并提出了宝贵的修改意见。笔者也要感谢评审专家的意见，其余错误和不足均由笔者负责。

参考文献

Allison, G. (2017). *Destined for war: Can America and China escape Thucydides's trap?* Melbourne: Scribe Publication.

Beck, U. (2002). The cosmopolitan society and its enemies. *Theory Culture and Society*, 19(17), 17-44.

Chan, S. (2017). Sociologising the China difference. In *Conference proceedings of the 2nd Geneva international conference on advance research* (pp. 22–43). https://genevacar.files.wordpress.com/2017/12/gicar_2017_conference-proceedings.pdf.

Chan, S. (2018). Chinese nationality and coloniality in Hong Kongstudent movement, 1960–1970s. *Asian Journal of Social Science*, 46, 330–358. https://doi.org/10.1163/15685314-04603006.

Chance, A. (2016). *American perspectives on the Belt and Road Initiative: Sources of concern and possibilities for cooperation*. Washington, DC: The Institute of China-America Studies.

Chang, H. (1987). *Chinese intellectuals in crisis: Search for order and meaning (1890–1911)*. Berkeley: University of California Press.

Chang, G. G. (2015). Foreword: 'China's existential challenge to the world'. In P. Navarro (Ed.), *Crouching tiger: What China's militarism means for the world*. New York: Prometheus Books.

Chun, H. (1968). Sino-Korea tributary relations in the Ching period. In J. Fairbank (Ed.), *The Chinese world order: Traditional China's foreign relations*. Cambridge, MA: Harvard University Press.

Deepak, B. R. (Ed.). (2018). *China's global rebalancing and the New Silk Road*. Singapore: Springer.

Delanty, G. (2003). The making of a post-Western Europe: A civilisational analysis. *Thesis Eleven*, 72, 8–25.

Douglas, M. (2001). Forward: No free gifts. In M. Mauss (Ed.), *The gift: The form and reason for exchange in archaic societies* (pp. ix–xxiii). London: Routledge.

Dynon, N. (2014). Civilisation-state: Modernising the past to civilise the future in Jiang Zemin's China. *China: An International Journal*, 12(1), 22–42.

Fairbank, J.(Ed.). (1968) .*The Chinese world order: Traditional China' s foreign relations. Cambridge, MA: Harvard University Press.*

Fingar, T. (Ed.). (2016) .*The new great game: China and South and Central Asia in the era of reform*. Stanford: Stanford University Press.

Fletcher, J. (1968). China and Central Asia, 1368–1884. In J. Fairbank (Ed.), *The Chinese world order: Traditional China' s foreign relations*. Cambridge, MA: Harvard University Press.

Ge, J. (2013) .*Unification and disunification: The lesson of Chinese history*. Beijing: Commercial Press (original in Chinese).

Hobsbawm, E.J. (1992) .*Nations and nationalism since* 1780*: Programme, myth, reality*. Cambridge, UK: Cambridge University Press.

Hsu, K. C., & Ho, H. (2002). Analysis of grand unification in cultural China. *Policy Research,* 2(May), 19–52. (original in Chinese).

Huntington, S. (1997) .*The clash of civilizations and the remaking of world order*. New York: Simon & Schuster.

Jacques, M. (2009) .*When China rules the world: The rise of the middle kingdom and the end of the western world*. London: Allen Lane.

Kim, K. (1980) .*The last phase of the East Asian world order: Korea, Japan, and the Chinese Empire,* 1860–1882. Berkeley: University of California Press.

Kim, H. (2004) .*Holy war in China: The Muslim rebellion and state in Chinese Central Asia,* 1864–1877. Stanford: Stanford University Press.

Laruelle, M. (2010) .*China and India in Central Asia: A new "great game"?* New York: Palgrave Macmillan.

Lewis, M. (2009) .*China' s cosmopolitan empire: The Tang dynasty*. Cambridge, MA: Belknap Press of Harvard University Press.

Li, Z. (2002). Traditional Chinese world order. *Chinese Journal of International*

Law, 1(1), 20-58.

Ling, L. (2014). *The Dao of world politics: Towards a post-Westphalian, worldist international relations*. New York: Routledge.

Liu, K. (1980). Forward. In K. Kim (Ed.), *The last phase of the East Asian world order: Korea, Japan, and the Chinese Empire*, 1860-1882 (pp. vii-vxx). Berkeley: University of California Press.

Malinowski, B. (1922). *Argonauts of the Western Pacific: An account of native enterprise and adventure in the Archipelagoes of Melanesian New Guinea*. London: George Routledge & Sons, Ltd..

Mancall, M. (1963). The persistence of tradition in Chinese foreign policy. *The Annals of the American Academy of Political and Social Science*, 349(1), 14-26.

Mancall, M. (1968). The Ching tributary system: An interpretativeessay. In J.Fairbank (Ed.), *The Chinese world order: Traditional China's foreign relations*. Cambridge, MA: Harvard University Press.

Mancall, M. (1984). *China at the center: 300 years of foreign policy*. New York: Free Press.

Mann, M. (Ed.). (1990). *The rise and decline of the nation state*. Cambridge, MA: Blackwell.

Mauss, M. (2001). *The gift: The form and reason for exchange in archaic societies*. London: Routledge.

Navarro, P. (2015). *Crouching tiger: What China's militarism means for the world*. New York: Prometheus Books.

Osiander, A. (2001). Sovereignty, international relations, and the Westphalian myth. *International Organization*, 55(2), 251-287.

Parsons, T. (1951). *The social system*. London: Routledge & K. Paul.

Parsons, T. (1977). *Social systems and the evolution of action theory*. New York:

Free Press.

Peyrouse, S. (2009). *Central Asia's growing partnership with China*. EU-Central Asia monitoring working paper no. 4.

Pines, Y. (2012). *The everlasting empire: The political culture of ancient China and its imperial legacy*. Princeton: Princeton University Press.

Pye, L. (1992). *The spirit of Chinese politics*. Cambridge, MA: Harvard University Press.

Simpfendorfer, B. (2009). *The New Silk Road: How a rising Arab world is turning away from the west and rediscovering China*. London: Palgrave Macmillan Limited.

The State Council of the People's Republic of China. (2015). *Action plan on the belt and road initiative*. http://english.gov.cn/archive/publications/2015/03/30/content_281475080249035.htm

Thucydides. (2013). *The war of the Peloponnesians and the Athenians*. Cambridge, UK: Cambridge University Press.

Tilly, C. (1985). War making and state making as organized crime. In P. Evans et al. (Eds.), *Bringing the state back in* (pp. 169-186). Cambridge, UK: Cambridge University Press.

Weber, M. (1946). Politics as a vocation. In H. Gerth & C. Mills (Eds.), *From Max Weber: Essays in sociology*. New York: Oxford University Press.

Weber, M. (1951). *The Religion of China: Confucianism and Taoism*. New York: Free Press.

Weber, M. (1978). *Economy and society: An outline of interpretive sociology*. Berkeley: University of California Press.

Wen, J. (2003) '*Turning your eyes to China*' Speech by Premier Wen Jiabao at Harvard University. http://www.fmprc.gov.cn/ce/ceun/eng/xw/t56090.htm

Wuthnow, J. (2018). Securing China's belt and road initiative: Dimensions and implications. Testimony before the U.S.-China economic and security review commission hearing on “China’s Belt and Road Initiative: Five Years Later” (25 January 2018). https://www.uscc.gov/ sites/default/files/Wuthnow_USCC%20Testimony_20180123.pdf

Xi, J. (2017). ‘Secure a decisive victory in building a moderately prosperous society in all respects and strive for the great success of Socialism with Chinese Characteristics for a new era’. Speech by President Xi Jinping delivered at the 19th National Congress of the Communist Party of China (October 18, 2017). http://www.xinhuanet.com/english/download/Xi_Jinping’s_report_at_19th_CPC_National_Congress.pdf

Yang, S. (2004). *The system of grand unification and the rise and decline of China*. Beijing: Beijing Publisher (original in Chinese).

Zhang, D. (2018). The concept of ‘community of common destiny’ in China’s diplomacy: Meaning, motivesand implications. *Asia & the Pacific Policy Studies*, 5 (2), 196-207.

第四章　西方世界的丝绸之路：黎巴嫩的工业史和中黎伙伴关系前瞻

马克·佩里[①]

一、引言

在古代，黎巴嫩是丝绸之路上一个重要的西部节点。来自中国等亚洲地区的丝绸和其他奢侈品经由黎巴嫩港口运往希腊和罗马。丝绸贸易的影响逐渐吸引黎巴嫩人养蚕取丝，织成丝绸。这一可观的经济发展势头在一战前十年达到顶峰后很快就走向了衰落，到20世纪80年代，丝绸贸易的影响在黎巴嫩文化中已难寻踪迹。直至中东石油这一新兴产业崛起后，黎巴嫩才重新站稳脚跟，恢复经济地位。

黎巴嫩的近代史同样是一个光影交织的故事。黎巴嫩曾全力投入丝绸生产，导致第一次世界大战结束后当地农民面临饥荒，由此，黎巴嫩养蚕业的辉煌画上句号。与此同时，黎巴嫩凭借石油获得的资金的涌入及由此带来的政治权力，引发了一场持续15年的

① 马克·佩里（Mark Perry），中国珠海，北京师范大学-香港浸会大学联合国际学院通识教育办公室，E-mail：markperry@uic.edu.hk。

毁灭性内战，这场内乱比以往黎巴嫩传统意义上存在争议和竞争的各派带来的暴动更甚。

尽管面临这些考验，黎巴嫩在国际经济中仍可能占据强大地位。与中东大多数国家不同，黎巴嫩拥有独特的资源：充足的淡水供应，一年四季温和的气候，适合旅游的山脉和海滨，以及直通阿拉伯世界和南欧的著名商业港口。但是，黎巴嫩未能建立坚实的工业基础，其真正潜力未完全发挥。

中国正在积极与丝绸之路沿线国家及地区建立联系，近年来还表现出助力开发黎巴嫩迟迟未展现的经济潜力的兴趣。

二、历史

在与中国通过丝绸之路定期来往之前，希腊人就已经知道丝绸，但那只是当地的一种“野生丝绸”，需要进一步加工，且质量较差。

亚历山大大帝（Alexander the Great，公元前 356—前 323）曾身穿腓尼基人从骨螺中提取的紫色染料染成的丝绸长袍。这种丝绸很可能来自中国，但只是个例，因为当时地中海国家对中国丝绸普遍不了解（Kurin，2002）。

公元前 3 世纪，中国丝绸首次出现在罗马。公元前 2 世纪，丝绸之路成为一条稳定的贸易路线。公元 1 世纪老普林尼时代，第一波丝绸产品涌入罗马的奢侈品市场（Kurin，2002；Liu，2010：32）。在那个时期，使用著名的紫色染料也成为罗马精英的标志，在奢侈品贸易中，中国人与腓尼基人间接相连，腓尼基人的家乡即后来的黎巴嫩。

6 世纪，中国改变了世界丝绸生产的垄断局面。据说两名僧侣从亚洲返回君士坦丁堡时，将蚕卵藏在手杖中带出。从那时起，拜占庭便成为西方丝绸的生产中心，生产质量可与中国媲美（Kurin，2002；King，2017：54；note 94；Ducousso，1913：34）。在同一时期，波斯也开始生产精细丝绸。8 世纪末，叙利亚首都大马士革和北非也开启丝绸工艺（Kurin，2002；Liu，2010：8093）。

欧洲文艺复兴之初，高质量丝绸生产业已在欧洲成型，特别是意大利北部。15 世纪中叶，欧洲的里昂成为第二个丝绸生产中心，这对黎巴嫩相关研究至关重要。16 世纪，法国弗朗索瓦一世确立了里昂在丝绸行业的垄断地位，他狂热地迷恋这种奢侈品，希望能创造独立于意大利，由他个人控制的丝绸王国（Currie，2001：7；Ess-inger，2004：15）。

法国顺理成章成为丝绸的主要生产国。随着先进工业技术的兴起，丝绸生产也更为系统化，中产阶级逐渐能够负担得起丝绸这种面料，因而也受到法国人的欢迎。

然而，在 19 世纪初，意大利的桑蚕患病，约在 1849 年法国也出现该情况。法国的蚕茧产量从 1853 年的 2600 万公斤下降到 1865 年的 400 万公斤，法国人被迫寻找国外没有桑蚕疫病的土地继续生产蚕茧（Tyndall，1870：181）。

出于现实和政治的考虑，黎巴嫩是法国人能找到的理想的国家之一。7 世纪，拜占庭和大马士革就建立了丝绸行业，自此，黎巴嫩便一直生产丝绸（Firro，1990：151）。早在 1838 年，法国人就已经深入黎巴嫩，在黎巴嫩山区建立纺纱厂。法国和黎巴嫩之间通过马赛和贝鲁特之间的蒸汽船线路进行定期运输。蚕茧价格的上涨鼓舞了黎巴嫩农民，他们扩大了丝绸生产，特别是在欧洲枯萎病之后，原本是次要收入来源的蚕茧很快成为主要收入来源。

法国企业家专门选择了黎巴嫩山区的基督教地区，自 1770 年以来，法国传教士就在那里工作，因为“离穆斯林城市足够远”，可以避免“激起太多的敏感情绪”。显然，除了地理因素，宗教和部落文化的差异也加剧了黎巴嫩山区各地区之间的不信任。法国人为了促进其商业活动，自然要依靠与黎巴嫩基督徒同胞的联系。此外，黎巴嫩成熟的蚕茧生产前工业文化在这些地区“最为普遍”，部分原因在于这些地区有着丰富的水资源和加工蚕茧所需的松木（Khater，2001：26—27）。

自 19 世纪 60 年代初以来，法国对黎巴嫩政治事务不断干预，在一定程度上促进了丝绸行业的进步，当时法国军队在代表基督教地区解决他们与其他宗教派别的冲突方面获得了丰富的经验（Khater，2001：26）。

法国对丝绸的需求巨大，蚕茧、纱线及成品的订单不断增加。为了满足这些需求，黎巴嫩人极大地提高了他们的技术，摆脱了基本的封建农业秩序，进入了加速发展的世界资本主义经济（Khater，2001：26；Firro，1990：166）。1867 年，首都贝鲁特有 67 家丝绸厂。到 1912 年，整个黎巴嫩有 200 家丝绸厂，雇用 10000 多名工人（Fevrét，1949：256；Ducousso，1913：216—231）。

然而，第一次世界大战前夕，黎巴嫩的丝绸业便开始衰落。黎巴嫩企业家缺乏使其工厂现代化和跟上欧洲最先进工业技术所需的资金。国际航运公司利用苏伊士运河快速发展，来自东方的压倒性竞争者出现。依靠从日本和中国运来的优质蚕茧，以及拥有比黎巴嫩先进得多的工厂，日本制造商向世界各地运送优质丝线和丝绸产品。更糟糕的是，新型合成面料进一步打破了丝绸市场的垄断地位。哈特（Khater）总结道："尽管丝绸业的消亡并不突然，但它足够迅速，以至于到第一次世界大战时，养蚕业在黎巴嫩已不再具有任何经济价值。"（Khater，2001；202，note 50；207；note 120；Ducousso，1913：144）

黎巴嫩的丝绸业彻底崩溃，直到 2001 年，黎巴嫩年轻一代才意识到这一点，于是，一个致力于恢复蚕业遗产的博物馆在布苏斯村建立。

三、经济和社会影响

在其鼎盛时期，丝绸业成为黎巴嫩的主要经济产业，改变了该国的经济。盖斯·菲罗（Firro，1990：163—164）指出，"从 19 世纪 40 年代到 20 世纪初，叙利亚丝绸和蚕茧的出口价值总体呈上升趋势"，而且此类出口"在贝鲁特港处理。在叙利亚所有港口，包括巴勒斯坦港口的出口货物中，丝绸平均占比近 30%，这当中近 70%来自贝鲁特港"。不出意外地，黎巴嫩农民只得到了这一财富的一小部分，贝鲁特和黎波里的中间商拿走了最大份额（Firro，1990：163—164），这刺激了贝鲁特中产阶级的崛起，使黎巴嫩从奥斯曼帝国时期的落后地区转变为一个与国际接轨的贸易强国。

1860 年前后，这一转变产生了深远的社会影响，影响到黎巴嫩的每个角落。传统的黎巴嫩社会由地主领导，地主拥有大量的农业财产，代代相传。而现在，国际资本主义绕过旧时结构，在黎巴嫩培养出大量城市企业家，坐拥无数丝绸资金（Firro，1990：163）。由来已久的传统父权制，以及无数的民俗和社会规则，正在经历快速变化，反映出该国丝绸业的主导地位和欧洲文化标准的影响（Firro，1990：163；Khater：38—42）。其中最重要的变化是女性可以进入工厂工作，几个世纪以来女性必须在父亲、丈夫或其他男性家庭成员家中生活的传统得以打破。这是黎巴嫩，乃至整个中东国家女性实现经济和社会解放的第一步。

随着养蚕业的消亡，黎巴嫩的经济陷入低谷。对于这样一个小国，如此巨大的经济损失对社会和文化的影响是不可估量的。卡罗琳·盖茨（Gates，1998：24）写道：“1920年大黎巴嫩国成立，将近三分之二的人口依赖农业生产生活，但由于第一次世界大战和养蚕业的衰退，其农业处于危机状态。”19世纪时，黎巴嫩人在国外，尤其是在美国发现了更多的就业机会，而且由于欧洲的意外衰退，丝绸业出现在黎巴嫩。但在两次世界大战阶段，美国的经济衰退，丝绸业也变成空壳产业。黎巴嫩的经济受到剧烈冲击，此后几十年内教派的暴力和对抗严重加剧，时至今日仍有受其影响的痕迹。虽然黎巴嫩人与法国专家合作，试图恢复养蚕业，“但黎巴嫩的蚕茧产量从未超过战前水平的三分之二”（Gates，1998：24）。在1912年，黎巴嫩的丝绸行业有10000多名工人，但1937年，所有现代工业的工人还不到5000人。第二次世界大战对黎巴嫩来说是一次严重打击，大部分幸存的丝绸厂就此倒闭，在20世纪80年代彻底消失匿迹（Gates，1998：27—28）。

四、中国的兴趣

作为“一带一路”倡议的一部分，中国对与叙利亚和黎巴嫩恢复经济和文化关系表现出极大的兴趣。2017 年 9 月，时任黎巴嫩经贸部长拉伊德·扈利（Raed Khury）与中国签署《关于共同推进丝绸之路经济带与 21 世纪海上丝绸之路建设的谅解备忘录》（NNA，2017）。此项外交活动呼吁文化交流、政治合作和联合项目的制定，其潜在影响在备忘录的细目中清晰可见（Gates，1998：27—28）。

如果中国和黎巴嫩继续合作，那么毫无疑问这将成为黎巴嫩历史上最重要的经济增长力量。正如我们从黎巴嫩丝绸工业的历史中所看到的那样，黎巴嫩在整个现代国际资本主义时代一直受到资本不足的困扰，无法维持高端产业，而中国完全有能力提供这一重要资源。

中国在谈判解决当前叙利亚冲突中虽起间接作用，但却至关重要。在冲突爆发之前，中国早已在叙利亚的石油和天然气行业投资了数百亿美元（Escobar，2017），这意味着中国在叙利亚和该地区具有既定的影响力。凭借巨大的资本资源，中国在谈判桌上的话语权无疑会产生深远影响。通过与中国的合作，中东地区各对立派系能看到真正的工业和技术发展的未来，远远胜过最初引发冲突的政治和经济竞争。一旦叙利亚实现和平并快速重建，拥有该地区最大港口的黎巴嫩将成为主要的受益者。简言之，恢复丝绸之路纽带意味着黎巴嫩即将迎来经济的全面转型。

虽然黎巴嫩的经济受到影响，但社会各项指标良好。黎巴嫩人和叙利亚人受教育程度相对较高。事实上，美国境外最古老的美国大学就是成立于1866年的贝鲁特美国大学。尽管几十年来中东地区充满了争议，但叙利亚人和黎巴嫩人在西方教育风格的熏陶下受益匪浅，具备阿拉伯语、英语和法语的读写能力，有着国际商业人员的工作习惯。两国的养蚕业虽最终因资本匮乏而衰退，但毕竟曾经风光一时。养蚕业使妇女第一次有机会从事家庭以外的工业经济活动，尽管它后来衰落，但黎巴嫩工作妇女的人数仍在上升。1924年，美国传教士成立了中东第一所女子高等教育机构——贝鲁特女子学院，是全部由男性组成的贝鲁特美国大学的姊妹学校，该学院设定了一种新的文化标准，逐渐说服父亲允许女儿接受从小学到研究生的各级教育。

黎巴嫩巨大的经济和社会潜力使其成为中国发展援助和投资的沃土，另一个指标（尽管是负面指标）则是过去40年来黎巴嫩长期的人才流失，有才华的年轻人不断移民到欧洲、美洲和澳大利亚等国家和地区。黎巴嫩培养出大量高技能工人、企业家、科学家、技术专家、艺术家和学者，但是他们却离开黎巴嫩到其他地方寻找更具前景的工作机会。这清楚表明，黎巴嫩因其国内环境而被低估。因此，中国在评估黎巴嫩的经济和社会潜力时，似乎得出了一个积极的结论：谨慎投资可以减少这些情况的出现。

中国在黎巴嫩的投资可以获得丰厚的回报。在现代历史的大部分时间里，黎巴嫩和叙利亚一直被强大的国家忽视或低估，这些国家监督并利用其资源，从奥斯曼帝国到法国，再到由一个个大国支持的各种政治派别。纵观历史，没有一个强国愿意对黎巴嫩进行长期投资，导致黎巴嫩出现严重的经济和基础设施真空。

这三个指标——受过教育、经验丰富的人口、长期的人才流失，都清楚地预示着中国与黎巴嫩的拟议合作至少是合理的，中国相对较少的投资很可能获得巨大回报。考虑到黎巴嫩位于欧洲、亚洲和非洲的交会处，潜在的回报甚至可能更丰厚。如今全球化已成为经济活动的中心主题，无论在哪个大陆，黎巴嫩都代表着全球经济和社会力量的交汇点，这些优势只会随着时间的推移而变得更强，投资早的人将会享有最大的优势。

五、猜疑

考虑到无论是东方还是西方大国崛起时的曲折经历，一些观察家对中国在黎巴嫩和叙利亚的提议和活动持谨慎、关切、质疑甚至畏惧的态度，这是正常现象。

中国在非洲的投资也引起了类似的反响。中国在非洲的投资始于 1970 年，从 2000 年开始，通过一系列系统性计划加快了投资步伐，增加了非洲的贷款、直接投资以及中国工人的数量，促进了中非之间的贸易。自 1970 年以来，中国在非洲的投资超过 3000 亿美元，使得中国在非洲的重要性攀升的同时也引来了某些人的担忧（Larmer，2017；Manero，2017；中非联合研究交流计划）。经历了殖民主义和新殖民主义，非洲人明白与外部势力和投资者“合作”也许会付出沉重的政治和经济代价。一些观察家可能会认为，非洲黑暗的剥削历史仅与西方人有关，中国代表的是一种新的、相当独立的资本来源，不存在以往外来投资相关的破坏性和剥削性习惯（Monyae，2016；Smith，2015）。但是反对声音仍在持续，因此这场辩论也在继续。随着黎巴嫩与中国合作关系的深入，黎巴嫩人也怀揣同样的矛盾心情。

1955 年，商人阿德南·卡萨（Adnan Kassar）在中黎正式建交之前就主动发展了两国关系。时至今日，他和中国同行仍在继续推动两国合作，并在文化和学术交流、旅游、人道主义和军事援助等领域取得显著成果（Xinhuanet，2015）。2017 年，中国向黎巴嫩提供了 20 亿美元的投资，2018 年，中国为援建黎巴嫩国家高等音乐学院和歌剧院，提供了 3500 万美元的赠款（Xinhuanet，2018；Alieh，2017）。由于叙利亚冲突，黎巴嫩难民数量激增，经济资源紧张，但同时人们对国际经济援助抱更大希望。叙利亚冲突终将结束，黎巴嫩人期待着未来几十年重建工作中产生新的、丰富的经济机会。据乐观估计，中国的积极参与以及其庞大的资本资源将改变黎巴嫩的面貌，该地区以前从未获得过如此慷慨的长期经济支持。

另一方面，悲观的观察家认为，中国正在步入一个已经被几代人的宗派争斗、内战和国际战争毒害的竞技场。他们断言，情形复杂，中国可能会陷入两败俱伤的局面（Payne，2016）。

除了中国在黎巴嫩和更广泛的中东地区投资的实用性问题，一些黎巴嫩人就像非洲人一样，对中国的动机提出疑问。即便是在黎巴嫩人之间，他们也会对邻村的外来者心存疑虑，更不用说对来自世界另一端的人。尽管在全球化的影响下，这种排外的传统思想正在逐渐消退，但仍然顽固，甚至造成如今黎巴嫩长期紧张的政治局势。这些人怀疑，尽管这种关系被描述为两个国家之间的“合作”共赢，但它实际上可能是一个马基雅维利式的陷阱，注定要出现失败者，他们担心与中国合作可能伴有损失经济和政治力量的隐藏代价，而黎巴嫩将会后悔莫及。

政治和经济背景变幻莫测，乐观主义者和悲观主义者的观点都有充分的佐证，但中国在中东扮演的角色所带来的结果是无法预测的。这种不可预测性本身的重要性在于对局势的进一步分析。

六、全球化因素

全球化是造成不可预测性的主要原因，不仅涉及政治和经济关系，还包括从艺术到科学技术等人类活动的方方面面。今天，我们根本无法预测个人行动以及国家的政治战略会带来怎样的后果。二战后产生了一种经济和政治逻辑，使得“马歇尔计划”的实现和日本的重建变得合理和可预测。但如今，变化发生的速度比二十世纪四五十年代快得多，比如环境威胁以及一些甚至具有全球影响意义的突发事件，我们根本无法真正有把握地预测现在所做投资的全部结果，因此“马歇尔计划”可能无法再提供准确参考价值。如今，混乱已不再是例外，而是持续性的，因此乐观主义者和悲观主义者都可以声称他们的观点有所依据。

乐观主义者认为，混乱或持续的破坏有利于新局面的出现。严守传统会禁锢行为和思想，社会发展非常缓慢。然而，在混乱时期，瓦解传统思想，释放新思想，催生新行动，可以迅速发现并发挥以前隐藏的潜力。因此，中国算是一个超级英雄，可大大发挥创造力。

悲观主义者认为，混乱在提供流动性行为的过程中，不仅释放新的创造力，还消除原来限制破坏力量的更广泛的传统界限。这其实是一个没有法律约束的状态，其结果则由达尔文式竞争中最强大的一方决定。因此，中国可能被视为另一个静观结局的外来者。

在这个迅速全球化的世界中，未来不可预测，因此不能断言这两种观点谁对谁错。相反，我们不妨这样想，全球化是理解未来的一把钥匙。从这个角度看，中国无论在经济和政治上多么强大，都只是世界中的一个行为体，被高于自身的全球化力量所吸引。这意味着“超级大国”的世界正在逐渐消亡，取而代之的是另一种世界，在这个世界里，所有的民族国家，无论大小，都通过合作获得最大的收益。如果深度合作是全球化时代国际事务的主要范式，可将其总结为以下两个原则：

第一，哪里都能产生深刻的变化。在全球化的世界里，像纽约、伦敦和北京这样的城市不再是创新或解决问题的主要来源。自19世纪以来，我们看到，许多对全球经济影响深远的技术创新，如莱特兄弟的飞机和第一台苹果电脑，都是由社会经济中心里不知名的人在不起眼的地方所创造。混乱意味着强大的变化可以随时随地发生。像黎巴嫩和肯尼亚这样的国家，虽然看起来既渺小又边缘化，但在全球化时代也拥有不可估量的技术创新和文化创造力，这是人类不可再忽视的潜力。

第二，通过合作实现利润最大化。换句话说，霸权主义导致大国强国除外的所有相关方的利润下降。互联网便是最好的证明，一开始便被世界各地的基层机构和个人自愿使用，至今仍是如此。没有人们的自愿参与，互联网无限丰富的信息世界就会缩小，从而失去为每个人提供资源的实际价值。

考虑到这两项原则，可以认为深度合作本身就是当今世界最宝贵的资源。一个国家可以在不参与世界经济、文化和政治网络的情况下生存，但将失去获得重要资源的机会，无法发挥更大的潜力。同样的道理：一个奉行霸权主义政策的国家在短期内可能会取得旧政治行动模式所认为的胜利，但从长期来看，它将自己排除在更高的利润之外。更重要的是，只有通过普遍合作才能获得更大的创造潜力。

七、结论

在推行与黎巴嫩和更广泛中东地区的经济合作计划时，中国正处于一个十字路口：可选择遵循传统的政治哲学，将世界视为达尔文式的土地、人民和资源的竞争，亦可选择接受新的模式，将全球化的合作视为开启每个民族国家隐藏潜力的钥匙，就像互联网释放了个人电脑的全部潜力一样。而中国并不是唯一面临这种困境的国家，每个国家和每个团体都必须面对同样的挑战。

全球化进程如此迅速、不可预测，因此各国可能不再享有选择政策的完全自由。超越国家主权的情况越来越重要，其中最重要的是全球环境威胁，迫使各国改变计划。如果全球变暖和类似的威胁持续给我们的将来带来阴影，那么每个国家的行动都会有所改变，就像在任何紧急情况下一样，最大限度地延长生命、减少危险。

黎巴嫩通过丝绸工业建立其国际联系，首次发生在 2000 多年前的腓尼基时期，第二次是随着 6 世纪拜占庭养蚕业的兴起，第三次是随着 19 世纪末 20 世纪初法国人的投资。如果说自给自足的经济发展就像一团灿烂的火焰，那么它在黎巴嫩从未燃起，因为黎巴嫩的经济发展源头始终来自外部，迟早会因情况的改变而消失。因此，几个世纪以来，黎巴嫩经历了与国际经济联系和脱节的时期。中国，一个与黎巴嫩截然相反的国家，也经历了同样的连接和断开的过程，也经受了由此带来的干扰和变化。今天，随着前所未有的全球化进程日益加快，中国与黎巴嫩以及更广泛的中东地区，非洲和丝绸之路沿线的其他伙伴很可能建立新的关系，在这种关系中，断开联系的可能性越来越小，深度合作逐渐成为各方利益最大化的原则。

致谢：作者特别鸣谢以下人士：北京师范大学–香港浸会大学图书馆副馆长湛凤英，感谢她为本文提供的重要研究资料；北京理工大学珠海分校中美国际学院副教授兼代理院长维克多·罗德里格斯（Victor Rodriguez）博士；北京师范大学–香港浸会大学通识教育办公室的凯莉·茵格丽丝（Kelly Inglis）博士、黄泽博士和黄靖雯博士。凯莉·茵格丽丝、黄泽和黄靖雯是我在北京师范大学–香港浸会大学通识教育办公室的同事，其见解和指导对本文的修改至关重要；原教学助理颜思齐女士帮助提供本文研究所需的中文。

参考文献

Alieh, Y. (2017). Plans for opera house and new conservatory.*BN.lb*. Retrieved from the following linkhttp://www. businessnews. com. lb/cms/Story/StoryDetails. aspx?ItemID=6052

China Africa Research Initiative. *Johns Hopkins School of Advanced International Studies*. Retrieved from the following linkhttp://www.sais-cari.org/data/

Currie, R. (2001). Silk. In R. R. Franck (Ed.), *Silk, mohair, cashmere and other luxury fibres* (pp. 1 - 67). Cambridge, UK: Woodhead Publishing.

Ducousso, G. (1913). *L' industrie de la soie en Syrie et au Liban*. Beirut: Imprimerie Catholique.

Escobar, P. (2017). The New Silk Road will go through Syria. *Asia Times*. Retrieved from http://www.atimes.com/article/new-silk-road-will-go-syria/

Essinger, J. (2004). *Jacquard' s web: How a hand-loom led to the birth of the information age*. Oxford: Oxford University Press.

Févret, M. (1949). La sericulture au Liban. Première partie: sa fortune passée. *Revue de géogra phie jointe au Bulletin de la Société de géographie de Lyon et de la région lyonnaise,* 24(3), 247-260. Lyon: University of Lyon.

Firro, K. (1990). Silk and agrarian changes in Lebanon, 1860-1914. *Middle East Studies,* 22(2), 151-169. Cambridge: Cambridge University Press.

Gates, C. L. (1998). *The merchant republic of Lebanon: Rise of an open economy*. London: I. B. Tauris.

Khater, A. F. (2001). *Inventing home: Emigration, gender, and the middle class in Lebanon,* 1870-1920. Berkeley: University of California Press.

King, A. (2017). *Scent from the garden of paradise: Musk and the medieval Islamic world*. Leiden: Brill.

Kurin, R. (2002). *The Silk Road: Connecting people and cultures*. Retrieved from the following linkhttps://festival.si.edu/2002/the-silk-road/the-silk-road-connecting-peoples-and-cultures/smithsonian. Accessed on 25 Feb. 2018.

Larmer, B. (2017). Is China the world' s new colonial power? *The New York Times Magazine*. Retrieved from the following linkhttps://www.nytimes.com/2017/05/02/magazine/is-china the-worlds-new-colonial-power.html

Liu, X. (2010). *The Silk Road in world history*. Oxford: Oxford University Press.

Manero, E. (2017). China' s investment in Africa: The new colonialism? *Harvard Political Review*. Retrieved from the following link http://harvardpolitics.com/world/chinas-investment-in-africa-the-new-colonialism/

Monyae, D. (2016). The perceptions of the European Union and China in Africa. *Friends of Europe*. Retrieved from the following link http://www.friendsofeurope.org/security-europe/perceptions-european-union-china-africa

National News Agency. (2017). Minister of economy concludes China visit, signs 'Silk Road' MOU. Retrieved from the following linkhttp://nna-leb.gov.lb/en/show-news/83233/. Accessed 28 Feb. 2018

Payne, J.(2016). The GCC and China' s one belt, one road: Risk or opportunity? *Middle East Institute*. Retrieved from the following link http://www.mei.edu/content/gcc-and-china-s-one-belt-one-road-risk-or-opportunity

Smith, D. (2015). China denies building empire in Africa. *The Guardian*. Retrieved from the following link https://www.theguardian.com/global-development/2015/jan/12/china-denies-building-empire-africa-colonialism

Tyndall, J. (1870). Pasteur' s researches on the diseases of silkworms. *Nature*, 2, 181-183. London: Macmillan.

Xinhua. (2015). *A senior Lebanese businessman' s life-long China story*. Retrieved from http://www.xinhuanet.com/english/2015-05/23/c_ 134264574.htm

Xinhua. (2018). Lebanon hails China' s funding for building conservatory. *Xinhuanet*. Retrieved from the following linkhttp://www.xinhuanet.com/english/2018-01/10/c_ 136883393.htm

第三篇
宗教

第五章 丝绸之路上欧亚大陆的互联互通：伊斯兰教的传播

贺书孟①

一、引言

丝绸之路是一个贸易网络，从东亚一直延伸到地中海，上千年来一直是中西文化交流的桥梁。从某种意义上讲，丝绸之路也称得上是当今全球经济的一种形式。只是过去丝绸之路上货物运输和思想传播的速度远慢于今日。尽管如此，中国通过丝绸之路将昂贵的丝绸以及其他货物运到欧洲大陆，如茶叶、瓷器、玉石、香料、草药等。在这一庞大的贸易网络下，中国的货物经过中亚通往欧洲大陆，南接印度，西抵土耳其和意大利。尽管丝绸之路上行商不易，但沿途运送的货物需求甚大，且价格高昂。

Seidenstrassen 或 Silk Roads 一词由德国地理学家、地质学家费迪南·冯·李希霍芬于 1877 年所创（Tucker，2015）。丝绸之路是比喻的说法，除去买卖货物和提供服务，它也是欧亚人民进行文化

① 贺书孟（A. Reza Hoshmand），香港特别行政区九龙塘，香港浸会大学通识教育处教授、总监，E-mail：hoshmand@ hkbu.edu.hk。

交流的途径。作为一种传播手段，丝绸之路沿线上差异悬殊的民族与文化进行各种创造性交流，意义重大（Kurin，2002a）。

从历史来看，丝绸之路上的贸易活动可以明确分为三个繁荣时期。汉朝是第一个繁荣时期，在这一时期丝绸之路正式形成，中国开始与中亚开展贸易，贸易路线一直向西延伸到罗马（Mark，2014）。张骞奉汉武帝之命两次出使西域，在出使过程中开拓了“丝绸之路”。丝绸之路以长安（今陕西西安）为起点，途经中亚，延伸到地中海东岸（Liu，2010）。

为了解早期中国丝绸和其他商品如何沿丝绸之路运往欧洲，考古学家在中亚巴克特里亚（现在的阿富汗巴尔赫和马扎里沙里夫附近地区）的考古中发现了古代中国丝绸，这一发现可追溯到公元前500年左右。此外，古埃及也发现了丝线，可追溯到公元前1000年左右。一些考古学家认为，发掘出来的丝绸可能产自印度而非中国（Kurin，2002b）。尽管如此，上述发现说明了丝绸从亚洲运往非洲和欧洲的路线。公元前4世纪晚期，亚历山大大帝统治了从地中海到印度的疆土，他也穿过深紫色的丝绸长袍（Kurin，2002b）。

唐朝是第二个繁荣时期，这一时期被视为丝路贸易的里程碑，与中亚的主要国家、拜占庭、阿拉伯帝国倭马亚王朝、阿拔斯王朝、波斯帝国萨珊王朝和印度开展贸易。正是在这一时期，各种宗教不断扩张，伊斯兰教传入中亚（Wood，2002）。唐朝被视为当时世界上最繁荣的帝国之一，这得益于国家的统一、强有力的中央政府、有效的沟通以及广泛的经济往来和文化交流（The Silk Road Foundation，2018）。唐朝与中国其他王朝的不同之处在于和平繁荣是其发展的动力。唐朝的百年统治形成了经济繁荣、社会稳定、民族大融合的局面。公元7世纪末，唐朝疆域扩张到中东边界，接壤之地因丝绸之路大兴贸易。公元8世纪左右，唐朝首都长安成为世界上最富裕、最先进的城市之一（The Silk Road Foundation，2018）。唐朝因其对其他民族与文化的包容态度而与众不同。来自中亚或印度的移民定居于长安，大街上熙熙攘攘。唐朝时中国人的生活和艺术深受外来文化的影响。

第三个繁荣时期横跨13、14世纪。当时，中国的疆域进一步扩大至中亚、波斯、印度和早期的现代欧洲。蒙古人统治了丝绸之路沿途大部分地区，使扩张成为可能。

除了这三个丝绸之路贸易往来、文化交流繁荣期外，还有一个重要时期，即延续至今的“现代丝绸之路”。“现代丝绸之路”形成于19世纪的“大博弈”时期，即大英帝国与俄罗斯帝国争夺中亚控制权的地缘政治竞赛（Kurin，2002a）。始于中世纪的贸易和文化交流延续了数个世纪，丝绸之路在其中发挥了重要作用，这证明丝绸之路具有适应时代和社会变迁的灵活性。

显而易见，地缘政治环境在丝绸之路的历史发展过程中扮演了重要角色。例如，罗马帝国的商人为躲避罗马仇敌帕提亚人绕道而行，取道北方，越过高加索山脉和里海（UNESCO，2008），扩大了丝绸之路在中亚的影响范围。

同样，海上贸易也形成了一条极为重要的贸易路线，中国由此同欧亚大陆开始了贸易往来。海路用于运送香料，因此也被称为“香料之路”。东西方沿丝绸之路进行贸易往来，包括产自印度尼西亚马鲁古群岛（又称香料群岛）的肉豆蔻、丁香、肉桂、胡椒等货物，以及其他各式各样的货物。此外，商人们还沿途买卖宝石、金属制品、熏香、纺织品、木制品。这些货物经中国海岸，横穿东南亚，经过印度，到达中东，最终抵达地中海（UNESCO，2008）。

丝绸和其他产品贸易是形成跨越中亚的贸易线路最早的催化剂之一，是相隔甚远的文明沟通的桥梁。以下将详细阐释丝绸之路的宗教传播、文化和政治影响。

二、伊斯兰教在丝绸之路上的传播轨迹

各类文献中关于丝绸之路伊斯兰化始于何时众说纷纭。据说穆斯林最初称自己的信仰为“阿拉伯宗教”，无意劝他人皈依伊斯兰教（Islamic History. Org，2018）。然而，公元 8 世纪，穆斯林的想法发生转变，他们开始设法拓宽传教的地理范围。有意思的是，在早期传教阶段，除非遇到阻碍，穆斯林不会强迫敌人接受伊斯兰教。其他宗教的信徒，如基督教徒和犹太教徒，可以继续保持自己的信仰。那些改信伊斯兰教的教徒认为，伊斯兰教简单易行、鼓舞人心（Islamic History. Org，2018）。

在伊斯兰运动的早期阶段，阶级差异和种族差异认可度并不高。但是随着伊斯兰教向阿拉伯半岛以外地区的传播，这一状况便发生了改变（Foltz，2010）。区分穆斯林统治阶层和被征服的非穆斯林群体，目的在于简化治理。根据各穆斯林国制定的法律，穆斯林因差异而享有特权地位。例如，伊斯兰教第二任哈里发（统治者）欧麦尔（在位时间 634—644）对叙利亚基督徒实行的税收政策清楚地表明了这位统治者对非穆斯林臣民的态度：

把上帝赐予你们作战利品的土地留给当地居民，在他们能承受

范围内征收人头税（jizya），并将收益分给穆斯林群体。让他们继续耕种土地吧，因为他们比我们更了解土地，也更擅长耕种……只要伊斯兰教继续发展，他们就永远是伊斯兰教教徒的奴隶（Lewis，1987）。

穆斯林征服者的这种区别对待促使非穆斯林皈依伊斯兰教，这样他们才能保留自己原有的政治、经济和社会精英地位。皈依之后，他们被允许重新加入所属社区的统治集团。伊斯兰教的征服出现了一个有趣的结果：阿拉伯征服者承认被征服者中有管理人才。因为萨珊式治理模式效率很高，他们在伊斯兰政府中也采用这种治理模式，并雇佣当地人担任政府高级职位，其中大部分是萨珊波斯人。作为政府官员，伊斯兰教新教徒开始施压，要求获得与阿拉伯穆斯林同等的权利（Liu，1998）。对于没有部族归属的非阿拉伯穆斯林而言，他们在阿拉伯社会的社会身份并不明晰，这造成了阿拉伯人和非阿拉伯人之间的社会冲突。由此，阿拉伯穆斯林接纳并称非阿拉伯教徒为毛拉（“客户”），这吸引了更多人皈依伊斯兰教。很快，毛拉的人数就超过了阿拉伯穆斯林，在这个过程中形成了一个新的宗教政治精英团体（Lapidus，1988）。

直到8世纪中叶，丝绸之路西半部路线都处在穆斯林的控制之下，贸易成为传播伊斯兰教的第二大因素。丝绸之路沿途许多行商之人承认皈依伊斯兰教确有好处。他们发现，国内外穆斯林商人之间很容易达成经贸合作。穆斯林官员也更偏爱穆斯林商人（Foltz，2010）。

伊斯兰教科学和医疗的先进成果也传入丝绸之路沿线地区。伊斯兰教在伤口愈合、尿液分析等方面的医学知识也教授给了中国信仰佛教的商人。穆斯林还将对天文学的见解和对地心宇宙质疑的观念传入印度。伊斯兰教用政治和经济手段向欧洲、亚洲和非洲进行扩张，丝绸之路在其中发挥着重要的作用。“历史上同时期再没有像伊斯兰教那般大范围内快速传播的宗教”（Strickman，2012）。

基于上述原因，丝绸之路沿线的大部分人都皈依了伊斯兰教。伊斯兰教先知穆罕默德（Muhammad，约 570—632）是一个已婚商人，常常独自沉思。穆斯林的基本教义是信仰独一无二、仁慈宽厚的真主安拉。伊斯兰教呼吁建立一个由同情、慈善和公正统治的社会。正是基于这些教义，伊斯兰教才能向阿拉伯半岛以外地区快速传播。伊斯兰教向中亚扩张以领土扩张和地区影响力扩大为前提（Nanji & Niyozov，2002）。倭马亚王朝在统治前期，继续深入巩固先前的征服行动。倭马亚的大扩张主要是通过政治、军事手段，而非宗教。有意思的是，倭马亚王朝的统治者不鼓励非穆斯林改信伊斯兰教，因为他们意识到这不利于财政部门向非穆斯林征税以积累财富（Islamic History. Org，2018）。倭马亚王朝利用叙利亚的军队力量，强力控制所征服区域，创立了大一统帝国。

穆斯林的统治扩张到霍拉桑省，梅尔夫和西斯坦等城市成为其远征中亚和印度西北部的基地。与此同时，穆斯林开始入侵非洲西北部（Oxford Islamic Studies Online，2018）。随着领土的扩张，倭马亚哈里发王朝成为早期中世纪世界的一个主要的政治、文化和科学中心。

继倭马亚王朝之后，阿拔斯王朝（750—1258）在巴格达建都，这座矗立于丝绸之路上的城市便成为权力中心，这里诞生了许多哲学、科学和文学作品。巴格达位于丝绸之路，助力阿拔斯军队向东挺进，征服乌许斯河（现阿富汗北部阿姆河）以外的新领土。9 世纪末，萨曼王朝崛起成为当地首个本土穆斯林王国。在这些朝代中，中亚地区的人皈依伊斯兰教，伊斯兰教教化的进程仍在继续。丝绸之路重新成为重要的国际商贸大动脉。穆斯林旅行者、传教士、神秘主义者和商人成为传播伊斯兰教的媒介，中亚各地的穆斯林社区也随之发展壮大（Nanji & Niyozov，2002）。

在各伊斯兰王朝通过贸易和传教不断扩大本朝影响力的过程中，不同宗教间以及穆斯林社区之间也形成了各种各样的宗教观。逊尼派、什叶派和苏菲派穆斯林团体之间踊跃沟通交流。富有人格魅力的苏菲派穆斯林领袖艾哈迈德·亚萨维（Ahmad Yasawi，1093—1166）和巴哈丁·纳格什班德（Bahauddin Naqshband，1318—1389）建立了学术社区，保护了地方传统和方言（Kurin，2002a）。

伊斯兰教的法律、神学、文化和艺术沿着丝绸之路对外传播。伊斯兰教这个“多维世界”的美妙之处在于为构建有广泛联系的社会作出了贡献。人们通过共同的道德和文化信念联系在一起，尽管西亚的阿富汗、东亚的中国、东南亚的菲律宾在习俗和传统上各不同。丝绸之路沿线地区文化多元、思想丰富，拥有一批科技领域的杰出学者。

伊斯玛仪派也是伊斯兰教的一个支派，是 10 世纪开罗的缔造者，他们也沿着丝绸之路传播自己的哲学思想，和其他穆斯林一起横渡地中海，将哲学探究的传统和科学知识传入伊朗等地（Daftary，1992）。纳绥尔·霍斯鲁（Nasir Khusraw，1004—1087）是一位伟大的伊斯玛仪派诗人和哲学家，在 7 年的丝路之旅中，他从巴里黑出发，穿越中东和北非，前往他的朝圣目的地麦加（Hunsberger，2000）。他的游记生动详细地描述了他与著名学者的会面以及对地区宗教团体和场所的访问。

13、14 世纪，欧亚大陆上的王国、市场和宗教团体之间展开了激烈的政治、商业和宗教竞争。各宗教徒如佛教徒、印度教徒、基督徒和穆斯林都在贸易路线上争夺信徒和机构支持。因此，蒙古帝国、欧洲各王国、阿拉伯部落、马穆鲁克突厥部落、印度教酋长领地等地区之间纷争不断，社会动荡不安，一些联盟出现，甚至爆发战争（Foltz，2010）。与此同时，蒙古人控制着俄罗斯和东欧边界的广大地区，利用霸权实现了和平（Kurin，2002a；b）。与残暴的武士形象相反，蒙古人在艺术和宗教方面十分务实宽和。例如，他们的首都哈拉和林有 12 座佛教寺庙、2 座清真寺和 1 座教堂。蒙古人的其他主要成就包括建立内陆邮递和旅社系统。忽必烈热情邀请欧洲、波斯和阿拉伯等地天文学家共同建立穆斯林天文学研究所。此外，他还在中东穆斯林、欧洲等地医生的协助下创立了太医院。为了进一步扩大其影响范围，蒙古人于 1335 年派遣使团拜访阿维尼翁的教皇，目的在于促进贸易往来和文化交流（Kurin，2002a）。

每一种宗教信仰都通过各种各样的方式在丝绸之路上留下了自己的痕迹，无论是关于艺术、音乐，还是有关学习、庆祝和分享的传统。不同的知识和信仰累积了诸多资源，这必然有助于建立信任，重振集体意识，促进对话交流，摆脱束缚和无知，而无知正是地区冲突和动荡的根源（Nanji & Niyozov，2002）。

三、文化影响

丝绸之路是整个亚洲和欧洲的贸易通道，人们在沿途进行着商品交易，如中国的丝绸、拜占庭的黄金和印度的香料，思想、信仰、文学、音乐也传播至欧亚大陆。随着丝绸之路上思想的传播，欧亚大陆的艺术主题、风格和技巧也发生了变化，展现出丝绸之路的广泛影响（Major，2002）。

古丝绸之路是中西文化交流的通道。从公元前2世纪至公元15世纪，丝绸之路一直都是欧亚主要文明沟通的“文化桥梁”，无论是罗马人、希腊人还是波斯人都通过丝绸之路进行文化交流。理查德·库林（Kurin，2002a）在文章中写道：“丝绸易于运输，它去哪里，就将文化创造性传递到哪里。”

不同文明的文化同东西方政治、经济的交流一起，创造了一个多元文化的环境，在丝绸之路沿线地区表现得尤为明显。丝绸之路沿线各国进行着建筑、壁画、音乐、舞蹈、戏剧表演等文化艺术方面的交流。在当时的陶俑舞者、面具演员和音乐团体中都能发现丰富的文化融合案例。中亚的音乐在中国一直都很受欢迎。有趣的是，甚至印度的音乐也融入中国的音乐之中。

倭马亚时期常被视为伊斯兰艺术的形成时期。艺术家们当时创作的都是十分常见的主题。但是，当倭马亚王朝向东西方扩张后，艺术家们开始运用由拜占庭和萨珊人创造的晚古古典自然主义传统元素，因此出现了一种新的艺术表现形式，经过运用、吸收和创新后，体现出鲜明的伊斯兰教特征（Yalman，2001）。艺术家遍布丝绸之路沿线各国，演奏宫廷音乐作为一个十分重要的传统，在丝绸之路沿线各国得到发展，其中部分宫廷音乐流传了下来。阿塞拜疆和中国的木卡姆合奏，以及中国和日本的宫廷音乐仍然影响着丝绸之路沿线各国人民的生活（Kennedy，2002）。丝绸之路丰富多元的文化也影响了布哈拉犹太人。他们曾经定居中亚，现移居美国，但仍然保留着庆祝传统婚礼的习俗。同样地，当代亚美尼亚和中国的民乐合奏，虽语言不同，但也用同一种乐器演奏。

除了音乐和工艺品，中国生产的陶瓷也受到伊斯兰教精英们的热捧。中国精美瓷器的贸易十分繁荣，穆斯林商人随之引进了伊斯兰手工艺人所使用的改良工艺。他们早期（8 世纪后）使用钴来装饰锡釉制器皿。13 世纪晚期，中国陶艺家开始使用钴蓝釉料来装饰白色瓷器，这是丝绸之路上的又一个艺术借鉴。直到 15 世纪，中国大多数青花瓷都出口到东南亚和中东地区，被当地人模仿复制，尽管复制品并非瓷器（Major，2002）。

丝绸之路文化影响的重要表现还在于沿线地区建筑的多样性。“通常而言，建筑是人类价值观的一种表现形式，人类的建筑方式也反映了人们的生活方式。”（Zoksimovska，2016）7 世纪到 15 世纪，丝绸之路的中亚地区沿线各国发展出一座座城市和一个个城市中心（UNESCO，2018）。每一个城市中心的建筑显然都受到了商人带来的文化的影响，甚至一些城市的结构也受到了影响，如撒马尔罕、布哈拉和梅尔夫。各种各样的文化，如阿拉伯文化和蒙古文化，都曾留下建筑遗产，形式包括宗教建筑、澡堂、商队驿站、宫殿，以及中亚城市的砖瓦、雕刻和装饰设计。如此丰富的文化传统和文化遗产在如今的丝绸之路沿线国家仍占据主导地位。

四、政治影响

同宗教和其他文化因素一样，政治因素也对丝绸之路沿线各国产生了重要影响。如今我们可以看到，过去几十年，丝绸之路沿线各国发生了重大变革，并敞开了深入研究丝绸之路的大门。随着苏联解体和中国改革开放，以及“一带一路”倡议的提出，一条新的丝绸之路正在形成。现如今，研究人员讨论新的经济和政治形势，以及新的文化形势如何从这种转变中产生。毫无疑问，与古代的文化传统一样，21 世纪的丝绸之路将会产生重大影响。李希霍芬认为丝绸之路沿线地区有着重要的政治和军事价值。对丝绸之路的掌控，特别是它与中亚的联系，与 18 世纪殖民国家开展的“大博弈”一样重要。

显而易见的是，西方列强在 19、20 世纪谋求政治主导的“游戏”，在当下的国际环境中已有所改变。由于苏联的解体和在沿线地区建立稳定的政权的需要，丝绸之路的地缘政治意义显得尤为重要。在丝绸之路沿线各国，宗教尤其是伊斯兰教在公民生活中的角色定位一直不明晰。近年来，美国卷入了中亚地区的争端，尤其是在阿富汗，美国军队一直在打击塔利班、“基地组织”和伊斯兰国。美国的政治触角已延伸到克什米尔主权争端、伊朗民主问题、哈萨克斯坦自由等问题。上述行动表明，丝绸之路沿线区域出现了一种新兴的操控性政治力量。

五、结论

汉唐时期，阿拉伯商人在扩大贸易的途中，打开了中国和所经之地经济增长的大门。“丝绸之路不仅仅影响了商业城市或是市场活跃之地，也促进了商人和商队行商沿途城市的繁荣发展。”（Al-Awar，2017）

东西方哲学和文化的交流可以追溯到丝绸之路上人们对建立王朝的渴望，无论是中国人、阿拉伯人、希腊人、波斯人或者罗马人，他们都曾在其中发挥了关键性的作用。丝绸之路被视为横贯东西方的贸易路线，同时也是一座文化桥梁，影响了数百万人的生活。

毫无疑问，丝绸之路最重要的价值是促进了文化交流。在丝绸之路发展史上，文明的组成元素，如艺术、宗教、哲学、科学都得以传播交流（Mark，2014）。纵观历史，丝绸既是文化传播的组成部分，也是文化传播的象征。在宗教、政治艺术和商业等方面，东西方人民都视丝绸为有价值的文化产物。大多数人把丝绸看作是生活中的高级用品。“在当今全球经济文化系统的早期发展中，丝绸既是全球经济文化发展的缩影，也在这个过程中发挥了重要作用。”（Kurin，2002a）

参考文献

Cull, N. (2006). *Public diplomacy before Gullion: The evolution of a phrase. USC public diplomacy*. University of Southern California. Retrieved from the following link: https://uscpublicdiplomacy.org/blog/public-diplomacy-gullion-evolution-phrase. Accessed on 22 Jan 2018.

Gong, Q. (2005). *Gong Qingzhi wenji* [Essays of Gong Qingzhi]. Beijing: Author's self publication.

Guo, C. (2015). Guoji shiyexia de Zhongguo Yisilanjiao zouchuqu zhanlue [The going out strategy of Chinese Islam under the international perspective]. In J. Jianyong & Y. Xu (Eds.), *Zhongguo zongjiao zouchuqu zhanlue lunji* [Essays on the strategy of China's religions going out] (pp. 55–61). Beijing: Zongjiao wenhua chubanshe.

Hong, C., & Wang, D. (2011). *Yisilanjiao xiehui gongzuo gailun* [Overview of the work of China Islamic Association]. Beijing: Zongjiao wenhua chubanshe.

Huang, Y. (2012). Fojiao yu Zhongguo gonggong waijiao: yi Dongnanya guojia weili [Buddhism and China's Public Diplomacy: Southeast Asia as a case study]. In K. Yinbin & B. Maohong (Eds.), *Zhongguo yu dongnanya guojia gonggong waijiao* [Public diplomacy between China and Southeast Asia] (pp. 82–99). Beijing: Xinhua chubanshe.

Jiang, J., & Xu, Y. (Eds.). (2015). *Zhongguo zongjiao zouchuqu zhanlue lunji* [Essays on the strategy of China's religions going out]. Beijing: Zongjiao wenhua chubanshe.

Lee, K. H., & Ngeow, C. B. (2016). China-Malaysia relations: Zheng He and the Islamic link. In Haiyun Ma, Chai Shaojiin, & C. B. Ngeow (Eds.), *Zhenghe forum: Connecting China and the Muslim world* (pp. 23–40). Kuala Lumpur: Institute of China Studies, University of Malaya.

Lin, S, & Xiao, C. (Eds.). (2012). *Tongyi zhanxian lilun yu shijian qianyan* 2012 [Frontiers of the theory and practice of united front 2012]. Shanghai: Fudan daxue chubanshe.

Ma, Xian Nuerman (Nu'man). (2011). *Bihai tanzhu: Nuerman Ma Xian chungao* [Searching for pearls in green sea: The writings of Nu'man Ma Xian]. Yinchuan: Ningxia renmin chubanshe.

Ngeow, C. B. (2017). Religious charm offensive of China: The case of Malaysia. *IAPS Dialogue*. Retrieved from the following link: https://iapsdialogue.org/2017/05/18/chinas - religiouscharm - offensive - the - case - of - malaysia/. Accessed on 22 Sept 2017.

Ngeow, C. B., & Ma, H. (2016). More Islamic, no less Chinese: Explorations into the overseas Chinese Muslim identities in Malaysia. *Ethnic and Racial Studies*, 39 (12), 2108-2128 London: Routledge Publications.

Pucheng. (2015). Zhongguo Fojiao zouchuqu de jiyu yu tujing [The opportunities and pathways of the going out of Chinese Buddhism]. In J. Jianyong & X. Yihua (Eds.), *Zhongguo zongjiao zouchuqu zhanlue lunji* [Essays on the strategy of China's religions going out] (pp. 46-51). Beijing: Zongjiao wenhua chubanshe.

Shi Mingsheng. (2015). Fojiao duiwaji jiaoliu de lishi, xianzhuang yu zhanwang [History, present situation, and prospects of Buddhist foreign exchanges]. In J. Jianyong & Y. Xu (Eds.), *Zhongguo zongjiao zouchuqu zhanlue lunji* [Essays on the strategy of China's religions going out] (pp. 34-37). Beijing: Zongjiao wenhua chubanshe.

Shi Yongxing. (2015). Shaolinsi zongjiao wenhua zouchuqu de shijian yu sikao [The practice and reflections on the going out of Shao Lin's religious culture]. In J. Jianyong & X. Yihua (Eds.), *Zhongguo zongjiao zouchuqu zhanlue lunji* [Essays on the strategy of China's religions going out] (pp. 38-45). Beijing: Zongjiao wenhua chubanshe.

Singh, S., & Wallis, K. (2016). Buddhism as a solution to "China Threat Theories"? Chinese diplomacy and the case of Chinese tooth relic in Myanmar. In P.

Manomaivibool & C.-y. Shih (Eds.), *Understanding 21st century China in Buddhist Asia: History, modernity, and international relations* (pp. 101 - 122). Bangkok: Asia Research Center, Chulalongkorn University.

Wang, G. (2002). *To act is to know: Chinese dilemmas*. Singapore: Times Academic Press.

Wang, G. (2008). Woguo zongjiao qingkuang de xinbianhua [New changes in the situation of religions in China]. In Z. Jin & Q. Yonghui (Eds.). *Zhongguo zongjiao baogao* 2008 [Annual report on China's religions 2008] (pp. 71-84). Beijing: Shehui kexue wenxian chubanshe.

Wang, Y. (2016). Chinese or Muslim or both? Modes of adaptation among Chinese Muslims in the United Arab Emirates. In Haiyun Ma, Chai Shaojiin, & C.B. Ngeow (Eds.), *Zhenghe forum: Connecting China and the Muslim world* (pp. 55-72). Kuala Lumpur: Institute of China Studies, University of Malaya.

Xinhua. (2016). China Focus: Xi calls for improved religious work. *Xinhuanet*. Retrieved from the following linkhttp://www.xinhuanet.com/english/2016-04/23/c_135306131_2.htm. Accessed on 22 Feb 2018.

Xu, Y., & Zou, L. (Eds.). (2014). *Zongjiao yu Zhongguo duiwai zhanlue* [Religions and China's foreign strategy]. Shanghai: Shanghai renmin chubanshe.

Xuecheng. (2015). *Wenming de duihua: Zhongguo Fojiao zai "yidai yilu" zhong de wenhua niudai zuoyong* [Dialogue between civilizations: the cultural connection role of Chinese Buddhism in the one belt one road initiative]. Beijing: Renmin chubanshe.

Zhang, J. (2013). China's faith diplomacy. In P. Seib (Ed.), *Religion and public diplomacy* (pp. 75-98). Basingstoke: Palgrave Macmillan.

Zhao, K. (2007). *Gonggong waijiao de lilun yu shijian* [Theory and practice of public diplomacy]. Shanghai: Shanghai: Fudan daxue chubanshe.

Zheng, X. (2014). Nanchuan Fojiao yu Zhongguo dui dongnanya zhanlue ji gonggong waijiao[Theravada Buddhism and China's strategy and public diplomacy towards Southeast Asia]. In X. Yihua & Z. Lei (Eds.), *Zongjiao yu Zhongguo duiwai zhanlue* [Religions and China's foreign strategy] (pp. 137–146). Shanghai: Shanghai renmin chubanshe.

Zhonggong zhongyang wenxian yanjiushi zonghe zhengce yanjiuzu and Guowuyuan zongjiao shiquju zhengce faguisi (Eds.). (1995). *Xinshiqi zongjiao gongzuo wenxian xuanbian* [Compilation of documents on religious work during the new period]. Beijing: Zongjiao wen hua chubanshe.

Zhongguo Yisilanjiao xiehui. (2006). *Musilin aiguo zhuyi jiaocheng (shiyongben)* [A course on Muslim patriotism (trial version)]. Beijing: Zhongjiao wenhua chubanshe.

Zhongguo Yisilanjiao xiehui. (2011). *Zhongguo Yislanjiao jianzhi* [An overview of Islam in China]. Beijing: Zongjiao wenhua chubanshe.

Zuo, X. (2013). *Zhongguo zongjiao yu wenhua zhanlue* [China's religious and cultural strategy]. Beijing: Shehui kexue wenxian chubanse.

第六章 从西域到日本：18 世纪长安西明寺佛教藏经阁概览

王翔[①]

一、引言

人们一般讨论丝绸之路沿线国家的佛教藏经阁时，常将其与天竺和中世纪东亚的藏书文化进行关联。首个千禧年内，大量天竺佛经引入中国。佛经中译本流传甚广，这表明佛经在中国扎根之深。从 7 世纪开始，中国需要大量佛经书籍用于诵读，因此抄录经文在当时成为一种职业，人类历史上首本印刷书籍应运而生。[②]

唐朝崛起时，其都城长安堪称 7 世纪至 10 世纪最伟大的城市。长安著名的西明寺是当时的佛教活动中心及亚洲文化交流的枢纽。西明寺历来就是吸纳时代与地域文化之地。大量资料显示，西明寺以著名的藏经阁及佛教经藏为特色。西明寺中大量经藏可通过权威

① 王翔（Xiang Wang），中国珠海，北京师范大学-香港浸会大学联合国际学院通识教育办公室，E-mail：xiangwang@ uic.edu.hk。

② 中国的《开宝藏》（983 年）和德国的《古腾堡圣经》（1454 年）被印刷前为手稿黄金时代，当时宗教书在埃及亚历山大、拜占庭君士坦丁堡等大城市蓬勃发展（Thompson，1940：315）。

经文目录查询，吸引了日本、印度等地的佛教学者与普通民众（Wang，2010：432-444）。

当然，对于虔诚的佛教修行者而言，挖掘自身内在的佛性也许比拥有大量经书更有意义。因此，中国著名法师道宣（596—667）作为西明寺住持，亲自掌管寺内经书。他在《量处轻重仪》中提示我们：佛法的价值在于实践教学，而非局限于诵读熟记经文。但是，当时的读者只关心收集经书。[①] 道宣的这一提示也反映出他所处的隋唐时期是中国佛教文化之巅峰，当时中国佛教徒不仅从西域和丝绸之路沿线国家引进佛教典籍，其创作的佛教本土作品也流传后世。

二、8 世纪的菩提院藏经阁

如果说 7 世纪西明寺藏经阁因《大唐内典录》闻名，那么菩提院称得上是 8 世纪西明寺货真价实的藏书楼。西明寺的主体部分建于唐代某座废弃皇家宅邸的遗址之上，与长安其他许多皇家寺庙一样保留了中国传统住宅之特点，即传统的“院”。奈良佛教史研究学者堀池春峰（1918—2001）甚至认为，道宣所说的《三藏经》完好地保存于菩提院（Horiike，2003：245—276）[②]。而在佛教资料中首次提到菩提院与印度王子兼僧侣善无畏（637—735）监管的译

① 《量处轻重仪》T45，no.1895，p. 842，b19-27。道宣在此处阐释了《毗尼母经》中一句话，《毗尼母经》为中国佛教戒律论著“四律五论”中的一本。T 指东亚佛教学者使用的标准佛经《大正新修大藏经》。数字表示册数，T45 表示《大藏经》的第 45 册；no.表示引文所在经在《大藏经》里的位次，p 表示页码，b 表示栏目，b 后面的数字表示在 b 栏中的列数。为统一起见，全章保留这一标识。——译者注

② 另见《大乘法苑义林章》后记（T45，no. 861，p. 343，a27-b9）。

场有关。公元716年，善无畏以佛教传教士的身份抵达长安，为“开元三大士”之一。他向中国密宗信徒传入密宗之根本经典文献《大日经》。这位密宗大师到西明寺后不久，就在菩提院内创办了译场。汉字“院”（英语 cloister，梵语 ārāma）指寺院内封闭的院子，包含一个大佛堂及多个小房间。西明寺菩提院应该是唐代诗人笔下的十三座大型佛教院之一。长安并非只有一个菩提院，位于平康坊的另一座大型寺院也有菩提院。中国法师义净（635—713）也曾记录中亚撒马尔罕的僧伽跋摩在西域大觉寺菩提院内的无忧树下雕刻了一尊佛教观世音菩萨像[①]。

现存有关西明寺菩提院的记载主要围绕善无畏展开。善无畏携带大量梵文手稿来到长安，最初他被安置于兴福寺，不久后搬到西明寺。善无畏上书唐玄宗，邀请知名学者来菩提院译场任职。长安僧侣习惯在众多译经院内附设藏经阁，以便翻译家、学者、助手以及其他寺院来访者能接触到不同版本的佛教书籍和梵文手稿。除此之外，抄经员还可以及时抄写经书最新译本，将典藏原本归还于藏经阁。然而，善无畏的梵文手稿却没有保存于菩提院藏经阁内，其原始手稿上交于皇家藏经阁，皇家藏经阁与国家寺院一样为佛经存放重地。[②] 仅靠8世纪的零星资料不足以证明菩提院就是著名法师道宣所处的寺院藏经阁；与善无畏译场相关的菩提院藏书能代表8世纪西明寺僧侣的学术成就。从《四十华严》的翻译过程可以看

① 《大唐西域求法高僧传》，T51，no. 2066，p. 4，c15-24.

② 《宋高僧传》，T50，no. 2061，p. 715，b9-12;《续古今译经图纪》，T55，no. 2152，p. 372，b2-6.

出，至少在 8 世纪初，西明寺的官方藏经阁与菩提院有关。[①]

唐朝前两百年内，经文翻译主要由学者僧侣和管理宗教事务的官员共同负责。西明寺内的著名法师需要在寺内或指定机构参与翻译。例如，公元 650—655 年，著名的僧人学者玄奘（600 或 602—664）在西明寺招募了至少 5 位学者加入译场。为将《阿毗达磨大毗婆沙论》译为中文，西明寺的僧人学者分别担任不同角色：证义、缀文、执笔、笔受。[②] 7 世纪中叶，道宣于《三藏经》中提到，《阿毗达磨大毗婆沙论》分装于 20 个书箱内，《大唐内典录》中精确记录其在西明寺早期藏经阁中的确切位置[③]。西明寺的僧人学者赶赴别处译场时，往往抄录经文以丰富其藏书阁。著名的僧人学者圆照作为助手参与重译《四十华严》，抄录经文并带回西明寺。有文字记录能证实菩提院东阁为著名的西明寺三藏经之官方藏书阁。

大唐贞元十四年，岁在戊寅……翻经沙门圆照……手自书写此新译经，填续西明寺菩提院东阁一切经阙。[④]

---

① 《大方广佛华严经》，T10，no. 293，p. 849，a9-16；《贞元新定释教目录》，T55，no. 2157，p. 894；《续贞元释教录》，T55，no.2158，p. 1052，a13-17；《宋高僧传》，T50，no. 2061，p. 721，b15-24。 798 年，南天竺乌荼国向唐德宗进献了一份《大方广佛华严经》的梵文手稿，此手稿为印度国王亲自抄写，意在表达对中国皇帝的敬意，由印度僧侣般若及其在崇福寺译场的译者助手翻译。 般若是《大方广佛华严经》的首位中文译者。 新加坡学者古正美认为，《大方广佛华严经》新译本反映了佛王传统，这与印度南部流行的不空罥索观音有关。 该部经文与印度密宗经文在中国的传统的译本一样，包含了佛王的政治内涵（Ku，2003：325-376）。

② 《阿毗达磨大毗婆沙论》T27，no. 1545，p. 4，c19-，p. 5，a15。 另见 Forte，1976：171-176。

③ 《大唐内典录》T55，no. 2149，p. 311，c9-18。

④ 记载于《四十华严》第四十册《入不思议解脱境界普贤行愿品》；见《大方广佛华严经》T10，no. 293，p. 849，a9-16。 755 年，译经僧侣将《四十华严》新译本交与太监马承倩，在光宅寺进行校对，这是长安译场的另一个中心；参见《贞元新定释教目录》，T55，no. 2157，p. 771，c10-14。

菩提院东阁一切经阕的存在证明了菩提院内一大佛堂存有《三藏经》。长安其余寺院藏经阁的情况则是众所周知，例如，印度密宗大师不空（705—774）主持的文殊阁为大兴善寺的中心寺院，位于官方译经阁内（Wang，2009：507—508）[①]。挑选经文扩充菩提院藏书之举动并未草草结束，有证据表明，西明寺僧侣曾在其他寺院，甚至远在东都洛阳的藏经阁中翻找经书正本进行抄录，并将抄录本带回西明寺。[②] 根据《大唐贞元续开元释教录》（后纳入权威目录《贞元新定释教目录》），编辑和抄录新文本需经过几个阶段的修改。在抄录手稿阶段，由于无法确定正本，抄经员在冗长文本中摘取节段的习惯也相异，因此会产生不同的手稿版本。

表 6.1　西明寺编纂佛经目录

序号	目录	编写者	年份
1	《大唐内典录》（唐代佛教目录学书）	道宣	664
2	《大唐贞元续开元释教录》（唐代贞元年间《开元目录》遗编）	圆照	794
3	《贞元新定释教目录》（贞元年间新编佛教教义目录）	圆照	800

《大唐贞元续开元释教录》是贞元十年（794）西明寺圆照法师编撰的佛教目录。该目录借鉴了菩提院内的藏书，说明 8 世纪

① 代宗（726—779 年在位）曾应阿莫哈瓦杰拉的要求，将 5050 卷《三藏经》赠给他的女儿琼华大师，琼华当时正在佛经翻译研究所学习。见《代宗朝赠司空大辩正广智三藏和上表制集》，T52，no. 2120，p.839。

② 在长安佛教藏书阁中选择权威版本的《转法轮经》（T109），见《开元释教录》T55，no. 2154，p. 692，b25-26。

末，院内藏书规模已扩大到需要新目录的程度。从开元十八年（730）到贞元十年，四位唐朝皇帝（玄宗、肃宗、代宗和德宗）在位时期，得益于丝绸之路上密宗大师们向中国的传教，西明寺藏经阁新添了大量密宗经文。794 年，由于担心藏经阁内密宗经文、新藏诗选、大量纪念品及石刻丢失，圆照法师“写下了他的所见所闻”，分三篇展示在《大唐贞元续开元释教录》。[①] 这简短的书目中包括中亚和天竺僧侣翻译的近 200 卷密宗文献。译者不仅包括著名的僧人金刚智（669—741）、不空和善无畏，还有来自天竺北部的阿质达霰，东部的法月、莲华精进和尸罗达摩。这些译者都慷慨地将梵文手稿赠予所在寺院。除了贞元年间收集的各种宗教典籍外，《大唐贞元续开元释教录》中还有大量的陀罗尼、念诵法及系统的密宗作品如《般若理趣经》。正是由于这些新的密宗文献，西明寺成为佛教密宗的另一个传播中心，吸引了 9 世纪的日本学问僧慕名前来学习。

三、《贞元新定释教目录》和日本学问僧

公元 800 年 4 月，圆照的《大唐贞元续开元释教录》（简称《贞元录》）出版 6 年后，唐德宗颁布了法令，钦定圆照编撰《贞元新定释教目录》权威本作为东亚地区佛经翻译范本（Saitō, 1994：83）[②]，西明寺作为全国佛教典籍藏书阁的地位得以不断提升。《贞元录》的主要部分为“总录”，在一定程度上复制了著名

① 《大唐贞元续开元释教录》T55，no. 2156，p. 766，a13-25。

② 该目录也称作《圆照录》。据《续贞元释教录》，该目录完成于 799 年。

的《开元释教录》（T 2054），并增加了一个特别章节用于解释该目录何以得到朝廷批准。第二部分为“别录”，包括11位学者在过去70多年里翻译的269部经文书目。《不入藏目录》标题下最后一章（第30卷）的增编是该目录的一大亮点，从《密迹金刚力士经》到《高王观世音经》，共收录118部次经[①]。《贞元录》出版后很长一段时间里，作为佛教目录的经典成就影响着东亚各国的僧人。

《续开元释教录》初稿中所列密宗文献与《贞元录》重合，但这并不能说明它们与某一特定流派有关，反而划属于如华严宗等传统板块之下（Astley，2011：711）。与道宣法师相比，圆照法师在选择认可的经典时灵活度更高，因此他编撰的目录中包含了中国僧侣的各种本土作品。《贞元录》里详细记载了翻译与校对的情况，并对材料进行了精确分类，可以说该目录代表了唐代佛教图书目录的最高水平。由于后来出现的会昌（841—846）法难，从某种意义上说，《贞元录》象征着唐代佛教的辉煌成就，也象征着自《开元释教录》问世后长达两个世纪的佛教翻译之结束。智昇（658—740）于公元730年所编的《开元释教录》或为佛教书目设定了标准，得益于8世纪末西明寺的菩提院藏书阁，圆照法师的《贞元录》的内容范围大大增加。

《贞元录》编纂前后，疏勒国佛教词典编纂者慧琳（737—820）曾在西明寺藏书阁活跃了20多年，其经历也反映了西明寺《三藏经》的情况。中国学者方广锠认为，慧琳并非西明寺僧侣，而是大兴善寺的在籍僧人（Fang，2006：282），但美国学者阿部龙

① 《贞元新定释教目录》T55，no. 2157，p. 1046，b1-25。参见《诸阿阇梨真言密教部类总录》T55，no. 2176，p. 1115，c19-20。

一（Abe Ryūichi）指出了圆照的学术研究与慧琳所编佛教词典间的联系。

基于与般若合作所得的知识，圆照为《大乘理趣六波罗密多经》中的主要术语制作了术语对照表，涵盖每个术语的发音和含义，适时提供梵文原语。该字典很可能启发了西明寺另一位住持慧琳编纂大型佛教词典，共一百册。（Ryūichi，1999：117—118）

此处所说的大型词典指慧琳的《一切经音义》，是一部关于梵文和汉字训诂的重要著作。公元 783—807 年，慧琳参考西明寺藏书阁内珍藏的佛学和汉学著作完成了这部巨著，[①] 包括《字林》《字统》《声类》《三苍》《切韵》和《玉篇》等词学经典，以及西明寺收藏的历史著作和儒家文献[②]。该词典包含了 1220 篇文章中出现的专业术语，是全面理解西明寺《三藏经》的关键。正如中国学者所言，《一切经音义》收录了西明寺不断变化的藏书和《贞元录》权威本中所缺的文本，可作为西明寺藏书阁正典与非正典作品的索引。

《一切经音义》中部分文章得以保存流传，有一部分最近才在现存敦煌手稿中发现。人们认为，该词典内包含《贞元录》所缺失的文本，反映了 9 世纪初西明寺藏书阁的文本多样性。[③] 根据慧琳的传记，该词典与许多没有入官方目录的典籍共同存放于西明寺藏

① 部分中国学者认为该词典完成于 807 年（元和二年）而非 810 年（Wen，2000：18）。欲研究慧琳所编词典，见 Yao（2003）。

② 《字林》，晋代吕忱所撰；《切韵》，隋代陆法言（562—？）所撰，出版于 601 年；欲研究《一切经音义》对汉语语音之影响，见 Yao（2003：83-104）。

③ 这一时期长安有关佛教《三藏经》的内容可见于日本僧侣圆仁（794—864）的游记及敦煌和吐鲁番出土的手稿。圆仁参观五台山金阁寺的普贤道场时发现了长安某士所赠的装饰精美的《三藏经》（Reischauer，1955：254）。

书阁内。《一切经音义》问世约40年后才得到唐代朝廷的批准，登记为官方三藏经，并经久流传。[①] 慧琳的伟大成就甚至吸引了朝鲜僧人的注意，这些僧人在后周显德年间试图购买此书。然而，在问世一个半世纪后，《一切经音义》或许已经停止售卖流通，因此他们在浙江地区未能买到该词典。《贞元录》尽管是朝廷承认的佛教书目，但长时间内其影响范围仅限于中国北方，以其为基础翻译的作品摹本大多保存在同一地区（宿白，2009：65）。

如果向东沿海上丝绸之路去朝鲜和日本搜寻有关西明寺的文献，就能发现那些地区对佛教书籍的热情不亚于当初艰难跋涉赴印度寻找佛教教义的中国朝圣者。从9世纪开始，西明寺佛教藏书资料分两路传播：一路通过寺院内的日本僧人，反映了中国唐代与日本平安时代文化交流的重要性；另一路通过同时代各种寺院的藏书，有文字记录可证实。

自8世纪起，来到唐朝的朝圣者，尤其是外国僧人，一定会被西明寺藏经阁内丰富的藏书所吸引。西明寺在中世纪的日本僧人中享有极高的声望，对日本佛教产生了深远的影响。西明寺内约有10名日本僧人，公元777年（宝龟八年）赴唐的三论宗僧人永忠在西明寺居住了6年，经常出入菩提院藏经阁。公元805年（延历二十四年），正值圆照完成目录汇编5年后，永忠回到日本，受桓武天皇任命担任梵释寺住持[②]。据说梵释寺藏经阁内有标准5000册《三藏经》，这些经文由玄昉于735年（天平七年）带回日本。玄昉为

---

① 原句为“贮其本于西明藏中”，参见《唐京师西明寺慧琳传》，T50，no. 2061，p. 738，a22-b5。

② 梵释寺由桓武天皇所建，于786年（延历五年）为已逝天皇天智天皇（668—671年）所建，最初名为四天王寺，九年后更名为梵释寺。

法相宗日本僧人，曾跟随中国著名僧人智周（668—723）学习瑜伽行派教义。永忠像其他日本学问僧一样抄录新译的经文，并将部分经文上交天皇。日本六国史之一《续日本后纪》记载了公元 835 年的这段历史，也证实了《贞元录》和《梵释寺目录》之间存在联系（Ono，1989：154）[①]。通过借鉴《梵释寺目录》，《东域传灯目录》保留了《梵释寺目录》中经文的简短摘要，编纂水平显著提升（Sueki，2003：429）。尽管遗失的《梵释寺目录》的准确来源无法确定，但日本学者小野胜年认为，该目录应该收录了永忠在菩提院藏经阁抄录的文本（Ono，1994：83）。

永忠曾在西明寺菩提院居住过，后来日本著名僧人空海（774—835）也曾居住于此。空海于公元 804 年（延历二十三年）6 月启程前往中国，同年年底抵达长安，决心研究其在日本大感困惑的佛教密宗。日本官方特使回国后，空海独自留在西明寺，以进一步了解《大毗卢遮那成佛神变加持经》。该经文于 8 世纪 20 年代译为中文，并由玄昉带回日本[②]。因此可以推断，空海手持《贞元录》摹本，阅读西明寺菩提院的《三藏经》，与圆照交流思想，拜访京城知名佛教大师。正是在西明寺，空海结识了一批能读懂梵文的大师。阿部龙一总结了空海在西明寺的活动如下：

805 年空海抵达西明寺，随即获得老师的帮助，得以查阅大量资料以便研究梵文、咒语和密宗佛经等。空海是首位将《圆照录》带回国的日本朝圣者。730 年智昇的《开元释教录》开创了日本收

① 参见《佛祖统记》T49，no. 2035，p. 399，a26-28。欲读以玄昉生活为主题的小说，参见 Matsumoto（1980）。

② 《御请来目录》T55，no. 2161，p. 1065，a10-17，也称《新请来经等目录表》，参见 Bowring（2005：136）。

集佛经典藏的局面，空海因此接触到了《开元释教录》，这有助于他识别并引进当时日本没有的新文本。(Abe，1999：118)

空海可能是与圆照见面后，才了解到梵文大师般若，因为圆照曾多次与般若合作翻译。又或许在空海赴唐期间，般若也住在西明寺。空海应该是先从梵文老师般若那里收到了新译的《四十华严》和《大乘理趣六波罗蜜多经》的三份梵文手稿，而后决定与著名的惠果大师在青龙寺会面。般若曾告诉空海：

我出生在克什米尔，很早就开始接触佛教，曾走遍印度进行了一次朝圣之旅。为了传递佛法，我来到了中国，虽然我也想东渡日本，但现实情况不允许。我带上了自己新译的《四十华严》和《大乘理趣六波罗密多经》及梵文手稿。我真诚希望这些经文能帮助宣传佛教，帮助人们得到救赎。(Yoshito，1972：149)①

理查德·鲍林（Richard Bowring）认为，空海可能并没有发明日本假名，但毫无疑问他在中国所学的梵文（悉昙）音节为推动9世纪日本假名文字的发展起到重要作用（Bowring，2005：137）。阿部龙一认为，空海于806年引入日本的《大乘理趣六波罗蜜多经》为其提供了关键理论基础，从而将显教从密教中抽离，另成一派。在太宰府法官兼高级秘书高阶远成（756—818）的帮助下，空海将在西明寺收集的手稿，包括圆照的作品，上交给嵯峨天皇（809—823）②。除了新译的密宗及传统的教义经文外，他还引进了两部大

① 《御请来目录》T55，no. 2161，p. 1065，c8-13。同见 Yoshinori（1999：177）。

② 《御请来目录》T55，no. 2161，p. 1060，c5-18. 欲了解空海与圆照的互动，参见 Yoritomi（1980：183-206）。想探讨高阶远成与空海唐朝之行的关系，见 Takeuchi（2006：285-288）。

乘经文、梵文文本和密宗神灵圣会的图画介绍等。216 部经文内有两部圆照的作品——《贞元录》和《贞元新翻译经图记》。通过《三十帖册子》可以看出，空海整理收集的密宗文本中也有与西明寺藏经阁相关的经文，其中包括《仁王护国般若波罗蜜多经》《四十严经》《大乘理趣六波罗蜜多经》和《守护国界主陀罗尼经》的新译本。（T997）据小野胜年所说，这些经文都是空海在西明寺内抄录的（Momoi，1999：21—30）。

四、结论

在唐朝中期，西明寺的佛教藏书负有盛名，丝绸之路沿线国家最具才华的翻译家和编纂家都慕名前来整理这里的经文手稿。本文从多个角度介绍了菩提院藏经阁、西明寺藏书以及相应经文目录。从 8 世纪到 9 世纪初，菩提院藏经阁内进行了多个国际佛经传播项目，包括天竺密宗文献的汉译，吸引数代日本僧人漂洋过海来中国求经问道。原语为梵文和其他中亚语言的佛教原典由丝绸之路上的佛教传教士译成中文，最终流传至日本。

西明寺的佛教注释家们在这些藏书的基础上编制了一份新的贞元年间标准佛经目录，该目录一经问世便是海上丝绸之路西部地区寺院的藏书标准。在会昌法难发生前，这份目录彰显了佛教书目学的最高成就，也是公元 700 年至 800 年中国寺院藏书积累的见证。佛教学者和中国书目学家十分重视《开元释教录》，《贞元录》的价值和影响也不容小觑，《贞元录》传到日本后成为基本佛教书目，在新兴政治实体之下的一些地方寺庙也以此为基础创办藏经阁。

综上所述，西明寺涵盖了佛教经藏以及唐代中国和中世纪日本之间丰富的文化交流等诸多内容，是研究丝绸之路沿线国家佛教手稿文化等诸多课题绝佳的出发点。随着“一带一路”倡议的推进，古代勇敢的探险家和佛教传教士之间古老的交流连接正重新焕发活力。尽管佛教研究学者在“一带一路”国家的文化联系方面取得了一些进展，但是佛教藏经阁作为联系亚洲各国文化纽带的研究仍处于起步阶段，知识交流和编纂学等角度的研究问题仍有待深入。

参考文献

Al Awar, A. (2017). Reviving the silk road and stimulating world economy. *Huffington Post*. The Blog. May 25th. Retrieved from the following link: https://www.huffingtonpost.com/abdulla mohammed-al-awar/reviving-the-silk-road-an_b_9989172.html. Accessed 3 Feb. 2018.

Bosworth, C., & Bolshokov, O. (1997). Central Asia under the Umayyads and the early Abbasids. In M. S. Asimov & C. Bosworth (Eds.), *History and civilization of Central Asia* (Vol. 4(1), pp. 23-40). Delhi: Motilal Bamarsidass.

Clover, C., & Hornby, L. (2015). China's great game: Road to a new empire. *Financial Times*, October 13. Retrieved from the following link: https://www.ft.com/content/6e098274-587a-11e5-a28b50226830d644?segid=0100320#axzz3oM5GkBSp. Accessed on 20 Feb. 2018.

Cornell University Library Exhibition. (2016-2017). *Islam in Asia: The silk road and Islam spread*. Ithaca. Retrieved from the following link: http://guides.library.cornell.edu/IslamAsiaExhibit/SilkRoadIslam. Accessed on 13 Feb. 2018.

Daftary, F. (1992). *The Isma'ilis: Their history and doctrines*. New York: Cambridge University Press.

Foltz, R. (2010). *Religions of the silk road: Premodern pattern of globalization* (2nd ed.). New York: Palgrave Macmillan.

Hunsberger, A. (2000). *Nasir Khusraw: The Ruby of Badakhshan*. London: I.B.Tauris & Ltd..

Islamic History. Org. (2018). Retrieved from the following link: http://islamichistory.org/the umayyads/. Accessed on 14 Feb. 2018.

Kennedy, R. (2002). *The silk road: Connecting cultures, creating trust*. Washington, DC: The Smithsonian Institution.

Kurin, R. (2002a). *The silk road: Connecting people and cultures*. Washington, DC: The Smithsonian Institution.

Kurin, R. (2002b). The silk road: The making of a global cultural economy. *Anthronotes*, 23(1), 1-10 Museum of Natural History Publication for Educators.

Lapidus, I. M. (1988). *A history of Islamic societies* (p. 98). London: Cambridge University Press.

Lewis, B. (1987). *Islam, from the Prophet Muhammed to the Capture of Constantinpole, Religions and Society* (Vol. II, p. 224). New York: Oxford Press.

Liu, X. (1998). *Silk and religion: An exploration of material life and the thought of people, AD* 600-1200 (p. 133). Delhi: Oxford India Paperbacks.

Liu, X. (2010). *The silk road in world history*. New York: Oxford University Press.

Major, J. (2002). The arts of the silk road. *Asia Society*. Retrieved from the following link: https://asiasociety.org/arts-silk-roads. Accessed 20 Feb. 2018.

Mark, J. J. (2014). Silk road. In *Ancient history encyclopedia*. Retrieved from the following link: https://www.ancient.eu/. Accessed 13 Feb. 2018.

Nanji, A., & Niyozov, S. (2002). The silk road: Crossroads and encounters of faiths. In C. Borden (Ed.), *The silk road: Connecting cultures, creating trust* (pp. 37-43). Washington, DC: The Smithsonian Institution.

Oxford Islamic Studies On-line. (2018). Retrieved from the following link: http://www.oxfordislamicstudies.com/article/opr/t125/e2421. Accessed on 14 Feb. 2018.

Pugachenkova, G., Dani, A., Yingsheng, L. (Dani, A. H., & Yingsheng, L. (1996). *Urban development and architecture*. UNESCO. Retrieved from: https://en.unesco.org/silkroad/sites/silkroad/files/knowledge-bank-article/vol_IVb%20silk%20road_urban%20development%20 and%20architecture%20BIS.pdf. Accessed on 22 Feb. 2018.

Silk Road Foundation (2018). *The exoticism in tang (618-907)*. Retrieved from: http://www.silkroadfoundation.org/artl/tang.shtml. Accessed on 24 Feb. 2018.

Strickman, T. (2012). Spread of Islam through the silk road. In*Silk road: General information, history, map*. Retrieved from the following link: http://www.east-site.com/silk-road. Accessed on 20 Jan. 2018.

Tucker, J. (2015). *The silk road: Central Asia, Afghanistan, Iran*. London: I.B. Tauris & Ltd..

UNESCO. (2008). *The silk road project- integral study of the silk roads: Roads of dialogue*, 1988 - 1997. UNESCO, United Nations, U CLT/CPD/DIA/2008/PI/68.

UNESCO. (2018). *Silk road: Dialogue, diversity and development. Urban development and architecture*. Retrieved from the following link: https://en.unesco.org/silkroad/knowledge-bank/urban-development-and-architecture. Accessed on 28 Jan. 2018.

Wood, F. (2002). *The silk road: Two thousand years in the heart of Asia*. Los Angeles: University of California Los Angeles.

Yalman, S. (2001). Based on original work by Linda Komaroff. The Art of the Umayyad Period(pp. 661-750). In*Heilbrunn timeline of art history*. New York:

The Metropolitan Museum of Art. 2000–. Retrieved from: http://www.metmuseum.org/toah/hd/umay/hd_umay.htm. Accessed on 30 Jan. 2018.

Zoksimovska, M. (2016). *How the silk road influenced the architecture through the cities*. GoUNESCO. Retrieved from: https://www.gounesco.com/how-the-silk-road-influenced-thearchitecture-through-the-cities/. Accessed on 22 Feb. 2018.

第四篇
社会文化的动态发展

第七章　中国软实力：“一带一路”走廊沿线的文化建设

柯群英①

一、引言

中国国家主席习近平提出“一带一路”倡议后，一系列精彩活动应运而生。商界和学术界最关心“一带一路”倡议能为所在地区带来的经济收益。沿线国家银行家、金融家都全力以赴，确保参与“一带一路”倡议，享受基础设施建设带来的贸易、金融和工业发展等预期经济收益。

与之相应的是，学者们集中推导了财政与经济收入的几种模型。与此同时，政治学家及国际关系专家也注意到中国对“一带一路”沿线国家所带来的政治影响，但针对“一带一路”给沿线国家人民带来文化影响的相关研究才刚刚起步。

本文将构建一种帮助理解文化流的模型。文化交流对沿线国家的往来联系有着决定性作用，有助于构建以共同利益而非国家边界为纽带所形成的理想共同体。我们认为，中国通过各类机构利用两

① 柯群英（Khun-Pearce Eng Kuah），新加坡，南洋理工大学社会科学学院。

个关键要素，即教育和慈善，扩大在“一带一路”沿线国家的国际影响力。其成果之一就是创造了无国家边界之分的文化盆地，随即产生如艾瑞克·霍布斯鲍姆（Eric Hobsbawn，1917—2012）和特伦斯·兰杰（Terrence Ranger，1929—2015）称为的“被共创、被发明的传统”。归根结底，构建文化盆地、发展共创传统可被视为中国在经济版图外有意识发挥其软实力的结果。同时，也让全球通过多种渠道进一步认识中国。

二、从“丝绸之路”遗产到“一带一路”倡议走廊

自1978年改革开放以来，在短短40多年内，中国加强与世界的联系，经济实力、科技实力、综合国力跃上新的台阶。当其他国家在经济、金融、国际关系和全球价值观（包括民主、正义、权利和自由）上争论不休时，中国针对发展缓慢的经济体主动开展全球外交，向这些国家提供财政支持与援助。除财政支持和援助之外，中国也对其文化和社会产生影响。近年来，凭借自身经济实力和以习近平为核心的强大领导班子，中国搭建了自身的发展体系。同时，建立中华文化和汉语学习机构也帮助中国走向了世界舞台的中央。就目前而言，我们把中国视为正在崛起的东方的代表。世界东方体系指崛起的东亚国家，包括韩国、日本，尤其是中国，这些国家的经济、政治和文化实力及全球影响力都在不断提升。因此，学者们认为，这些财政和慈善举措是中国尝试以其软实力接触世界的方法。正如约瑟夫·奈所言，这个举措能让各国接受中国的行为（Nye，2008）。

作为世界东方的关键成员，中国对这个举措并不陌生。自公元一二世纪以来，中国通过陆上和海上丝绸之路就成为全球贸易的一员。中国历朝的君王通过其海上力量设置行政管辖，维护南海诸岛主权。丝绸之路向西延伸是一条通往中国周边各国的陆路。这也反映了中国对其他地区的对外交流政策。中国的早期举措是为了扩大其政治影响力及贸易范围。这种早期的王朝发展在很大程度上扩大了其经济和文化对外影响。

陆上丝绸之路和郑和下西洋是中国早期推进古代欧亚文明交融的重要举措。有关这两条路线成功通商的历史记载不胜枚举。沿着这些路线，中国古人建立了联络点和贸易站，中国文化因此得以传播。丝绸之路的影响范围之大，甚至延伸至欧亚大陆及沿线地区。

丝绸之路还涵盖了沿两条走廊进行的古代茶叶贸易路线。一条是茶马古道，连接着昆明与藏彝走廊上的拉萨。另一条则是贡茶古道，北边连接着昆明与北京，南边连接着越南、老挝、柬埔寨等东南亚国家。沿着这两条路线，商队商人驭马进行茶叶交易。

这些路线上除了贸易联系，还有宗教和文化的交流与传播。这些古老的贸易路线也是迁徙路线。商人、知识分子、劳动人民等的迁徙帮助儒家思想、汉语、中国宗教习俗走出中国，同时让佛教、伊斯兰教、基督教传入中国（Benite，2014；Jones-Listing & Pratt，2012）。

丝绸之路上伊斯兰教和佛教的传播尤为突出（Elverskog，2010）。例如，陶瓷制作工艺和中国水墨书法艺术就是沿着这些贸易路线传承的，并被少数民族习得。这些商品融入了伊斯兰艺术和阿拉伯文字的混合设计，人们沿着这些贸易路线进行交易（见图

7.1与图7.2）。在这些路线上，由于不同群体的相遇，不同文化之间不断融合，出现跨文化通婚现象，宗教和文化的多样性不断显现。对于中国和贸易商所在地区而言，这些贸易路线在地缘政治上具有跨越鸿沟的作用（Mezzavilla et al，2014）。

图7.1　印有中文图案和阿拉伯文字的大陶碗

（作者摄于马来西亚伊斯兰艺术博物馆）

图7.2　阿拉伯文字的中文画卷

（作者摄于马来西亚伊斯兰艺术博物馆）

三、重建“一带一路”的理由

21世纪，中国尝试以世界东方的形式定义其国际角色，从而扩大全球影响力。习近平提出的“一带一路”倡议则成为“世界东方”这一历史趋势的继承者。无论是从前的古丝绸之路还是如今的“一带一路”，焦点都在贸易和文化传播上。“一带一路”倡议为中国带来与世界各个方面的互通，其影响延伸至东南亚、欧亚大陆、非洲和拉丁美洲。中国也尝试通过各种走廊深入接触欧洲乃至更远的地方。这种广泛的连接肯定会触及“一带一路”走廊沿线国家人民的生活。

“一带一路”的重建源于中国共产党的政治改革和经济改革思想及其实现“中国梦”的夙愿。中国共产党第十九次全国代表大会召开后，中国在经济、政治等各方面实行的措施发展了中国特色社会主义，实现了社会主义现代化，让中国在国际舞台上发挥了积极作用。十九大闭幕后，习近平新时代中国特色社会主义思想得到广泛传播，并被写入《中国共产党章程》。

习近平新时代中国特色社会主义思想助推实现“中国梦”。习近平在2013年针对“中国梦”提出了宏伟构想：“中国梦”凝聚国家理想和价值观，与个人的抱负和成就相匹配。“中国梦”是中国人民的共同梦想。通过政策和结构变化，习近平提出的“中国梦”旨在将个人理想与国家发展结合起来，即将国家取得的成就（现代化、城市化和国家财富增长）与实现个人目标（获取财富和福祉等）的能力结合起来。“中国梦”让个体能够实现自己的个人梦想，同时政府得以创建更加公平公正、实现国家繁荣的社会经济结构。“中国梦”旨在通过“两个一百年”计划建设国家物质基础。第一个一百年，中国发展成为中等富裕的国家，全面建成小康社会，中产阶层壮大，享受经济与物质福利。2020 年，中国人均国内生产总值达到 10000 美元，为 2010 年数值的两倍。在此愿景下，习近平及其领导班子致力于到 2030 年实现 70%的城镇化率。最终目标是到本世纪中叶，在实现现代化的基础上，再奋斗 15 年，把中国建成富强民主文明和谐美丽的社会主义现代化强国。新中国成立 100 周年时建设成为发达国家。

然而，如今中国的发展不均衡不充分现象仍然存在。因此，中国正努力通过调整经济结构和城市化建设设法消除这些现象。另外，经济的快速增长也加大了城乡之间的贫富差距，尤其是在上海、深圳、广州和其他一些大城市（Li & Wan，2015）。

因此，中国政府迫切需要解决以下三个关键问题：

第一，采取措施解决国内经济和社会发展不平衡问题。首先，通过创造更多就业机会、支持创新创业和技术创新等，促进内地经济的快速发展，包括提供机会推动人口流向城市、加快城市化步伐、帮助城市走出自我边界。其次，通过中国的非营利性组织——中国扶贫基金会，在农村推进慈善和扶贫活动，这对于中国在 2035 年基本实现社会主义现代化至关重要。

第二，改善人口结构。在中国，尤其是在经济发展机会不足的内陆地区的，巨大的人口基数给这些地区带来了非常大的压力，乡村振兴刻不容缓，需要解决机会匮乏和社会不平等的问题。在过去的三四十年间，中国政府在内陆地区推动城镇化，帮助农村人口脱贫，实现全面小康。

第三，扩大发展空间。尽管中国幅员辽阔，但容纳 14 多亿人口则显得十分拥挤。与此同时，实施多年计划生育政策后，中国的老龄化人口十分庞大。

让问题更加复杂的是，虽然青年人口基数较小，但是在许多城市，青年人发现很难找到与学历和能力相称的工作。对于中国而言，当务之急是在国内外创造发展机会，从而解决经济问题。中国推行的许多政策都是为了推动经济发展，包括调整经济结构、促进工业化、发展高新技术产业和引进外国投资。除此之外，“一带一路”倡议旨在跨越地缘政治边界创造社会经济和文化空间，使“一带一路”沿线国家和地区的人民能够合理使用这些空间并完成自我价值实现。本文把这种空间定义为“合作领地”空间。在 21 世纪，以“合作领地”的形式创建互联互通点，为“一带一路”沿线国家和地区的人民提供参与社会经济活动的机会。

因此，习近平及其领导班子这一努力也奠定了从前“丝绸之路”与现今“一带一路”的结构连续性，证实了霍布斯鲍姆、兰杰（Hobsbawn & Ranger，1983）所说的，这是贸易文化传统的重建。

四、通过基础设施建设打造“合作领地”空间

公共工程和基础设施建设是中国完成从转型经济体向发达经济体转型的关键，这将加快中国城市化进程，加快中国走向世界舞台的进程。无论是 1978 年中国实行的改革开放政策，还是习近平在第十三届全国人民代表大会上的讲话，都清楚阐明了这一点。建立

关系网络对于促进中国对外交流至关重要。1978 年的改革开放政策是其中的第一阶段，帮助中国成功融入了全球经济。"一带一路"倡议则是中国的第二阶段发展战略，它通过重建、利用和拓展古丝绸之路加强与全球的联系。

中国成为"世界东方"后，不再在所有发展领域受到西方制约。中国想要按照自己的方式前进，想为世界的发展贡献自己的力量。提出新道路和组建全球框架以供选择是中国的战略，使其不仅能在国内，更重要的是在国际舞台上也发出受各国支持的"中国声音"。习近平提出的"一带一路"倡议是一项伟大的创举，是互利共赢的合作平台。中国还成立了亚洲基础设施投资银行，为"一带一路"倡议提供资金并推动其运作，加快中国的全球化进程，并将沿线国家纳入其经济框架。

"一带一路"的主要思路是通过欧亚陆路和海上走廊从中国向外建立经济走廊。这样，"一带一路"可看作一个超越经济层面的框架。与古丝绸之路一样，"一带一路"倡议的互联互通也是多方面的。"一带一路"倡议中，贸易不仅限于陆路，还扩展到海路。截至 2023 年 6 月，已有 152 个国家和 32 个国际组织签署了 200 余份共建"一带一路"合作文件。"一带一路"六大经济走廊将亚欧各地与中国连接：

1）新亚欧大陆桥经济走廊

2）中蒙俄经济走廊

3）中国—中亚—西亚经济走廊

4）中巴经济走廊

5）孟中印缅经济走廊

6）中国—中南半岛经济走廊（表7.1）

表7.1 “一带一路”倡议六大经济走廊沿线国家

东亚、东南亚	西亚	南亚	中亚	独联体	中东欧
蒙古国	伊朗	印度	哈萨克斯坦	俄罗斯	波兰
新加坡	伊拉克	巴基斯坦	乌兹别克斯坦	白俄罗斯	立陶宛
马来西亚	土耳其	孟加拉国	土库曼斯坦	格鲁吉亚	爱沙尼亚
印度尼西亚	叙利亚	阿富汗	塔吉克斯坦	阿塞拜疆	拉脱维亚
缅甸	约旦	斯里兰卡	吉尔吉斯斯坦	亚美尼亚	捷克共和国
泰国	黎巴嫩	马尔代夫			斯洛伐克
老挝	以色列	尼泊尔			匈牙利
柬埔寨	巴勒斯坦	不丹			斯洛文尼亚
越南	沙特阿拉伯				克罗地亚
文莱	也门				波斯尼亚和黑塞哥维那
菲律宾	阿曼				黑山共和国
中国	阿联酋				塞尔维亚
	卡塔尔				阿尔巴尼亚
	科威特				罗马尼亚
	巴林				保加利亚
	塞浦路斯				马其顿共和国

来源：https：//walizahid. com/2015/10/chinas - world - reshaping - belt - and-road-initiative/

据估计，"一带一路" 倡议沿线国家的人口约44亿（约占世界总人口的55%）（2022年全球人口约为80亿）。在经济效益方面，到2030年，"一带一路" 经济走廊在沿线发展中国家进行的基础设施建设成本预计为26万亿美元，其中中国承诺支付1万亿美元。沿线建设的各类基础设施包括：金融、能源、交通、重工业、房屋和建筑、通信。这些基础设施建设预计将创造16万个就业岗位，获得10亿美元的利润和税收。"一带一路" 倡议鼓励贸易流通，同时沿不同走廊也出现了大规模人口流动和文化流通现象。例如，中国对非洲经济体的外国直接投资总额约600亿美元，其中包括投资矿业、铁路、公路、港口、大坝和电信发展等。因此，该倡议鼓励中国公民移民到世界其他地区，为内地 "走出去" 的公司提供中国专业技术人员和工人来管理和从事各种行业。顺移民之势，中国商店和中餐馆在当地纷纷开设，以迎合中国专业技术人员和工人的需求，使中国社区在 "一带一路" 经济走廊上不断发展。

鉴于 "一带一路" 经济走廊具备各方面的经济优势，包括促进基础设施建设、带来投资和机遇、创造就业和其他经济发展机会等，发达国家和发展中国家都纷纷予以支持和参与。然而，部分欧洲国家及美国则认为这一经济框架是中国企图在经济和文化上称霸的表现，因此拒绝支持和参与。他们认为，虽然 "一带一路" 倡议侧重于基础设施建设，但对受援国而言并非互利共赢；而且，中国企业会把中国专业技术人员和工人带到其承诺援助基础设施建设的国家，中国因此受益。

五、文化合作和网络互联互通

除了经济层面，中国还致力于促进文化互联互通，弘扬中华优秀传统文化，重塑中国的全球形象。“一带一路”经济走廊沿线国家的文化互联互通是经过深思熟虑的。中国尝试根据自己的主张构建世界东方、搭建全球关系时，采用了世界西方所熟悉的两种文化战略，即以对外人道主义援助以及教育的形式，通过慈善事业将中国文化向外传播，并将外国学生引入中国。简而言之，中国的目标是建立一体化的文化领域，最终让中国走向世界，让世界了解中国。

（一）慈善事业的作用

1. 对外援助

“慈善”一词指的是中国向发展中国家提供对外和人道主义援助。对外援助包括成套项目、一般物资援助、技术合作、援外医疗队、紧急人道主义援助、援外志愿者和债务减免①。根据经济合作与发展组织（简称“经合组织”）的定义，经合组织国家提供的对外援助可被分为几类：一类是优惠资金，即政府开发援助资金，指为促进受援国的经济发展水平和福利水平的提高而提供的资金②。中国作为非经合组织国家，不受经合组织的监管。尽管中国提供了政府开发援助资金，但它能够在经合组织监管框架之外开展工作，

① www.brookings.edu/opinions/chinas-aid-to-africa-monster-or-messiah/.

② https://www.brookings. edu/opinions/chi - nas - aid - to - africa - monster - or - messiah/; http://www.oecd.org/dac/stats/official developmentassistancedefini tionandcoverage.htm.

并建立了另外两类资金，部分经合组织成员国认为这两类资金为非常规资金，分别为"其他官方资金"和"无法归类的官方资金"。[①]许多人认为，这些对外援助的对象主要集中在受援国的基础设施建设上。虽然中国从20世纪50年代就开始提供对外援助，但直到20世纪与21世纪之交，中国才开始着重关注对外援助，将其推向全球。从2000年年中开始，中国还通过联合国机构和非政府组织增加了人道主义援助。2000—2014年，中国向140个发展中国家提供了价值约3500亿美元的对外援助，其中约一半资金流向了非洲大陆，其余资金援助了俄罗斯、古巴、柬埔寨和斯里兰卡等国。中国援助的重点地区是亚洲、非洲和南美洲[②]。

中国对非洲的发展援助范围广泛，包括农业、教育、交通、能源、通信、卫生和教育。

大部分接受中国政府开发援助和中国其他官方资金的国家都为"一带一路"经济走廊沿线国家。以下为前几个受援国名单（表7.2）。

表7.2　中国援助受援国排名

中国政府开发援助前十个受援国	中国其他官方资金前十个受援国
古巴（67亿美元）	俄罗斯（366亿美元）
科特迪瓦（40亿美元）	巴基斯坦（163亿美元）
埃塞俄比亚（37亿美元）	安哥拉（134亿美元）
津巴布韦（36亿美元）	老挝（110亿美元）

① http://aiddata.org/china.

② https://www.forbes.com/sites/ralphjen-nings/2017/12/22/china-is-giving-more-foreign-aid-than-it-gets/#77cf99c84f35.

续表

中国政府开发援助前十个受援国	中国其他官方资金前十个受援国
喀麦隆（34 亿美元）	委内瑞拉（108 亿美元）
尼日利亚（31 亿美元）	土库曼斯坦（101 亿美元）
坦桑尼亚（30 亿美元）	厄瓜多尔（97 亿美元）
柬埔寨（30 亿美元）	巴西（85 亿美元）
斯里兰卡（28 亿美元）	斯里兰卡（82 亿美元）
加纳（25 亿美元）	哈萨克斯坦（67 亿美元）

资料来源：Dreher et al，2017

2. 人道主义援助

从 2011 年起，中国加大了对受灾国家的人道主义援助力度。2011 年 4 月发布并于 2014 年更新的《中国的对外援助》白皮书概述了中国愿为国际社会对外援助作出积极贡献的愿望。

中国向受灾国提供援助主要基于三个因素：危机局势的严重性、东道国的需要以及中国与受援国的双边关系。2004 年，中国政府建立了人道主义紧急救灾援助应急机制。在此机制下，政府与军方密切合作，向陷入困境的国家迅速提供人道主义援助。例如，商务部与军方合作，前者负责协调和资金管理，而军方则负责为海外救援任务运送物资并组织救援队。多年来，其他政府机构也加入了救援行动。例如，国家卫生和计划生育委员会 2004 年派遣医疗队协助应对埃博拉危机，民政部则为灾后重建工作提供了援助。中国不断提供紧急救援和物资，还为灾后重建和能力建设提供技能援助。

2004—2005年，中国为印度洋海啸灾民和灾后重建捐款4.62亿美元。2011年，中国向非洲国家（索马里、埃塞俄比亚、吉布提和肯尼亚）捐赠了约8000万美元，援助严重干旱、2004年埃博拉疫情和尼泊尔地震等灾难中的受害者。人道主义援助的主要重点是应对包括洪水、干旱、地震和台风在内的自然灾害。人道主义援助提供医务人员和救援队、物资和充足补给以及现金援助（UNDP，2015）。物资援助包括帐篷、毯子、应急灯、发电机、燃料油、食品、药品和滤水器（Ministry of Commerce，2014）。

自此之后，中国也不断号召中国非政府组织参与援助供给。中国扶贫基金会[①]和中国红十字会是两个政府筹办的非政府组织，它们扩大了对外救援范围。例如，自2005年以来，中国扶贫基金会通过国际发展部向北亚、东南亚和非洲许多国家提供了援助[②]。此外，该组织还与联合国开发计划署及其他联合国机构合作救助灾民、协助灾后重建[③]。

可以肯定的是，中国的人道主义援助将会增加。与此同时，中国政府将放宽限制，将人道主义援助交给指定中国非政府组织，并加强与联合国机构的合作。

（二）教育

教育属于软实力，中国常借此连接欧亚大陆、非洲、拉丁美洲。为让上述地区的国家参与文化互联互通，中国建立了以中文和

① 现名为“中国乡村发展基金会”。——译者注

② http://en.cfpa.org.cn/index.php? file=article&cmd=list&cid=12

③ European Parliament Think Tank，2016，“China's humanitarian aid policy and practice” http://www.europarl.europa.eu/thinktank/en/document.html? reference=EPRS_ATA (2016)582037; EPRS_ATA (2016)582037_EN(4).pdf).

中国文化为中心的孔子学院。最近，中国多所高校在“一带一路”走廊沿线建立分校，此举旨在传播中国文化。

1. 孔子学院

中国政府于2004年首次成立孔子学院，旨在促进汉语教学，向世界传播中国文化。

《孔子学院章程》规定：孔子学院致力于适应世界各国（地区）人民对汉语学习的需要，增进世界各国（地区）人民对中国语言文化的了解，加强中国与世界各国教育文化交流合作，发展中国与外国的友好关系，促进世界多元文化发展，构建和谐世界[①]。

孔子学院隶属于中华人民共和国教育部，由中华人民共和国国家汉语国际推广领导小组办公室（简称“汉办”）管理。除了孔子学院，汉办还支持建立孔子课堂。孔子学院可由高等教育机构合作创办，外国大学可申请在校内建立孔子学院。孔子课堂可由中学合作创办，学生可在课堂上学习中文和各种中国文化[②]。世界各地的孔子学院共开设了9000多门课程，在校生超过26万人，在全球举办了7500多场文化活动[③]。

许多亚洲和非洲国家把握机遇，建立了孔子学院和孔子课堂，供其学生学习中文和中国文化，以便与中国人民交流，与中国建立经济、政治和社会联系。“一带一路”经济走廊搭建后更是如此，那些能够讲中文、了解中国文化的人被视为瑰宝，他们能促进自己的国家与中国的贸易并深化两国间的社会、政治联系。在个人层面上，那些懂中文、了解中国文化的人自视掌握了社会资本，这种资

① Confucius Institute, http://english.hanban.org/NODE_7880.htm.

② http://english.hanban.org/node_10971.htm.

③ http//english.hanban.org/node_10971.htm.

本能提升他们的就业能力。

中国政府和大学也敞开大门，为这些国家的学生提供奖学金赴华求学。非洲学生是其中一个关键群体。截至 2020 年 10 月，中国累计向非洲国家提供了约 12 万个政府奖学金名额，在非洲 46 个国家合建 61 所孔子学院和 44 家孔子课堂。此外，还有部分非洲学生自费赴华留学，主要学习中文或攻读工程学位课程。另一个主要特点是，这些非洲学生大多来自东非，而讲英语的西非人则去了法国等西方国家[①]。

其实，早在 2009 年，中国政府就已经把重点放在非洲，并启动了“中非高校 20+20 合作计划”，推进 20 所中国顶尖高校与 20 所非洲高校的合作。根据该项目，中国和非洲高校开展了研究合作、教师交流和课程共享，产出成果包括北京大学完成的两部阿拉伯语版中文经典和两部中文版阿拉伯经典[②]。

在亚洲和非洲国家抓住机遇的同时，美国、欧洲和大洋洲等国的评论家则采取了冷战思维，对中国的这一举动持怀疑态度。他们认为，中国利用教育作为软实力来影响这些国家。美国右翼教育活动组织全国学者协会发表声明，敦促大学停止与孔子学院的合作。无独有偶，美国大学教授协会指责孔子学院无视学术自由，认为中国利用这个平台推进自己的全球议程。美国大学教授协会声称孔子学院隶属于汉办[③]。孔子学院因此被视为政府喉舌，而非独立的教

---

① Quartz Africa，https://qz.com/1017926/china-has-overtaken-the-us-and-uk-as-the-top-destination-for-anglophone-african-students/.

② english.pku.edu.cn/News_Events/News/Media/10069.htm.

③ https://www.telegraph.co.uk/news/worldnews/asia/china/10907971/US-professors-urge-Western-universities-to-end-ties-to-Chinas-Confucius-Institutes.html.

育机构。尤其是派往学院教学的语言教师由汉办挑选，学员使用的教材也由汉办指定。因此，美国大学教授协会要求各大高校取消或重新商议与孔子学院的协议。压力之下，美国的芝加哥大学、宾夕法尼亚州立大学和欧洲的斯德哥尔摩大学和里昂大学停止了校内孔子学院的运作。

大多数高校则顶住了压力，继续开放孔子学院，因为他们认为孔子学院不仅为学生提供了学习中文、了解中国文化的平台，还为学生提供了到中国大学交流的机会，能让学生了解中国社会，能够更好地服务于与中国日益频繁接触的公司。除此之外，他们也认为这种文化交流具有重要意义，为了解中国提供了文化平台。

2. 中国高校海外分校

厦门大学马来西亚分校是第一所由厦门大学全资建立的分校，于2016年正式创办。早在2012年，苏州大学在老挝万象就建立了一个小型分校。2014年，同济大学在意大利佛罗伦萨开设分校，开设建筑、时尚、艺术、设计等专业的短期课程。2017年，北京大学在牛津购买了一座19世纪的庄园，于2018年9月在牛津开设汇丰商学院，吸引中国和欧洲学生求学①。

厦门大学马来西亚分校的招生对象除了当地学生和国际学生之外，主要针对在厦门大学本校学习的中国学生。首先，对于国际大学教育而言，厦门大学马来西亚分校2.2万林吉特的学费相对较低，而其他外国分校的学费是它的两倍，这对当地学生、国际学生以及中国学生来说都很有吸引力。其次，厦门大学马来西亚分校为

① https://www.theguardian.com/world/2017/jul/07/going-global-china-exports-soft-power-with-first-large-scale-university-in-malaysia）.

学习成绩好的学生提供了丰厚的奖学金。最后，家长和学生认为，在厦门大学马来西亚分校获得学位的毕业生在马来西亚、中国和新加坡更容易找到工作，因为学生中文水平更高，学校也具备帮助学生进入就业市场的能力。值得一提的是，马来西亚是东南亚"一带一路"经济走廊的一个重要节点，而马来西亚也希望成为其中的关键成员。

在这种模式下，厦门大学马来西亚分校最初招收马来西亚当地的华裔学生、中国学生和其他国际学生。其目标是在不久的将来招收马来西亚当地的学生。

大连外国语大学 2018 年在东京建立分校，旨在为中国学生提供学习日语、了解日本文化和熟悉社会的途径。这也是一种将中国学生输出到自己海外分校的模式。大连外国语大学与总部位于东京的千驮谷日本语学校签署协议，为中国学生提供日语和文化培训。学生在完成一至两年课程后，能转入日本大学获得学位[①]。

2015 年，清华大学和美国华盛顿大学携手创建了双学位硕士合作项目，该项目结合了清华大学在计算机科学和创业方面的优势以及美国华盛顿大学在技术创新方面的优势。这项名为全球创新学院的双学位硕士课程专注于"项目驱动式学习"，总部设在西雅图，由微软提供 4000 万美元的资金支持[②]。

中国高校海外分校的激增并非巧合，而是与中国领导层希望利用其软实力来参与全球化和提高其在全球舞台上的地位密切相关。

① https://asia.nikkei.com/Life-Arts/Education/Dalian-university-taps-Japan-connection-to-open-Tokyo-campus

② Foreign Policy, http://foreignpolicy.com/2016/08/10/chinese-universities-coming-to-a-Neighborhood-Near-You/

西方高校在过去20年里一直在亚洲不断建立海外分校，这也是中国高校追赶西方高校的一种方式。

（三）软实力在“一带一路”文化合作领域的影响

约瑟夫·奈在他的关于软实力的著作中指出：“软实力是通过吸引而不是强迫或收买从而达到所愿的能力。一个国家的软实力取决于文化、价值观和政策。”（Nye，2008：94）对奈来说，软实力“就是说服力，是一种能够影响他人喜好的能力”（Nye，2008：95）。奈认为，文化、价值观和政策是无形资产，中国如今正使用她的软实力来影响世界，以下为可预见的影响：

1. 经济与文化的交融

中国通过直接投资，或凭借与走廊沿线国家的伙伴关系获得合作投资机会，参与者包括亚洲基础设施投资银行、世界银行、联合国等区域或全球机构，以及全球金融、物流和制造企业，主要从事六大经济走廊沿线国家的基础设施建设。更为重要的是，对外援建可以将中国大型国有和私营企业引入六大经济走廊沿线国家，越来越多的中国人涌入这些地区，从事贸易、制造业等行业。中国社区将沿着这些走廊发展，进行文化交融与互动，由此产生的“合作领地”空间将有助于扩大中国的影响力，最终将带来文化的发展。文化交融主要表现在饮食文化、服装文化、流行文化等方面，很多人学会了一种在集市上流行的汉语。

2. 华人散居社区的发展

文化交流也鼓励中国人沿着这些走廊沿线国家流动，不同中国人群体都希望能参与进来。自1978年改革开放以来，中国沿海城市和内陆农村地区之间就存在着发展不平衡现象。六大经济走廊为中国群体走出中国开辟了一条新途径，他们不仅能在当地当工人，还能在沿线国家建立小型企业。走廊沿线国家还会提供机会吸引优秀的专业人士。在可预见的未来，沿线国家将建立起华人散居社区。

这些散居海外的华人社区有三类：第一类是临时社区，中国商人、工人和专业人士在此临时停留。第二类是中国人在当地创办了企业，准备以半永久侨民的身份在那里生活较长时间。所谓半永久性，是指他们仍然拥有中国国籍，因此他们在国外以外籍人士的身份工作。第三类是那些决定永久居住在散居社区的人群，这类人已成为外国永久居民，主要是出于以下原因：第一，这些国家很可能是发达国家，主要是西方发达国家和亚洲发达国家。许多中国人视西方发达国家为理想定居之地。他们认为在英语教育体系中学习更容易被全球接受，对于有孩子的人来说，他们认为该教育体系的压力比中国要小。第二，他们认为发展中国家有巨大的潜力，在这些国家，他们可能会取得成功。第三，一些中国人致富后认为，生活方式对他们来说很重要。中国社会的竞争较激烈，中国人的生活压力较大。生活节奏较慢的一些国外地区如今成为中国群体移民的考虑对象。在这群人当中，也有很多人会居住此地而继续保留中国公民身份。第四，跨国婚姻，即中国人与当地人结婚，并在当地社区居住，对于跨文化婚姻而言尤其如此，混合社区因此形成。这与19世纪的情况十分相似，当时，"下南洋"的中国男子在马来西亚和新加坡与当地土著巴塔克族的妇女结婚，形成了海峡土生华人群体。如今，在中国的某些地方，跨国婚姻和混合社区也是存在的。比如广州市的"巧克力城"就是这种文化融合的见证（Li et al,

2012；Ma，2011；Marsh，2014）。

这些不同类型华人散居社区的人与他们的家乡都保持着密切的联系。中国现在是世界强国，这意味着无论中国人在国内的地位和财富如何，在国外他们都被视为富有的中国人，拥有雄厚的经济实力和强大的购买力。无论他们是设立工厂、建立金融机构，还是购买房地产和消费品，他们都是头号买家。

当然，这样的地位也得付出代价。因此，中国公民不仅要对政治和经济敏感，还要对文化非常敏感，以免在国外产生不良后果。就目前而言，少数评论家不满中国对非洲国家的基础设施和自然资源进行大规模投资。他们认为这种投资并没有转化为当地居民急需的就业机会，还人为地抬高了农产品价格，对当地经济造成了巨大的影响。

因此，居住在走廊沿线国家的华人必须主动与当地社区居民接触，而非将自己封闭在华人社区中，导致民族“飞地”的产生，引起当地社区居民的不满。

3. 发展文化旅游

“一带一路”倡议的一个预期结果是，人们在走廊沿线国家来往不只是因为经济追求，还可以是进行文化旅游。“一带一路”经济走廊必将增强国家的“合作领地”空间，而各国地方政府和人民也将文化旅游视为重要经济活动。毋庸置疑，文化旅游能带来收益，而且，这对不同群体之间的文化交流也大有裨益。然而，文化旅游也带来了负面影响，当地文化会为迎合旅游消费而被异国化和商品化。在这种情况下，文化旅游的大规模消费可能会导致冲突发生。对文化进行“稀释”和地方陋习的摒弃是走廊沿线国家在因文化旅游敞开大门时需要考虑的因素。同样，在走廊沿线国家旅行的游客在与当地居民接触时需要保持文化敏感。而走廊沿线社区能否做到这一点，只有时间才能证明。与此同时，参与其中的个人、机构和国家则需要建立政策，开展文化旅游，还要保护受影响的社区和人群。

六、总结

从早期的古丝绸之路到现在的“一带一路”倡议，无论其意识形态和政治形态如何，中国一直都想走向世界。在前几个世纪，丝绸之路为各种类型的经济和文化互动提供了一个天然分水岭。如今，中国领导层再次认为中国要成为全球参与者。“一带一路”倡议与 152 个国家、32 个国际组织签署了“一带一路”合作文件，在国家、公司或个人等不同层面开展合作。这种合作不但加强了国与国之间的联系，还鼓励走廊沿线国家之间进行人员流动。正是由于这一点，中国确立了 21 世纪有国际影响力的大国的地位。除此之外，我们不要忘记习近平主席这位“一带一路”倡议的伟大设计师，他应该作为中国现代史上著名领导人和全球政治家永载史册。

致谢：作者向匿名评审专家提出的建设性意见表示谢意。

参考文献

Apidamo da piposha lun 阿毗達磨大毗婆沙論. *(n.d.)*. *T*27, *no*. 1545.

Da fanguang fo huayan jing 大方廣佛華嚴經. *(n.d.)*. *T*10, *no*. 293.

Da Tang neidian lu 大唐内典錄. (*n.d.*). *T*55, *no*. 2149.

Da Tang xiyu qiufa gaoseng zhuan 大唐西域求法高僧傳. (*n.d.*). *T*51, *no*. 2066.

Da Tang zhenyuan xukaiyuan shijiao lu 大唐貞元續開元釋教錄. (*n. d.*). *T*55, *no*. 2156.

Dacheng fayuan yilin zhang 大乘法苑義林章. (*n.d.*). *T*45, *no*. 1861.

Daizong chao zeng sikong dabianzheng guangzhi sanzang heshang biaozhiji 代宗朝贈司空大辨

正廣智三藏和上表制集. (*n.d.*). *T*52, *no*. 2120.

Fozu tongji 佛祖統紀. (*n.d.*). *T*49, *no*. 2035.

Kaiyuan shijiao lu 開元釋教錄. (*n.d.*). *T*55, *no*. 2154.

Sho Ajari shingon mikkyō burui sōroku 諸阿闍梨真言密教部類總錄. (*n.d.*). *T*55, *no*. 2176.

Song gaoseng zhuan 宋高僧傳. (*n.d.*). *T*50, *no*. 2061.

Xu gujin yijing tuji 續古今譯經圖紀. (*n.d.*). *T*55, *no*. 2152.

Xu Zhenyuan shijiao lu 續貞元釋教錄. (*n.d.*). *T*55, *no*. 2158.

Zhenyuan xinding shijiao mulu 貞元新定釋教目錄. (*n.d.*). *T*55, *no*. 2157.

Abe, R. (1999). *The weaving of mantra: Kūkai and the construction of Esoteric Buddhist discourse*. New York: Columbia University Press.

Astley, I. (2011). Esoteric Buddhism, material culture, and catalogues in East Asia. In *Esoteric Buddhism and the Tantras in East Asia* (pp. 709–718). Leiden: Brill.

Bowring, J. (2005). *The Religious Traditions of Japan*, 500–1600. Cambridge, UK: Cambridge University Press.

Davidson, R. M. (2002). *Indian esoteric buddhism: A social history of the tantric movement*. New York: Columbia University Press.

Fang, Guangchang 方廣錩. (2006). Zhongguo xieben dazang jing yanjiu 中國寫本

大藏經研究. Shanghai: Shanghai guji chubanshe.

Forte, A. (1976) .*Political propaganda and ideology in China at the end of the seventh century: Inquiry into the nature, authors and function of the Tunhuang document S. 6502, Followed by an Annotated Translation*. Napoli: Istituto universitario orientale, Seminario di studi asiatici.

Horiike, Shunpō 堀池春峰. (2003) . Nittō ryūgakusō to Saimyōji 入唐留學僧と長安 西明寺. In Nanto bukkyōshi no kenkyū. shoji hen 南都仏教史の 研究 諸寺篇 (pp.245-276) . Kyoto: Hōzōkan.

Ku, Cheng-Mei 古正美. (2003) . Cong tianwang chuantong dao fowang chuantong: Zhongguo zhongshi fojiao zhiguo yishi xingtai yanjiu 從天王傳 統到佛王傳統: 中國中世佛教治國意識形態研究. Taipei: Shangzhou chuban.

Matsumoto, Seichō 松 清張. (1980) . Genjin 眩人. Tokyo: Chūō kōronsha.

Momoi, Kanjō 桃井観城. (1999) . Kyōten denrai no kenkyū: tsuketari· Heianchō shoki kokusho nenpyō 経典伝來の研究: 付平安朝初期國書年表. Osaka: Tōhō shuppan.

Ono, Katsutoshi 小野勝年. (1989) . *Chuūgoku Zui Tō Chōan jiin shiryō shūsei* 中國隋唐長安寺院史料集成 (*Shiryō hen* 史料篇 *and Kaisetsu hen* 解 說篇). Kyoto: Hōzōkan.

Ono, Katsutoshi 小野勝年. (1994) . Chōan no Saimyōji to nittō guhōsō 長安的西明寺與入唐求法僧. In 松. Yūkei Matsunaga & 賴. Yoritomi Motohiro (Eds.), *Chūgoku mikkyō* 中國密教(pp. 65-86) . Kyoto: Hōzōkan.

Reischauer, E. (1955) .*Ennin's travels in Tang China*. New York: Ronald Press.

Saitō, Akitoshi 斎藤昭俊. (1994) . Bukkyō nenpyō 仏教年表. Tokyo: Shin jenbutsu oraisha.

Su, Bai 宿白. (2009) . Hanwen foji mulu 漢文佛籍目錄. Beijing: Wenwu chubanshe.

Sueki, Fumihiko 木文美士. (2003) . Riben fojiao mulu xue de xingcheng—yi

Tōiki dentō mokurokuwei zhongxin 日　佛教目錄學的形成——以《東域傳燈錄》為中心. In F. Guangchang (Ed.), *Zangwai fojiao wenxian: diqiji* 藏外佛教文獻: 第七集 (pp. 416-439). Beijing: Zongjiao wenhua chubanshe.

Takeuchi, Kōzen 武内孝善. (2006). *Kōbō Daishi Kūkai no kenkyū* 弘法大師空海の研究. Tokyo: Yoshikawa kōbunkan.

Thompson, J. (1940). *Ancient libraries*. Berkeley: University of California Press.

Ury, M. (1970). *Genkō Shakusho, Japan's first comprehensive history of Buddhism: A partial translation, with introduction and notes*. PhD dissertation, University of California, Berkeley.

Wang, X. (2010). Jiqie yu jiezang: Tang Ximingsi jingzangqun chutan 集篋與結藏: 唐西明寺經藏群初探, in Zengqin 增勤 (Ed.), *Shoujie Chang' an fojiao guoji xueshu yantaohui lunwenji disan juan* 首屆長安佛教國際學術研討會論文集第三卷 (pp.107-119). Xi' an: Shanxi shifan daxue chuban zongshe youxian gongsi.

Wen, Yiwu 文亦武. (2000). Huilin Yiqiejingyinyichengshu niandai kaocha ji qita 慧琳《一切經音義》成書年代考實及其他. Guji zhengli yanjiu xuekan 古籍整理研究學刊, 4, 18.

Yao, Yongming 姚永銘, & Huilin 慧琳. (2003). *Yiqiejing yinyi' yanjiu*《一切經音義》研究. Nanjing: Jiangsu guji chubanshe.

Yoritomi, M. (1980). Fukū Kūkai o meguru hitobito-2- Saimyōji Enshō (Matsuo Gikai hakasekoki kinen) 不空 空海をめぐる人々-2-西明寺円照 (松尾 義海博士古稀記念號). *Mikkyōgaku* 密教學, 16(17), 183-206.

Yoshinori, T. (1999). *Buddhist spirituality: Later China, Korea, Japan, and the modern world*. New York: Crossroad.

Yoshito, H. (1972). *Kukai: Major works, translated, with an account of his life and a study of his thought*. New York: Columbia University.

第八章　国际和跨文化背景下的冲突管理："一带一路"带来的机遇

梁镗烈[①]

一、引言

经过40多年的经济改革，中国不再只是一个发展中国家，已经成为世界经济的主要利益相关者之一。中国国家统计局发布的《党的十八大以来经济社会发展成就系列报告之十三》显示，2013—2021年中国对世界经济增长的平均贡献率为38.6%，超过G7（西方七国首脑会议）国家贡献率总和，中国经济社会发展前景将稳中向好、长期向好。除了国内增长外，中国政府还在积极推动"一带一路"建设为全球发展作出贡献。自2013年习近平主席提出"一带一路"倡议以来，参与的国家已达152个。最新的重大成果可以概括为：（1）截至2022年10月，中国与26个国家和地区签署了19个自由贸易协定；（2）截至2023年9月，亚洲基础设施投资银行成员国增至109个，覆盖世界人口的81%和全球国内生产总值的

① 梁镗烈（Charles. T. L. Leung），中国珠海，北京师范大学-香港浸会大学联合国际学院通识教育办公室，E-mail：charlestlleung@ uic.edu.hk。

65%。(3) 截至2022年底，丝路基金累计签约项目70余个，承诺投资金额超过200亿美元，其中有18个项目全部落地。

“一带一路”不仅是促进贸易和金融交流的经济发展倡议，还是促进相关国家和地区社会文化生活交流的举措。“一带一路”倡议是一个在相关国家和地区之间建立政治互信、经济融合和文化包容的框架。为了完成这一使命，“一带一路”坚持八项要求，其中包括切实推进统筹协调和切实推进民心相通等。

然而，完成这一使命将充满挑战。随着“一带一路”基础设施建设项目的推进，相关的商事纠纷将越来越多。从跨境家庭和劳工问题，能预见建设“一带一路”的夙愿实现的可能性。虽然“一带一路”倡议不断推进实现互利共赢的理想（Xinhua News Agency，2018a，b），但也出现了认为其与国际合作相悖的言论（Gabriel，2018；Zaidi，2017）。

尽管出现了上述多种冲突，但文献回顾表明，很少有人对该问题进行研究。截至2018年2月，通过搜索与社会科学和法律研究领域有关的5个不同数据库（Science Direct、JSTOR、ABI/INFORM、EBSCO、Google Scholar），并以“国际”（或“跨文化”）和“冲突管理”① 为关键词检索，只检索到11至71条记录。研究结果表明，中国在该领域的研究还存在一定缺失。因此，本章旨在探讨如何制定一套完整的体系来管理“一带一路”沿线冲突。

① 在本文中，“冲突管理”包括了与之类似的其他学科领域（如法学和社会学等）的概念，如冲突解决和争端解决等。选用这一概念是为了进行整体、全面的讨论。

二、冲突管理的重要实践

以下介绍国际上针对跨文化冲突管理采用的不同措施，笔者将其分为商业性和非商业性两类。这一点很关键，因为“一带一路”常被视为一种经济活动。而这也是本章的论点，即“一带一路”的潜在冲突是多元化的，所有冲突都需要妥善管理，才能切实推进“一带一路”倡议。以下商业性和非商业性的例子不仅帮助我们理解何种冲突需要处理，还重新界定了冲突管理的范围。笔者并非列出所有可能的案例，而只是展示部分典型例子，以此激发在复杂背景下有效的冲突管理体系的全新设计理念。

（一）商业性冲突管理

解决国际争端最经典的做法是利用国际法院和上诉机构。由于各国管辖的边界不同，针对不同的问题设立了不同的国际法院。这种法院是为了国家之间的合作，或在某个国际组织的授权下设立的。在解决商贸争端方面，世界贸易组织的争端解决机制是全球最具代表性的机制。根据世贸组织的官方信息，争端解决机制负责解决世贸组织成员之间的争端。该机制“有权建立专家组，将事项提交仲裁，通过专家组、上诉机构和仲裁报告，对这些报告中的建议和裁决的执行情况进行监督”（WTO，2018b）。如果陪审团的裁决不被接受，将采取上诉程序。上诉机构由 7 名成员组成，每次听诉必须有上诉机构的 3 名成员在场。上诉机构可以维持、修改或推翻专家组的法律裁决和结论（WTO，2018a）。一般来说，世贸组织争端解决机制解决时间约为 1 年。如果提出上诉，则额外增加 3 个月（WTO，2018c）。表 8. 1 进一步总结了具体步骤。

表 8.1　世贸组织中的贸易争端解决机制

用时	事项
60 天	咨询、调解等
45 天	专家组成立及成员任命
6 个月	向各方提交最终的专家组报告
3 周	向世贸组织成员提供最终的专家组报告
60 天	争端解决机构通过报告（如果没有上诉）
1 年	争端解决（没有上诉）
60—90 天	上诉报告
30 天	争端解决机构通过上诉报告
1 年 3 个月	争端解决（有上诉）

来源：世界贸易组织（2018c）

仲裁是当今国际社会解决跨境商业纠纷的主流方式。联合国国际贸易法委员会（贸易法委员会）提供了一套的程序，当事方可按照这些程序进行仲裁（UNCITRAL，1976，2010，2013）。《纽约公约》是联合国在国际贸易法领域最重要的条约之一，该公约的存在确保了国际仲裁裁决可在大多数国家强制执行（UNCITRAL，1958）。与世贸组织争端解决机制不同，国际仲裁裁决争端各方可以自由选择签署《纽约公约》国家的仲裁中心，也可以选择仲裁专业人员和地点，程序相对灵活，具有时效性，仲裁过程严格保密。尽管如此，国际仲裁也有局限性。仲裁裁决结果是争端的最终结论，不再受理上诉。

跨境调解是近年来兴起的另一种解决纠纷的方法。除了具有仲裁的优点外，调解更具成本效益，能以友好的方式解决争端。在调解过程中，没有解决争端的权威机构，只有一名专业调解人员，协助争端双方谈判，以达成和解协议。该协议为一种合同，因此只能在特定的司法管辖区内执行。目前还没有出台可以在不同司法管辖区执行任何调解协议的世界性协议。中国国际贸易促进委员会（简称"中国贸促会"）、中国国际商会调解中心（国际商会）与中国香港已开始（MHJMC，2017b）和新加坡（Herbert Smith Freehills，2017）的调解机构合作，试图解决因"一带一路"而产生的跨境纠纷。

欧洲联盟（简称"欧盟"）2008 年发布了一项指令，该指令鼓励通过调解形式，达到调解与司法程序之间的平衡（European Commission，2016a）。即便如此，该指令（European Commission，2016b）的评估结果表明，由于欧盟成员国调解系统的发展水平不同，其对各国产生的影响程度各不相同。各国调解制度在实际运作中遇到的困难主要与以下因素有关：成员国普遍存在的对抗性传统，对调解重要性的较低认识程度，质量控制机制的运作问题（例如培训）。欧盟的指令仍能引发讨论，因为它涵盖的不仅是商事纠纷，还包括家庭问题等非商业方面的纠纷。

（二）非商业性冲突管理

与商业纠纷不同，利益不一定是非商业纠纷的焦点；保护人权和恢复关系的关切也是纠纷的主题。家事调解是非商业性冲突管理的典型代表。在推动中国与沿线国家的经济发展和合作之前，跨境婚姻已经成为媒体（Zhang，2016）和学术界（Su，2013）经常讨论的一种社会现象。因此，如何管理各国之间跨境家庭的冲突应成为设计“一带一路”冲突解决机制的议题之一。除了欧盟的上述倡议外，国际社会服务组织是一个国际性的非政府组织，成立于1924年，自2000年以来一直在制定全球家庭调解方案（ISS，2014a）。根据国际社会服务组织（ISS，2014b）的官方信息，这一方案旨在解决跨国界的家庭冲突。调解问题主要包括如何维持儿童与父母双方之间的关系，以及如何根据联合国《儿童权利公约》赋予儿童权利来保护儿童福祉。

当保护利益、确保成本效益和维持关系的问题交织时，冲突管理可能会变得更加复杂。中国与“一带一路”沿线国家的合作关系正在走向国际化。例如，虽然基础设施建设项目的总部设在中国，但其代表和雇员都在其他国家工作。如果发生任何劳资纠纷，就会成为一场跨境冲突。个人无法解决与国际雇主的冲突，而那些与集体谈判权有关的国际公约和宣言（International Labour Organization，1998，2017）还未在全球范围内充分执行。如果“一带一路”能够推动互利共赢的国际合作，其不仅将促进商业和金融发展，还将推动构建人类命运共同体（Zhou，2018）。因此，在设计“一带一路”冲突管理机制时，需要建立共识，秉持互惠互利的伙伴意识。虽然这些理念不一定是商业纠纷的核心问题，但非洲国家利用恢复性司法概念以及土著司法实践的经验解决国家内部和国家之间的各种冲突的做法给了我们启示：例如，恢复性司法坚持通过更新价值共识、共享成员资格和赋权来重新建立正义感的特点（Wenzel et al，2008：379—380）。以上特点都应该有助于丰富和完善复杂背景下的冲突管理机制。

综上，回顾过去的实践表明，冲突管理绝非一帆风顺，尤其是在“一带一路”的复杂背景下。从技术层面上讲，尽管有些地区尝试过，尤其是跨境商业调解倡议，但在处理各种冲突，特别是关于“一带一路”相关冲突时，目前尚未建立起国际权威和惯例。此外，即使可以用那些现有的冲突管理方法，成本效益问题（例如，世贸组织解决争端时间跨度长达一年，还需考虑到雇用合格仲裁员的费用）也是值得思考的问题，因此需要一种成本合理、效率更高的方法。此外，上述针对商业性和非商业性冲突的每一项倡议都有其特定的功能，目前在不同国家和地区分地实施。因此，在“一带一路”倡议中如何综合这些倡议的优势并构建一套完整的冲突管理体系将是一大挑战。

三、“一带一路”冲突管理机制的发展现状

支持“一带一路”发展的政府和专业机构实际上已经认识到了“一带一路”在冲突管理方面存在的局限性和挑战。

中国政府为制定一体化制度作出了努力。2018 年 1 月，中国首个“一带一路”国际商事调解中心（中国涉外商事审判中心）在深圳揭牌成立。该中心是深圳前海合作区人民法院（前海法院）的一个专门机构，将结合诉讼和调解，解决沿线国家的商事纠纷。根据前海法院的指导意见，诉前调解可以提高成本效益，纠纷解决的时间一般在 30 天以内。目前，前海法院接受审理深圳辖区内所有一审涉外、涉港澳台案件，且涉案金额不得高于 5000 万元（Qianhai Court，2007c）。法院还任命了来自香港的人民陪审员配合

相关诉讼。这一举措旨在通过考虑陪审员的观点，提高司法公信力，因为陪审员来自中国内地不同的社会文化体系（Qianhai Court，2007a）。中国最高人民法院已在西安和北京分别设立国际商事法庭，以解决“一带一路”沿线国家的各种商事纠纷（*Asia Times*，2018）。此外，浙江大学国际战略与法律研究院院长王贵国及其同事（王贵国，2017；王贵国等，2017）提出了一个争端解决机制，其中包括用于解决国际商事争端的上诉程序。

国内外专业团体积极推动新方式、新方法在“一带一路”相关实践中的运用与发展。中国贸促会及国际商会称“一带一路”国际商事调解中心是中国首个也是最大的专业调解机构，包括 42 个分中心。该中心一直致力于推进调解在国际商事纠纷解决中的应用。如上所述，该中心希望与其他国家和地区建立伙伴关系并达成合作协议，以管理好“一带一路”沿线的商业冲突。该中心还不断邀请来自各国的争端解决专家担任专家组成员。调解中心不但能为专家提供更多处理国际争端的机会，而且那些申请争端调解的人也能选择那些熟悉其法律和文化背景的专家为其服务。

中国贸促会/中国国际商会调解中心与香港和解中心合作，成立了内地-香港联合调解中心（MHJMC），通过发展全新的“跨境争议解决机制”，协助解决跨境商事纠纷。根据该机制（MHJMC，2017c），可以依据双方签署的和解协议发布仲裁裁决，从而将调解和仲裁结合使用。此外，内地-香港联合调解中心将安排相关仲裁机构，确保其可行性。实际上，中国的其他调解中心也提供调解和仲裁相结合的服务，甚至还有支持这一操作的在线系统（例如“一带一路”国际商事调解中心）。然而，内地-香港联合调解中心提出的机制中，最具创新性的是设计了争端解决专家这一新角色。

设立争端解决专家这一角色能让冲突管理中的分工合理化。与支持客户赢得诉讼的法律专业人员的典型角色不同，争端解决专家的职责是"以对抗性和非对抗性的方式陈述当事人的立场、需求和利益"（MHJMC，2007a）。律师遇到利益冲突时，会让客户倾向于采取诉讼或仲裁等对抗性方法，而争端解决专家在规避这一情况方面可以发挥重要作用。

争端解决专家发挥作用的意义不仅在于为冲突管理提供丰富的技术支持，还在于通过考虑理性和感性问题，促进争端各方问题的整体解决。根据内地-香港联合调解中心的官方信息（MHJMC，2017a），以下必须由争端解决专家处理：（1）代表争议方的利益，向包括但不限于另一方、调解员和仲裁员在内的利益相关者阐述争议案件；（2）寻求双方同意的解决方案，并在紧张和异常的情况下为当事人提供建议、援助和支持；（3）具备掌握案件细节的能力，以便及时为新出现的情况提供专业意见；（4）确保跨境争端的解决具有可执行性。此外，与采用国际仲裁方式做出裁决相比，争议各方的各种需要（例如利益、成本效益、关系和司法）可以在整个过程中充分体现，从而制定更及时、友好的策略（例如只使用调解；在中国先调解后诉讼，或结合使用调解和仲裁）。此外，调解和诉讼、调解和仲裁综合使用的成本比使用单一方法的成本要低得多。见表 8.2（MHJMC，2017a，2017c）。

表 8.2　使用内地-香港联合调解中心服务的费用与仲裁费用的比较

有争议的金额	内地-香港联合调解中心服务预算（甲）	仲裁预算（乙）	节省金额（乙减甲）
≤10 万	52, 200	69, 000	16, 800
≤50 万	69, 100	136, 500	67, 400
≤100 万	88, 092	204, 000	115, 908
≤500 万	150, 420	221, 400	70, 980
≤1000 万	320, 620	877, 400	556, 780

来源：内地-香港联合调解中心（2017a，2017c）

注：以上金额均以港币计算，7. 8 港币≈1 美元

四、当前进一步发展的潜力

从技术上讲，上述倡议为在“一带一路”框架内建立全面的冲突管理体系提供了基础。根据前海法院的诉讼指导意见，涉外、涉港、涉澳、涉台的民事案件也可以提起诉讼（Qianhai Court，2017d）。前海法院受理的民事案件类型包括但不限于婚姻纠纷（Qianhai Court，2017e）和劳动合同纠纷（Qianhai Court，2017f）。如果能任命沿线国家的外国人为人民陪审员，必将增强诉讼在处理民商事纠纷方面的公信力。事实上，由于专业团体致力推动结合使用仲裁和调解，来自不同国家和地区的争端解决专家一直在为其客户提供专业服务（如“Find an arbitrator”，2017；MHJMC，2017d）。然而，涉及非商事纠纷的各方可能负担不起雇用专业人员的费用。

更重要的是，如何在"一带一路"沿线完善国际非商业冲突管理机制还有待进一步探索。回顾这些官方文件和双边文件，它们再次肯定了经济发展是"一带一路"（Belt and Road Portal，2018）的核心关切。即使提到过促进社会发展和环境保护的问题（Wu，2017），这些文件也没有明确地为参与国如何共同应对沿线的潜在冲突给出建议。当然，上述解决商事纠纷的倡议主要由中国的官方机构和专业团体提出。要想建立非商业性冲突机制，需要通过跨管辖领域深思熟虑后的合作。例如，欧盟（European Commission，2016a，2016b）在推广调解的过程中以及确保成员国调解与司法程序良好对接的过程中从正反两方面得出的经验，对沿线地区和国家都有很好的借鉴意义。

五、结论

本章旨在探索发展"一带一路"沿线整体冲突管理体系的可能性。基于上述讨论，沿线潜在的冲突不仅涉及商事纠纷中的利益，而且涉及保护人权、构建和谐的国家和地区关系，甚至涉及保持经济和生态的可持续发展方面的冲突问题。因此，"一带一路"始终坚持沿线国家政治互信、经济融合、文化包容的使命，而非简单的经济倡议（"About"，2018）。

欧盟推动跨境民商事调解的经验常警醒我们：处理国际冲突绝非易事。这是因为欧盟成员国的社会文化各异。然而，本章以中国政府的案例表明了中国完善"一带一路"沿线冲突管理机制的决心。此外，中国还设立了许多区域和国际仲裁和调解专业机构，以便促进跨国争端解决。有朝一日，中国将成为支持制定国际政策的最终合作的重要力量，建立独立冲突管理的综合体系。

参考文献

Benite, Z. B.-D. (2014). Taking ' Abduh to China: Chinese-Egyptian intellectual contact in the early twentieth century. In J. L. Gelvin & N. Green (Eds.), *Global Muslims in the age of steam and print*. California: University of California Press.

Chen, X., Huang, B., & Li, S. (2017, November). *Population aging and inequality: Evidence from the People's Republic of China, ADBI Working Paper Series No.* 794. Chiyoda: Asian Development Institute. http://*adbi-wp*794.*pdf*. Accessed 10/7/2018.

China's Foreign Aid Information Office of the State Council. (2011, April). *People's Republic of China*. Beijing, p.6. http://english.gov.cn/archive/white_paper/2014/08/23/content_281474982986592.htm. Accessed 21/2/2018.

China's Foreign Aid, Information Office of the State Council. (2011, April). *People's Republic of China*. Beijing. Accessed 22/2/2018. http://english.gov.cn/archive/white_paper/2014/08/23/content_281474982986592.htm. Accessed 7/3/2018.

Confucius Institute. http://english.hanban.org/node_7880.htm. Accessed 4/3/2018.

Dreher, A., Fuchs, A., Parks, B. C., Strange, A.M., & Tierney, M.J. (2017). *Aid, China, and growth: Evidence from a new global development finance dataset, AidData Working Paper* #46. Williamsburg: AidData. http://aiddata.org/china. Accessed 22/2/2018.

Elverskog, J. (2010). *Buddhism and Islam on the Silk Road*. Pennsylvania: University of Pennsylvannia Press.

European Parliament Think Tank. (2016). *China's humanitarian aid policy and practice. http://www.europarl.europa.eu/thinktank/en/document.html?reference*=EPRS_ATA(2016) 582037; EPRS_ATA(2016) 582037_EN(4).pdf. Accessed 26/2/2018.

Foreign Policy. http://foreignpolicy.com/2016/08/10/chinese-universities-coming-to-a-neighborhood-near-you/. Accessed 5/3/2018.

Hobsbawn, E., & Ranger, T. (Eds.). (1983). *The invention of tradition*. Cambridge: Cambridge University Press.

Hong Kong Trade Development Council. *The belt road initiative*. http://china-trade-research.hktdc.com/business-news/article/The-Belt-and-Road-Initiative/The-Belt-and-Road-Initiative/obor/en/1/1X000000/1X0A36B7.htm, hktdc_1X0K715S_en(2).pdf., p.2. Accessed 7/3/2018.

http://en.cfpa.org.cn/index.php?file=article&cmd=list&cid=12. Accessed 21/5/2018 (China Foundation for Poverty Alleviation).

http://english.hanban.org/node_10971.htm. Accessed 4/3/2018.

http://english.pku.edu.cn/News_Events/News/Media/10069.htm. Accessed 5/3/2018.

http://www.chinauniquetour.com/html/all/2012810/arts-7317.html. Accessed 17/2/2018.

http://www.europarl.europa.eu/thinktank/en/document.html?reference=EPRS_ATA(2016) 582037. Accessed 22/2/2018.

http://www.oecd.org/dac/stats/officialdevelopmentassistancedefinitionandcoverage.htm. Accessed 21/2/2018.

http://www.xmu.edu.my/e3/e8/c16257a320488/page.htm. Accessed 1/3/2018.

https://asia.nikkei.com/Life-Arts/Education/Dalian-university-taps-Japan-connection-to-open Tokyo-campus. Accessed 1/3/2018.

https://ig.ft.com/confucius-institutes/. Accessed 5/3/2018.

https://oecdecoscope.files.wordpress.com/2017/03/china-inequality-blog-1.png. Accessed 25/10/2017.

https://rightways.files.wordpress.com/2017/05/feeb4-belt-road.jpg?w=780. Accessed 24/10/2017.

https://walizahid.com/2015/10/chinas-world-reshaping-belt-and-road-initiative/. Accessed 24/10/2017.

https://www.brookings.edu/opinions/chinas-aid-to-africa-monster-or-messiah/. Accessed 21/2/2018.

https://www.forbes.com/sites/ralphjennings/2017/12/22/china-is-giving-more-foreign-aid-than-itgets/#77cf99c84f35. Accessed 22/2/2018.

https://www.statista.com/statistics/251524/population-distribution-by-age-group-in-china/. Accessed 19/2/2018.

https://www.telegraph.co.uk/news/worldnews/asia/china/10907971/US-professors-urge-Westernuniversities-to-end-ties-to-Chinas-Confucius-Institutes.html. Accessed 5/3/2018.

https://www.theguardian.com/world/2017/jul/07/going-global-china-exports-soft-power-withfirst-large-scale-university-in-malaysia. Accessed 28/2/2018.

Jingqian, Y., Haoming, H., & Wenfeng, L. (2013). *The social view along Chama Ancient Route*. Shanghai: World Book Publishing (*Cha ma gu dao feng qing lu*. Shanghai: Shanghai shi jie tu shu chu ban gong si). [杨静茜, 胡皓明, 凌文锋. (2013). 茶马古道风情录. 上海市: 上海世界图书出版公司].

Jones-Leaning, M., & Pratt, D. (2012). Islam in China: From silk road to separatism. *Hartford Seminary*. https://doi.org/10.1111/j.1478-1913.2012.01399.x.

Li, S., & Wan, H. (2015). Evolution of wealth inequality in China. *China Economic*

Journal, 8(3), 264–287.

Li, Z., Lyons, M., & Brown, A. (2012). China's 'chocolate city': An ethnic enclave in a changing landscape.*African Diaspora*, 5, 51–72.

Ma, D. (2011). Chinese workers in Africa who marry locals faced puzzled reception at home. In *The Atlantic*, *Global*. 20/6/2011. https://www.theatlantic.com/international/archive/2011/06/chinese-workers-in-africa-who-marry-locals-face-puzzled-reception-at-home/240662/. Accessed 10/7/2018.

Marsh, J.(2014). Afro-Chinese marriages boom in Guangzhou: But will it be 'til death do us part'?*South China morning post*, *post magazine*. 2/7/2014. https://www.scmp.com/magazines/ post-magazine/article/1521076/afro-chinese-marriages-boom-guangzhou-will-it-be-til-death. Accessed 10/7/2018.

Mezzavilla, et al. (2014). Genetic landscape of populations along thesilk road: Admixture and migration patterns.*BMCGenetics*, 15(131), 5–21.

Ministry of Commerce, People's Republic of China.*China Aid* 2014. http://english.mofcom.gov. cn/article/zt_foreignaid/. Accessed 18/5/2018.

Ministry of Commerce, People's Republic of China (PRC). *China's Foreign Aid* 2014. http://english.mofcom.gov.cn/article/zt_foreignaid/. Accessed 18/5/2018.

NPC. (2016).*National People's Congress of China*. China's NPC approves 13th five year plan. Issue.

Nye, J. S. J. (2008). Public diplomacy and soft power. *The Annals of the American Academy of Political and Social Science*, 616, 94–109.

Quartz Africa.*China has overtaken the US and UK as the top destination for anglophone African students*. 30/6/2017. https://qz.com/1017926/china-has-overtaken-the-us-and-uk-as-the-topdestination-for-anglophone-african-students/. Accessed 5/3/2018.

The Guardian International Edition. https://www. theguardian. com/uk-news/2017/

apr/06/chineseuniversity-to-open-in-oxford-despite-ideological-crackdown-at-home. Accessed 5/3/2018.

UNDP. (2015). *China humanitarian aid*. Issue Brief No. 9. http://www.cn.undp.org/content/china/en/home/library/south - south - cooperation/issue - brief%2D%2Dchina-s-humanitarian-aid.html. Accessed 22/2/2018.

White Paper on China's Foreign Aid. (2011). https://www.unicef.org/eapro/White_Paper_on_China_Summary.pdf. Accessed 10/7/2018.

White Paper on China's Foreign Aid. (2014). http://english.mofcom.gov.cn/article/zt_foreignaid/. Accessed 10/7/2018

第九章　文化较量和社会融合：马来西亚和新加坡的发展经验对粤港澳大湾区建设有何借鉴意义？

黄匡忠　冯瑞龙[①]

一、引言

（一）粤港澳大湾区的形成

2017 年 3 月，时任中国国务院总理李克强宣布发展粤港澳大湾区城市群（以下简称“大湾区”），推动中国城镇化战略。大湾区占地 56500 平方公里，覆盖全国约 1%的陆地面积，容纳全国 5%的人口，包括香港、澳门和广东省的 9 个城市。这 9 个城市为中心城市，包括：广州、佛山和肇庆，东部沿海城市深圳、东莞和惠州，以及西部沿海城市珠海、中山和江门。其东西岸为珠江三角洲两岸。

通过市政府之间的双边协议，广东省政府将这 9 个城市划分为 3 个经济一体化次区域，分别由广州、深圳和珠海牵头（Chan，

① 黄匡忠（H. C. J. Wong），中国珠海，北京师范大学-香港浸会大学联合国际学院学生事务处处长、社会工作与社会行政专业教授，E-mail：johnstonhuang@ uic.edu.cn。冯瑞龙（S. L. Fung），中国珠海，北京师范大学-香港浸会大学联合国际学院通识教育学院副教授。

2017)。粤港澳大湾区的概念由曾经的珠江三角洲地理空间概念发展而来。反之，珠三角则是一个在漫长的文明史中规模不断扩大与强度不断增加的功能性概念。对于珠三角的居民和企业来说，9 个成员城市的边界并未带来明显的阻碍。尽管历史上是这么划分边界的，但这种方式太过武断。更何况有些边界不是历来就有的，例如珠海和中山都属香山[①]。而佛山镇曾是南海县的一部分，现在南海区却成了佛山市的一个辖区。无论如何，对于珠江三角洲的居民而言，该地区正逐渐成为一个在经济上、社会上独立的大都市“空间”。

然而，香港、澳门和其他 9 个城市之间的划分则是另一回事。香港曾被英国实行殖民式统治长达 156 年，而澳门由葡萄牙实行殖民式统治（Chan，2017)。香港、澳门与内地分离多年，西方文化足迹难以磨灭。然而，文化足迹不如制度差异那么重要，特别是在香港，它被称作世界上最生动也是最自由经济体。

二、社会分工：城市群经济协同的障碍

由中央政府推动的“互联网+”行动计划旨在将互联网的力量与传统产业结合起来，以促进经济增长。粤港澳大湾区的传统行业当然是首批目标之一，包括香港和澳门的传统行业，这些行业享有著名品牌，但营销方式极其落后。粤港澳大湾区的经济规模小于纽约大都市区和东京都市圈，但大于旧金山湾区。就人口规模而言，粤港澳大湾区的人口总数达 660 万，比其他三个地区都大。

---

① 珠海市大部分地区自南宋起至民国时期属中山县（原名香山县）辖地；中山，古称香山。——译者注

中国银行（香港）有限公司前经济及政策研究主管谢国梁表示，如果粤港澳大湾区的城市能够利用自身优势，简化协调机制，加快经济一体化速度，该地区有望在10年内（即到2030年前）超过东京都市圈或旧金山湾区。自20世纪70年代末以来，许多香港公司将工厂迁往内地，特别是广东省（Tse，2017）。不过，由于内地的劳工成本不断上升，目前港粤两地的这种合作模式已不合时宜。因此，该地区各政府应为该地区的产业分工提出新的解决方案，以建立可持续一体化经济。

九龙社团联会于2014年进行的另一项调查显示，在1000名15岁至35岁的香港本地电话受访者中，35.2%表示不会考虑到内地上学，32.5%表示不会在内地工作（表9.1）。

表9.1　中国香港青年对内地的态度（n=1000）

问题	是	否
是否考虑到内地上学？	32.6%	35.2%
是否考虑在内地工作？	45.1%	32.5%

与此相关的第三项调查来自香港中文大学，他们于2014年8月28日至9月27日访问了1001名18至29岁没有在中国内地工作过的年轻人，结果显示，在受访者中，64.7%的人不想在内地工作，原因与“内地社会状况”及他们“无法适应内地的日常生活”有关（CUHK，2014）。

从以上调查结果可以得出结论：香港居民在内地工作的意向偏低。他们不愿意在内地工作，不是因为金钱，而是因为他们认为适应内地社会困难。我们认为这仅代表他们自身对内地社会环境的看法，因为大多数人都没有在内地长时间居住过。

深圳大学的黎沛文、庄鸿山（2018）针对上述社会现象建议，香港特区政府应完善青年政策，以更好地满足香港年轻一代的需求。

城市群并不是简单地将地理上彼此接近的几个城市聚集在一起。要成为城市群，必须有自由流动的资源，以提高效率，改善基础设施的连通性，完善产业链，共享公共服务，使城市之间能够建立密切的联系。协同工作有助于发挥城市群的规模效应、聚集效应和协同效应。

这种协同效应从以下七个方面创造（Wu，2017；You，2017）：制度、金融、技术创新、产业、基础设施、互联互通、人才。

珠三角能否满足香港年轻人的渴望，创造良好的社会条件并为港澳地区的人民提供更友好的生活方式？这既是经济问题，也是社会问题。也许首先是经济问题，然后是社会问题。

三、珠江三角洲与特别行政区之间的社会差距：现实还是谬误？

如果经济发展的天平继续偏向于香港，那么珠三角与香港特别行政区之间的社会差距将会拉大。香港在1997年回归中国时，没有人能想象深圳在经济比重方面可以超过香港。然而从国内生产总值和发展前景来看，深圳只用了不到20年的时间就做到了这一点。

根据人口规模大小来看，将深圳或东莞与香港、珠海与澳门进行比较更合乎逻辑。观察结果如下：

1. 按人均国内生产总值计算，澳门居首位。然而，这可能并不意味着其普通公民也享有体面的收入。

2. 每月收入中位数更为重要，例如香港的月收入中位数为 8505 元人民币，不再是大湾区内第一，而被澳门的每月 11700 元超越。

3. 再观察月收入中位数，深圳排名第三，珠海意外地排名第四。如果考虑到基本消费价格，珠海居民的生活负担能力更强。

4. 香港人一直认为内地的医疗服务未达到世界水平。然而，深圳和珠海人民的预期寿命甚至比香港人民的更长。澳门并不享有世界级的医疗服务，但澳门人的预期寿命最长，尽管这些城市之间的差异并不显著。其中最低的是东莞，为 76.80 岁。

5. 比较教育质量和标准更难，需掌握更多信息。

目前，我们已经看到了一些变化趋势，例如为了满足教育需求，一直以来，许多孩子从深圳前往香港上学，也有内地学生前往澳门上学的情况，尽管比去香港的少。然而，近年来学生跨区流动的趋势有所逆转，其中许多人是最早跨区生活的香港或澳门居民的子女。例如，2016 年，共有 1.3 万名香港居民到内地高校学习，其中有 8000 多人在广东学习，2000 多人在福建学习，甚至要竞争这些地方的大学的入学名额。2017 年，有 2568 名港澳申请者竞争 1391 个内地高等教育名额。最受欢迎的专业是中医药、物流管理、互联网应用和多种语言专业等。

应该指出，珠三角城市和两个特别行政区之间的社会和经济差距确实正在缩小。特别行政区的年轻人，特别是香港的年轻人，对珠三角城市的印象一直很差，这些印象源于过时信息和误导。然而，这些过时的刻板印象仍然阻碍着城市群的形成和发展。

四、从理念到政策的社会对话模式

早在1995年，在哥本哈根举行的联合国社会发展世界首脑会议便提出了社会融合模式，以应对各国人民内部或国家间的多样性挑战。根据首脑会议的说法，社会融合是一个动态的过程，以商定的原则为指导。在这个过程中，社会中的所有成员都可以参与对话，以实现和维持和平或和谐的社会关系（United Nations，1995a）。社会融合无法通过威胁或强迫达成。社会融合最初由罗伯特·E. 帕克（Robert Ezra Park，1864—1944）和欧内斯特·W. 伯吉斯（Ernest W. Burgess，1886—1966）研究，由同化概念发展而来。“同化”被定义为“一个相互渗透和融合的过程，其中个人和群体获得了其他个人或群体的记忆、情感和态度，并通过分享他们的经验和历史，将他们融入共同的文化生活中”（Park & Burgess，1969；1921）。

首脑会议的重点是发现和减少社会解体的条件——社会分裂、社会排斥和两极分化。通过扩大和加强社会融合的条件——强调共存、合作和凝聚力，逐渐实现安全、稳定和公正的社会。

社会对话模式，也称社会融合过程中的对话模式，认为社会关系有六个阶段：前三个阶段为分裂、排斥和两极分化，属于形成阶段；后三个阶段包括共存、合作和融合，属于扩展阶段。

为了实现社会融合，社会对话模式提出了开展反思性的参与性对话的方法：

1. 对话是指一种通过探究和学习引导，在一个问题上或一种情况下寻求相互理解和相互谅解，从而在决策中达成共识的计划。

2. 参与性对话是指一个为人们提供安全空间和机会，以便他们在权利和责任的基础上进行交流和采取行动的过程。

3. 反思性的参与性对话指以完整的方式思考，从而尊重和理解不同的世界观和利益（United Nations，1995a）。

社会融合过程中的对话模式指出，社会融合应在社会经济、社会政治和文化心理三个领域实现（表 9.2）。

表 9.2　社会融合进程领域

领域	社会关系二分法
社会经济	从排斥到合作
社会政治	从两极化到共存
文化心理	从分裂到融合

综上所述，营造和谐社会关系是社会融合过程中的对话模式的最终目标。对话是实现社会和谐的手段，社会融合是指社会关系排斥、两极化和分裂后转向合作、共存和融合三个领域的整个对话过程。

五、新加坡的社会融合经验

康拉德·阿登纳基金会和欧盟联合发表的题为《社会融合：解决欧亚社会鸿沟》（*Addressing Social Divide in Europe and Asia*）的报告强调了新加坡、马来西亚和中国在社会融合方面所取得的进展（Hofmeister & Rueppel，2014）。该报告第二章由努里达耶·哈桑（Nuridayah Hassan）和杨丽慧撰写，题为《新加坡的社会融合：挑战和政策应对》（Social Cohesion in Singapore—Challenges and Policy

Response）。第三章由陈穆红撰写，题为《马来西亚的社会融合》（Social Cohesion in Malaysia）。第四章由钱继伟撰写，题为《中国的社会融合与基本公共服务均等化：成就与未来挑战》（Social Cohesion and Equivalization of Basic Public Services in China：Achievements and Future Challenges），致力于中国的进步。

我们了解到，中国向城乡提供平等的公共服务，取得了重大成就。当我们谈论珠三角城市与港澳特区的融合时，公共服务均等化同样适用。另一方面，新加坡和马来西亚都是多元文化社会，这两个国家都成功实现了高度的社会融合，但未成为福利国家或实现社会平等。他们在社会严重不平等的情况下如何保持社会融合和实现经济快速增长？这是让粤港澳大湾区的政策制定者感兴趣的地方。

新加坡的特点是移民数量巨大、收入差距悬殊，政府为移民融入社会制定了周全的政策（Global is Asian，2017）。新加坡有74.1%的华人、13.4%的马来人、9.1%的印度人和3.2%的其他族裔人群（Department of Statistics Singapore，2011）。在CMIO（指汉语、马来语、印度语和其他语言）模式下，新加坡政府采取双语政策，要求学生在学校学习英语并将其作为工作语言，用于行政、商业和教育，将其母语作为另一种语言（Tan & Ng，2011）。努里达耶·哈桑和杨丽慧指出，“新加坡通过各种政策应对措施，巧妙地防止了社会分裂的危机”（Nurhidayah & Yeo，2014）。与此同时，陈穆红讨论了马来西亚在社会包容、社会资本和社会流动性方面的发展，展示了三项社会政策如何有助于将人民团结在一起（Ting，2014）。

自2009年以来，新加坡成立了国民融合理事会，鼓励当地人和移民在社区、学校、媒体和工作场所四个平台互动。理事会开展社会和教育活动，鼓励不同社区之间的理解和融合（National Integration Council，2010）。

如今，每个住宅区内都成立有居民委员会，目前共有572个，有义务“促进居民之间的睦邻关系、种族和谐和社区融合”（People’s Association，2009）。

接下来执行组屋种族比例政策，以确保不形成种族“飞地”（HDB，2013），以实现融合和种族和谐。以上举措都由政府制定，目的是提升社会的桥接型社会资本。

为了应对日益复杂的需求，新加坡政府于2013年启动了“我们的新加坡”全国对话项目。在不到一年的时间里，47000多名新加坡人参加了多次对话。这些对话集中在国家建设主题，如建立一个充满爱心和同情心的社会，为新加坡人提供负担得起的医疗保健和平等机会（Ng，2013）。虽然一些人对“我们的新加坡”对话项目持怀疑态度，但另一些人认为，这一系列对话仍然是一个积极的起点，有助于“建立一个所有社会成员都能接触到的”被广泛接受的价值观和机构的框架（Fenger，2012）。

在回答新加坡国立大学教授谢建平先生最近在议会上提出的问题“人口阶级差距是否日益扩大”时：前文化、社区及青年部部长傅海燕援引另一位社会和家庭发展部长的话强调，政府已经采取措施缩小经济差距，并强调社会融合的重要性。此外，她还提到了新加坡政策研究院所进行的一项关于社会资本的研究。结果显示，当受访者被要求说出那些组成其社交网络的不同类型的人的名字时，出现了大量社交混合现象。这项研究还发现，人们的社交网络中存在大量种族和宗教多样性。报告指出，受访者及其邻居在家庭事务上相互帮助，而工作关系则是社会陪伴、种族间接触和民族间关系的重要来源。新加坡政府似乎一直在努力推动引入社会资本和增强社会流动性，并以此作为基石避免进一步的社会分化。

六、马来西亚的社会融合经验

马来西亚在过去20年间崛起，成为中等以上收入经济体（人均年收入10265美元），国内生产总值年平均增长率为5%，是世界银行创造的“东亚奇迹”之一。其国内的经济快速增长归功于1970年至1990年实施的平权行动政策——新经济政策。新经济政策备受争议，因对象划分基于种族而非人们需求而遭受批评。而讽刺的是，马来西亚有能力实现“高水平人类发展”，并被认为是社会融合的成功案例（United Nations Development Programme，2016）。

2013年，马来西亚总人口约为2970万，其中240万为外国人，包括54.9%的马来人、24%的华人、7.3%的印度人、13%的土著和其他族裔人群（EPU，2013：5）。婆罗洲沙巴州和砂拉越州的许多少数民族原住民被称为Bumiputera（字面意思为“土地之子”）。

陈穆红也在报告《社会融合：解决欧亚社会分化》中表示，新经济政策实际上是“一系列不断扩大的政策和战略”，旨在创造报酬更高的就业机会，重新分配资本和资产所有权，对马来西亚土著人有利。同时，新经济政策也与马来西亚时任总理马哈蒂尔在20世纪80年代实施的伊斯兰化政策有异曲同工之处。那么该政策如何实现社会融合呢？

首先，新经济政策为所有年轻人提供通识教育，对马来人、华人和印度人一视同仁，有趣的是，女中学生多于男中学生。其次，这一基于种族的政策成功将贫困率从 1970 年的 49.3%降至 1990 年的 16.5%（Malaysia Prime Minister's Department Economic Planning Unit，2004）。2012 年，马来西亚国内贫困率已低至 1.2%，这表示马来西亚已经消除贫困，但在砂拉越州、吉兰丹和沙巴州，贫困率降低幅度较小，分别为 2.4%、2.7%、7.8%。2009 年，族裔间的收入差距明显缩小，马来西亚土著人和中国人的收入差距缩小到 1：1.38，与印度人的收入差距缩小到 1：1.10（Malaysia，2010：147）。然而，整体收入差距并没有缩小，因为 2012 年，其国内基尼系数仍然高达 0.431（Malaysia EPU，2013a）。无论如何，“社会流动效应”还是很明显的，尤其是在种族之间。

在社会包容和社会资本方面，马来西亚还任重道远。越来越多的非马来人把孩子送到以普通话或泰米尔语为教学语言的小学。

马来西亚半岛的异族通婚率很低，其中穆斯林与其他宗教信仰的人通婚率尤其低，然而在沙巴州和砂拉越州，人们的异族通婚率相对更高。2006 年，民调中心对 2000 名马来西亚人进行了一项民意调查，97%的人认为种族间的互动对维护和平、稳定和民族团结、防止混乱或冲突非常重要。在这项民意调查中，对其他族裔表示信任的马来人和华裔受访者占比不到一半。尽管大多数人有一些不同种族的朋友，但不同种族之间的信任度仍然很低（Merdeka Center for Opinion Research，2006）。

七、文化较量与社会一体化

在上述描述中，我们发现新加坡和马来西亚都面临着多种族、多宗教信仰和多文化习惯的严峻挑战。然而，他们用完全不同的方法保持了社会协作，同时也取得了经济发展。新加坡的语言政策强调国家统一，通过促进不同种族之间的互动和活动来创造国家和谐。相反，马来西亚采取了偏袒马来西亚土著的激进种族政策，避免了严重的种族冲突，也归功于该国家所有族裔追求和平的本性，更重要的是因为持续的经济繁荣和向上的社会流动。简而言之，马来西亚受益于经济的持续增长以及经济增长创造的“社会向上流动”。与此同时，在“社会流动”放缓的新加坡开展了社会对话活动以增强社会凝聚力。在新加坡，社会流动性不仅意味着个人在社会阶层上的提升，也意味着更高的社会生活质量。

考虑到珠江三角洲和两个行政特区之间的协同效应，中国政府可借鉴新加坡和马来西亚的做法，例如：

1. 如果存在的社会流动或社会生活质量得到提升，即使存在巨大的文化和社会差距，也仍然可以坚持社会融合。

2. 社会资本，特别是通过信任、友谊和婚姻发展起来的社会资本，对促进社会和谐非常重要。

3. 政府的领导在防止文化冲突和促进共处方面至关重要。

4. 社会一体化反过来将促进经济增长、加强国家认同感。

新加坡制定社会平等政策、马来西亚制定社会优惠政策时，华侨华人在两国的存在肯定是一个主要政治关切。一些社会学家将近年来在西方和东南亚国家发生的许多社会动乱现象描述为一种回应“全球现代性”的社会竞争（Bringel & Domingues，2015）。

安杰·维纳（Antje Wiener）认为，“国家间的关系也应该理解为跨文化关系”。人们遇到有着不同文化背景的人时，由于其生活和文化经历不同，可能有着不同的行为准则，因此起冲突是在情理之中的。维纳确定了四种典型的争辩模式：仲裁（在法庭上）、审议（在国际组织和会议上）、争辩（在社会抗议中）和辩护（在认知共同体中）（Wiener，2014）。在每一种典型的情况下，虽然可能存在其他模式，但预计会有对应的一种辩论模式占主导地位。争辩可被视为“反对被认为适合特定社会情况的社会习俗”，或在“国际”或“国家间”关系中，直白或隐晦地提出各种社会习俗不合规范。

维纳在《公共哲学新基调》（Tully，2009）的启发下，在《辩论理论》（*A Theory of Contestation*）一书中以“规范性前提”和“多样性前提”为基础，提出了作为辩论理论一部分的第三种思维工具——“文化世界主义”的概念。他还建议，辩论的周期将经历“微观层面的文化确认，中观层面的社会认可，再到宏观层面的正式确认”三个阶段。

总而言之，全球现代性和社会一体化可以同时实现，而作为社会实践的辩论是有助于经济和社会发展目标的进程的一部分。在规范性前提和多样性前提之间进行谈判时，应将文化世界主义培育为一种重要的动力。

八、粤港澳大湾区社会一体化与社会生活质量

中国政府有充分理由在此时宣传大湾区的概念。我们可以看出，在金融领域，尤其是与信息技术、工业以及道路和通信基础设施相关的创新领域，对协同增效的需求都在上升。完全融合的主要障碍之一在于人们感觉到了社会分裂。面对这些挑战，珠三角城市的政府应考虑采用文化世界主义，特别是社会资本战略。

一般认为，社会资本是社会融合的先决条件（Spoonley et al，2005：93）。简而言之，社会资本可以被定义为“人们通过与拥有这些资源的其他人联系而有可能获得的资源”（Chua，2010：3）。这些社会资源来自婚姻、家庭、校友等关系。只有当人们相互信任，并承诺在共同努力中共享资源时，才能获得社会资本（Putnam，1995）。信任对于有凝聚力的社会十分重要（Nuridayah & Yeo，2014）。

不可避免的是，粤港澳大湾区城市群的形成正面临着许多困难，如：

1. 珠三角城市已进入经济发展的新阶段，其发展不仅要像过去40年那样利用香港和澳门的金融资本，而且还要利用其人力资本。许多中国企业现在正在全球范围内扩张，需要会计师、律师、设计师、广告商和建筑师等专业人员来为他们在世界各地的海外基地服务。最现成的专业人力资源当然来自香港和澳门。

2. 部分香港人，特别是部分香港年轻人的自恋人格和自我排斥的文化给人才流动带来阻碍。香港必须与广东全面融合才能提升竞

争力，但很多香港人并不认同该观点。

3. 香港经济放缓，“社会向上流动”中断。另外，香港的基尼系数高达创纪录的0.54，而1981年的基尼系数仅为0.45（表9.3）。贫富差距的扩大导致香港年轻人越来越激进，这种两极分化趋势显然对中国香港及整个中国都不利（香港特别行政区政府统计处，2016）。

表9.3　香港社会服务联会 社会指标指数

年份	1981	1991	2011	2016
基尼指数	0.45	0.48	0.54	0.5

如何应对这些社会挑战？经济社会全面发展是唯一答案。

目前，在珠三角和两个行政特区之间，人民币和港币均可流通，而使用数字货币则将进一步促进经济一体化。在通信方面，中国移动和中国联通是最常使用的服务商。推广使用微信这样的应用来进一步消除通信壁垒也十分必要。然而，人们的关注点似乎更倾向于社会方面而非经济方面。

社会生活质量，广义上指幸福感，狭义上指存在基本的社会保障和良好的生活水平，社会生活质量应包括安全舒适的住房条件、高质量的免费教育、全面和平价的医疗保健服务，以及最终保障——退休后的基本生活。改善大湾区城市群社会生活质量的行动包括：

1. 广东省政府已宣布一项规模庞大的计划，旨在吸引更多港澳学生到珠三角城市的大学就读，这为港澳经济特区的年轻人创造了社会流动性。

2. 根据社会对话模式，珠三角城市应根据社会资本的原则，利用家庭、工作、校友和其他社会关系，加强珠三角居民与港澳行政特区居民之间的对话。

3. 广东省政府应鼓励并资助城市间的活动。振兴历史、文化和生态旅游也许能让社会协作更上一层楼。其他新平台还包括水族馆、动物园和艺术中心等大众娱乐设施，以及举办流行歌曲歌唱比赛和马拉松赛等娱乐活动。校际活动，包括辩论和比赛，也可以是很好的社会竞争平台。

4. 应以类似的绩效标准促进教育、保健和医疗、养老、住房和育儿等方面的跨区域社会服务，以此促进社会融合。

5. 珠三角城市需要投入更多资源，提升当地人民的社会生活质量，服务涵盖范围广至生老病死，以吸引跨区域的年轻专业人士。

6. 运用社会世界主义的思维，在共同的价值观和信念上实现粤港澳大湾区的协同。技术和社会创新对于塑造共同生活方式颇有效用。例如，在马来西亚，手机和互联网的使用使政治更加开放，使基于种族的平权运动终止。新媒体，特别是社交媒体，将成为现代社会竞争的平台和渠道，有助于传播新的公共哲学。

7. 最后，广东全省必须全面推进全球化和现代化，但不能以牺牲其文化遗产为代价。为了实现超越旧金山湾区的目标，粤港澳大湾区必须一如既往，将当地打造成为举世瞩目的国际大都会。

参考文献

‘About’. (2018). *Belt and road portal*. Retrieved from the following link https://eng.yidaiyilu.gov.cn/ztindex.htm. Accessed on 1 Mar. 2018.

Asia Times. (2018). *China to establish court for OBOR disputes*. Retrieved from the following link http://www.atimes.com/article/china-establish-court-obor-disputes. Accessed on 1 Mar. 2018.

Belt and Road Portal. (2018). *Official documents*. Retrieved from the following link https://eng. yidaiyilu. gov. cn/info/iList. jsp? cat_id = 10059. Accessed on 1 Mar. 2018.

BnR International Commercial Mediation Center. (n.d.). *Introduction*. Retrieved from the following linkhttp://www. bnrmediation. com/Home/Center/index/aid/150. html. Accessed on 1 Mar. 2018.

China Foreign-Related Commercial Trial. (2018). *The first B & R international commercial lawsuit and mediation center settles in Qianhai*. Retrieved from the following link http://enccmt. court. gov. cn/ChinaForeignRelatedCommercialTrial/2018-01/22/c_128192.htm. Accessed on 1 Mar. 2018.

European Commission. (2016a). Report from the commission to the Europeanparliament, the council and the European economic and social committee, on the application of Directive 2008/52/EC of the European parliament and of the council on certain aspects of mediation in civil and commercial matters. Retrieved from the following link http://eur - lex. europa. eu/legalcontent/EN/TXT/? uri = COM%3A2016%3A542%3AFIN. Accessed on 1 Mar. 2018.

European Commission. (2016b). Study for an evaluation and implementation of directive 2008/52/EC - the 'Mediation Directive': Final report. Retrieved from the following link https://publications.europa.eu/en/publication-detail/-/publication/bba3871d-223b-11e6-86d0-01aa75ed71a1/language-en. Accessed on 1 Mar. 2018.

'Find an Arbitrator'. (2017). *Shenzhen court of international arbitration*. Retrieved from the following linkhttp://www. sccietac. org/web/arbitrator/query. html. Accessed on 1 Mar. 2018.

Gabriel, S. (2018). *Speech by foreign minister Sigmar Gabriel at the Munich security conference*. Retrieved from the following link https://www.auswaertiges-amt.de/en/Newsroom/redemuenchner - sicherheitskonferenz/1602662. Accessed on 1 Mar. 2018.

Gray, A. (2017). *The world's* 10 *biggest economies in* 2017. Retrieved from the following link https://www.weforum.org/agenda/2017/03/worlds-biggest-economies-in-2017. Accessed on 1 Mar. 2018.

Herbert Smith Freehills. (2017). *The role of mediation in the resolution of belt and road disputes*. Retrieved from the following linkhttps://hsfnotes. com/asiadisputes/2017/10/11/the-role-ofmediation-in-the-resolution-of-belt-and-road-disputes. Accessed on 1 Mar. 2018.

International Labour Organization. (1998). *Declaration on fundamental principles and rights at work*. Retrieved from the following link http://www. ilo. org/wcmsp5/groups/public/@ ed_ norm/@ declaration/documents/publication/wcms_095898.pdf. Accessed on 1 Mar. 2018.

International Labour Organization. (2017). *Tripartite declaration of principles concerning multinational enterprises and social policy* (5th ed.). Retrieved from the following link http://www. ilo.org/wcmsp5/groups/public/%2D%2D-ed_emp/%2D%2D-emp_ent/%2D%2D-multi/documents/publication/wcms_094386.pdf. Accessed on 1 Mar. 2018.

'Introduciton'. (2018). *CCPIT/ COIC mediation center*. Retrieved from the following link http://adr. ccpit. org/EN/AboutUs/afe4407a - c54a - 4f8e - 8952 - 2f0b5d8f991c.html. Accessed on 1 Mar. 2018.

ISS. (2014a). *International family mediation*. Retrieved from the following link http://www.iss-ssi. org/index.php/en/what-we-do-en/mediation-en. Accessed on 1 Mar. 2018.

ISS. (2014b). *What is international family mediation*. Retrieved from the following link http://www.iss-ssi.org/index.php/en/2-uncategorised/140-what-is-international-family-mediation. Accessed on 1 Mar. 2018.

Liu, Y. (2018). *Yearender: Belt and road gains momentum in* 2017. Retrieved from the following linkhttps://eng.yidaiyilu.gov.cn/qwyw/rdxw/44264.htm. Accessed on 1 Mar. 2018.

MHJMC. (2017a). *About dispute resolution advocacy*. Retrieved from the following link http://mhjmc.org/en/Page_Format_6.php?fmd=125&con=283. Accessed on 1 Mar. 2018.

MHJMC. (2017b). *About MHJMC*. Retrieved from the following link http://mhjmc.org/en/Page_Format_1.php?fmd=17. Accessed on 1 Mar. 2018.

MHJMC. (2017c). *Cross-border dispute resolution service*. Retrieved from the following link http://mhjmc.org/en/Page_Format_6.php?fmd=28&con=73. Accessed on 1 Mar. 2018.

MHJMC. (2017d). *Panel of dispute resolution experts*. Retrieved from the following link http://mhjmc.org/en/med_6.php?fmd=29. Accessed on 1 Mar. 2018.

National Bureau of Statistics of China. (2018). Statistical communiqué of China on 2017 national economic and social development. In Y. Liu (Ed.), *Belt and road portal*. Retrieved from the following linkhttps://eng.yidaiyilu.gov.cn/qwyw/rdxw/49254.htm. Accessed on 1 Mar. 2018.

Profile'. (2018). *Belt and road portal*. Retrieved from the following link https://eng.yidaiyilu.gov.cn/info/iList.jsp?cat_id=10076&cur_page=1. Accessed on 1 Mar. 2018.

Qianhai Court. (2017a). *Administrative measures for people's assessors from Hong Kong in Shenzhen Qianhai cooperation zone people's court (provisional)*. Retrieved from the following linkhttp://en. szqhcourt. gov. cn/Home/Detail/63. html. Accessed on 1 Mar. 2018.

Qianhai Court. (2017b). *Foreign, Hong Kong, Macao and Taiwan-related civil and commercial cases case-filling notice*. Retrieved from the following link http://en. szqhcourt.gov.cn/Home/Detail/100.html. Accessed on 1 Mar. 2018.

Qianhai Court. (2017c). *Jurisdiction*. Retrieved from the following link http://en. szqhcourt.gov.cn/About/Index/7.html?&cId=23. Accessed on 1 Mar. 2018.

Qianhai Court. (2017d). *Notice of foreign civil litigation*. Retrieved from the following link http://en. szqhcourt. gov. cn/Home/Detail/99. html. Accessed on 1 Mar. 2018.

Qianhai Court. (2017e). *Notice of presenting evidence for cases of marital disputes*. Retrieved from the following linkhttp://en. szqhcourt. gov. cn/Home/Detail/135. html. Accessed on 1 Mar. 2018.

Qianhai Court. (2017f). *Notice of presenting evidence on the case of labor contract disputes*. Retrieved from the following link http://en. szqhcourt. gov. cn/Home/Detail/134.html. Accessed on 1 Mar. 2018.

Ruble, T. L., & Thomas, K. W. (1976). Support for a two-dimensional model for conflict behavior. *Organizational Behavior and Human Performance*, 16, 143-155 Elsevier.

Su, L. (2013). *Cross-border marriage migration of Vietnamese women to China* (Master dissertation). Retrieved from the following linkhttp://krex.k-state.edu/dspace/handle/2097/15663. Accessed on 1 Mar. 2018.

Teoh, P. (2017). *China's belt and road initiative: Managing risks and disputes*. Retrieved from the following linkhttp://www. brinknews. com/asia/chinas-belt-and-road-initiative-managingrisks-and-disputes. Accessed on 1 Mar. 2018.

UNCITRAL. (1958). *Convention on the recognition and enforcement of foreign arbitral awards*. Retrieved from the following linkhttp://www.uncitral.org/pdf/english/texts/arbitration/NY - conv/New - York - Convention - E. pdf. Accessed on 1 Mar. 2018.

UNCITRAL. (1976). *UNCITRAL arbitration rules*. Retrieved from the following link http://www. uncitral. org/pdf/english/texts/arbitration/arb - rules/arb - rules. pdf. Accessed on 1 Mar. 2018.

UNCITRAL. (2010). *UNCITRAL arbitration rules* (as revised in 2010). Retrieved from the following linkhttp://www. uncitral. org/pdf/english/texts/arbitration/arb-rules-revised/arb-rulesrevised-2010-e.pdf. Accessed on 1 Mar. 2018.

UNCITRAL. (2013). *UNCITRAL rules on transparency in treaty-based investor-state arbitration*. Retrieved from the following link http://www.uncitral.org/pdf/english/texts/arbitration/arb-rules-2013/UNCITRAL-Arbitration-Rules-2013-e.pdf. Accessed on 1 Mar. 2018.

Wang, G. (2017). The Belt and Road Initiative in quest for a dispute resolution mechanism.*Asia Pacific Law Review*, 25(1), 1-16.

Wang, G., et al. (2017). *A dispute resolution mechanism of the Belt and Road Initiative*. Hangzhou: Zhejiang University Press. [In Chinese].

Wenzel, M., et al. (2008). Retributive and restorative justice.*Law and Human Behavior*, 32, 375-389 American Psychological-Law Society/Division 41 of the American Psychological Association.

WTO. (2018a). *Appellate body*. Retrieved from the following link https://www.wto.org/english/tratop_e/dispu_e/appellate_body_e.htm. Accessed on 1 Mar. 2018.

WTO. (2018b). *Dispute settlement body*. Retrieved from the following link https://www.wto.org/english/tratop_e/dispu_e/dispu_body_e.htm. Accessed on 1 Mar. 2018.

WTO. (2018c). *A unique contribution*. Retrieved from the following link https://

www.wto.org/english/thewto_e/whatis_e/tif_e/disp1_e.htm. Accessed on 1 Mar. 2018.

Wu, Z. (2017). '*Silk road dialogue' deepens UDNP, Himalayan consensus institute cooperation*. Retrieved from the following link https://eng.yidaiyilu.gov.cn/qwyw/rdxw/37710.htm. Accessed on 1 Mar. 2018.

Xinhua News Agency. (2018a). Belt and road initiative to change world's landscape: Pakistani FM. In Y. Liu (Ed.), *Belt and road portal*. Retrieved from the following link https://eng.yidaiyilu.gov.cn/home/rolling/49018.htm. Accessed on 1 Mar. 2018.

Xinhua News Agency. (2018b). German businesses explore opportunities in Belt and Road Initiative. In Y. Liu (Ed.), *Belt and road portal*. Retrieved from the following link https://eng.yidaiyilu.gov.cn/home/rolling/49006.htm. Accessed on 1 Mar. 2018.

Zaidi, S. A. (2017). Has China taken over Pakistan? Retrieved from the following link http://tns.thenews.com.pk/china-taken-pakistan-cpec/#.WuQpmohuYdU. Accessed on 1 Mar. 2018.

Zhang, X. (2016). Middle-class Chinese men head to Russia and other eastern European countries to find westernized wives with local people. Global Times. Retrieved from the following link http://www.globaltimes.cn/content/1013098.shtml. Accessed on 1 Mar. 2018.

Zhou, X. (2018). Xi's remarks on building a community with shared future for mankind. Xinhuanet. Retrieved from the following link http://www.xinhuanet.com/english/2018-01/24/c_136920385.htm. Accessed on 1 Mar. 2018.

第十章　非英语的外语学习："一带一路"倡议带来的机遇

路易斯·米格尔·多斯·桑托斯[①]

一、研究背景

在全球化进程中，学习、理解并使用一门外语至关重要。2013年，中华人民共和国主席习近平宣布了一项洲际合作创新项目——"一带一路"倡议，旨在促进亚洲、欧洲、大洋洲等地区在经济、教育、社会、技术和建设方面的联系和发展。在当代社会，外语学习通常指英语学习，但在北美地区，有时也指西班牙语学习。根据肯尼迪（2018）的数据，除英语外，西班牙语、法语、意大利语、德语和日语的学习人数居前五名。为提高外国人对中国文化的整体兴趣，为他们创造接触中国文化的机会，截至2017年初，50多个"一带一路"沿线国家开设了137所孔子学院和131门孔院汉语课程。目前，近50万学生正在将汉语作为第二外语学习（Wong，2017）。

然而，尽管这十年内汉语学习者的数量大幅增加，但英语、西班牙语和法语仍然被认为是全球最受欢迎和最令人感兴趣的外语。

① 路易斯·米格尔·多斯·桑托斯（Luis Miguel Dos Santos），教育家。

根据美国现代语言学会一份关于2015年秋季学期高等教育机构外语学习课程入学率的报告，西班牙语（790756）是美国最受欢迎的外语，法语（197757）位列第二，美国手语（109577）位列第三，德语（86700）位列第四，意大利语（71285）位列第五，日语（66740）位列第六，汉语（61055）位列第七，阿拉伯语（32286）位列第八，拉丁语（27192）位列第九，俄语（21962）位列第十（Goldberg et al，2015），详细信息可参见表10.1。关于汉语学习的另一个事实是，汉语与英语和西班牙语相比不太常用，学习者可能无法在课堂之外与其他汉语使用者互动。

鉴于上述事实，本研究试图分析为何语言学习者决定将汉语而非其他流行语言作为外语学习。

表10.1 美国的外语学习情况（2015）

（单位：人）

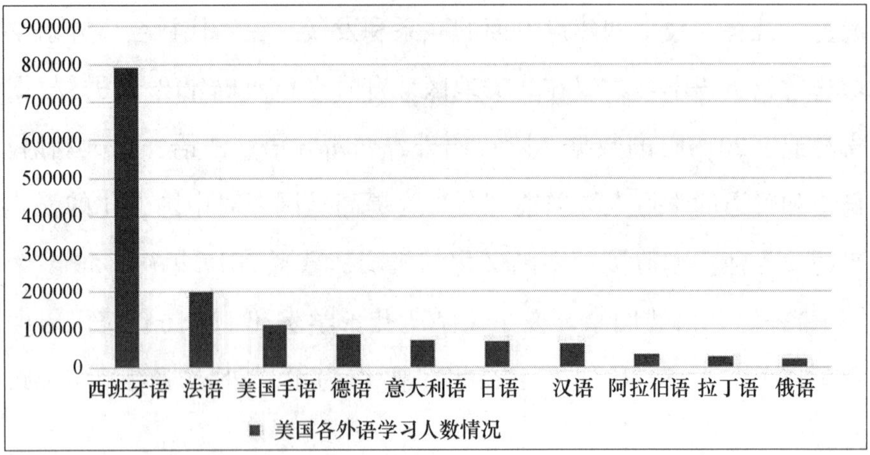

二、研究目的

事实上，人们明白学习外语的好处，而他们选择学习语言的原因因人而异。在学习过程中，兴趣和职业机会是两个最强烈的动机（Gardner，1985：2001）。学者们还指出，学习者倾向于学习对其职业生涯、个人发展和兴趣影响较重要的知识。然而，学习动机很复杂，而不是理想化的、以结果为导向的决策和感觉（Dornyei，1994；1998；2001）。通过调查人们学习汉语知识的原因，教师和学校管理人员可以了解并改善教学计划，帮助人们获得最佳学习体验，以满足人们和未来雇主的需求。本研究的主要目的是考察"一带一路"地区在中学后阶段学生学习汉语的原因和动机。了解学习者的目标、动机以及指导他们学习的行为可能会对学生入学率、在学率及项目发展产生重大影响（Dos Santos & Lo，2018）。

定性研究的数据和结果可能会为政策制定者、学校管理人员、学生和教师提供有益建议，以便为"一带一路"国家及其他国家的公民准备进一步的汉语学习和高等教育项目（Dos Santos，2018b）。目前，只有寥寥几篇期刊文章和几本书籍研究"一带一路"国家的汉语学习情况，本文可以作为这一领域内的首批研究和建议之一。

三、理论框架

社会认知职业理论认为，个体在受机会结构影响的社会文化背景中发展职业目标，如职业机会、社会经济背景和社会文化影响（Lent et al，1994；Lent & Brown，1996）。虽然社会认知职业理论是一种以职业为导向的职业视角理论，讨论个人如何理解其职业和工作兴趣，设定目标并在工作环境中坚持下去，但也可用于研究选择外语学习的目的（Lent et al，2010）。因此，采用这一理论作为研究框架十分恰当（Dos Santos，2018a）。

动机对学习者的行为、决策有很大的影响。了解汉语学习者的学习动机有助于了解他们的期望，以及如何利用期望来达到目的与目标。因此，研究问题为：

为什么语言学习者选择学习汉语，而非他们国家中流行的其他外语呢？

四、方法论

本研究采用定性研究方法，旨在探讨促使外语学习者将汉语作为所学习的外语的动机。根据梅里安（Merriam，2009）的说法，定性研究人员感兴趣的是语言学习情况、背景情况和人们的描述方式，参与人员的社会构成，以及他们学习外语的动机。为收集数据，研究人员对每个参与人员进行了一次在线访谈（Creswell，2007）。在定性研究设计中，研究人员获取大量访谈数据、语音信息和书面记录，并将其归纳为有意义的主题，用以回答研究问题。（Tang & Dos Santos，2017）

五、归纳法

托马斯（2006）指出，一般归纳法是定性研究人员归纳和建立有意义主题的常用工具之一。与其他具有特定地点、背景和位置限制的项目不同，这项研究主要采访来自亚洲、非洲和大洋洲不同地点的参与人员。由于可能无法采用合适的方法论，一般归纳法或成为这项研究的最佳方法。

六、参与者

本研究采用滚雪球抽样法（Creswell，2007），邀请了 10 名决定将汉语作为外语来学习的学习者进行了一次定性的在线访谈。由于研究人员目前没有在任何对外汉语课堂上授课而只与教师有些联系，所以研究人员决定寻找语言教师，这些教师可能会推荐潜在的人员参加本研究。研究统计了参与者的信息，包括姓名和入学学校等，形成化名报告。参与者都在 18 岁及以上，非弱势群体。详细统计情况参阅表 10.2。

表 10.2　参与者统计资料

姓名	年龄	地址	身份（学生）	专业	母语	中文水平
亚当	21	印度尼西亚	本科生	国际关系	英语	中级
本尼	22	新加坡	本科生	管理	英语	中级
查尔斯	20	新加坡	本科生	管理	英语	中级
丹尼斯	18	新加坡	本科生	日语	英语	初学者
艾拉	19	马来西亚	本科生	汉语	英语	高级
法蒂玛	28	南非	研究生	工程	英语	中级
吉尔	25	新西兰	研究生	外交	英语	高级
海伦	32	新西兰	研究生	汉语	英语	高级
伊万	20	以色列	本科生	市场营销	希伯来语	中级
杰森	21	韩国	本科生	人力资源管理	韩语	高级

七、面试语言使用情况

所有参与者都应邀参加在线面试（Creswell，2007）。他们能选择使用英语或汉语表达想法。首先，几位参与者的汉语已经达到了高级水平，研究人员鼓励他们用汉语进行回答。其次，有些理念和特定术语只有汉语表达，所以用汉语回答有助于理解答案。

本研究在高等教育机构中选取10名以汉语作为外语学习的学习者进行在线访谈并收集数据信息。为确保收集到丰富的数据（Merriam，2009），研究者设计了一套开放式、半结构化的访谈提问方案。每次面谈通常持续60—90分钟（Seidman，1991；2006）。

利用开放编码策略（Merriam，2009）或一级编码程序（Saldaña，2013），本研究将所有采访记录归纳为20个主题，数据还需进一步删减（Thomas，2006）。因此，为了创造6个以内有意义的主题，本研究采用了主轴式编码，又称二级编码。

八、受试者保护与数据存储

对受试者的保护对本研究至关重要（Creswell，2007）。其中一个重要事项是要保护受试者的身份和数据信息。因此，研究人员尽一切努力，以沿用化名的形式保护所有参与者的身份。除此之外，本研究的数据信息也可能包含敏感信息。为了避免任何误解和风险，本研究的所有数据信息都存储在带锁柜子中的一台受密码保护的计算机上。而研究人员是唯一有权接触以上物品的人。

九、调查结果

虽然每个参与者的表述细节和生活经历并不相同，但研究人员在这项研究中发现了相似的概念、想法和理解。而且结果展现了几个核心概念，反映了文化、社会和经济因素如何影响个人的动机和自我认知（Lent et al，1994）。调查结果分为三个主题：（1）就业机会；（2）中国经济发展；（3）对中国文化的兴趣。表 10.3 展示了调查人员和主题。

表 10.3　基于参与人员数据信息的主题

姓名	就业机会	中国经济发展	对中国文化的兴趣
亚当	✓	✓	✓
本尼	✓	✓	✓
查尔斯	✓	✓	
丹尼斯	✓	✓	✓
艾拉	✓	✓	
法蒂玛	✓	✓	✓
吉尔	✓	✓	
海伦	✓	✓	✓
伊万	✓		✓
杰森			✓

十、就业机会

自我效能感的研究视角源于班杜拉的自我效能理论（1977）。

班杜拉（1977）认为，自我效能感与个体的行为密切相关，因为“人们的动机水平、情感状态和行动更基于他们相信的东西，而非客观真实的东西”（p. 2）。因此，学习一门特定外语的决定可能会受到客观事实的影响，也可能只受个人观念的影响。在班杜拉理论的基础上，伦特等人（Lent et al，1994）提出了新的理论，表示个人的决定可能受到三个因素的高度影响，包括就业机会、社会经济背景和基于其社会认知职业理论的社会文化。这项研究的发现与社会认知职业理论的理论框架完美契合，并且概述了所有的主题和方向（Bandura，1986）。

除1人外，其余9名受试者均表示就业机会是影响他们学习汉语的主要因素之一。事实上，参与者在学前至中学教育阶段学习的第二语言都不是汉语，但他们选择再学习一门外语，即汉语，以便实现进一步职业提升。这些外语学习者认为，除了美国，中国将成为他们在祖国境内就业最有影响力的经济因素。

十一、汉语、中华文化和中国商业是他们国家的重要组成部分

几位参与者表示，汉语、中华文化和中国人是他们国家和社区日常生活的一部分。据亚当（Adam）所言：“大约40年前，爪哇有大量中国居民。尽管他们大多数人回到了中国或去了其他周边国家，但我仍然认为中国人对我们的社区影响很大。”新加坡的查尔斯（Charles）也有类似感受，他说道：“新加坡有很多华人。中国人和汉语对我们的日常生活很重要。”本尼（Benny）还分享道：

“我们的政府领导人也来自中国。现在，中国公司也决定在我国投资，涵盖了所有领域。”艾拉（Ella）说道：“我的祖父母 70 年前就从中国搬来马来西亚，我们在马来西亚也喜欢吃中国菜、看中国电视节目、欣赏中华文化，所以我决定学习中文。”

十二、中国政府和企业投资

几位参与者表示，中国人及其相关的商业活动增加了他们国家和社区的就业机会。据法蒂玛（Fatima）说：“中国公司在南非投资了大量交通站、教育机构和医疗保健中心。许多年轻人相信，中国可以在非洲以外提供很好的机会。此外，中国政府和企业也鼓励我们来中国发展事业。因此，不仅是我，我所有好朋友都在学习汉语。”

吉尔（Gill）、海伦（Helen）和杰森（Jason）表示，旅游业和酒店业为他们的国家带来了就业机会。吉尔说：“每隔一小时就有一批中国游客来奥克兰。全奥克兰都为这个充满惊喜的机会做准备。”海伦还补充道：“我本科学的是市场营销专业。现在我在学中文，提高我的技能以满足中国客户。”杰森表示：“首尔和釜山到处都是中国游客。许多孩子、成年人，其中包括家庭主妇和专业人士都学习中文，以便进入酒店和服务行业。”

十三、中国经济发展

2010 年，中国的国内生产总值达到世界第二，仅次于美国。在近几十年，中国在教育、金融、文化、科学、国际事务等各个领域投入了大量资源，并在大部分领域取得一定发展，跻身世界领先行列。在进行投资的同时，中国也在帮助大量发展中国家进行基础设施、医疗保健和教育系统等的建设。在采访和对话中，研究人员确定了两个话题：(1) 来华学习和发展；(2) 在本国学习和发展。

(一) 来华学习和发展

亚当、本尼、查尔斯和法蒂玛认为，中国会为来华外国人提供资金和发展机会。亚当表示，来华外国人可以获得教育机会：“由于经济发展，中国提供了许多奖学金、外交和国际事务机会。”

本尼还补充道：“我曾经认为新加坡是亚洲的商业和金融中心，但我错了。在过去的几年里，香港和上海都签署了金融协议，开展远东地区最大规模的股票交易活动。我想享受亚洲这个巨大的市场，所以我必须学习中文。”

查尔斯则关注外国人的教育和科学研究机会，他表示：“新加坡只有不到10所研究型大学和机构。尽管资金足以覆盖相当数量的研究人员，但录取过程仍然竞争激烈。就中国的情况而言，中国政府一直鼓励国内外青年研究人员参加各种类型的奖学金研究项目。因此，我想学习普通话。”

法蒂玛认为，中国是基础设施建设强国。她一直强调，如果能拿到博士奖学金前往中国学习，她就可以把知识回馈祖国，她说：“中国政府帮助我的祖国建立了许多医疗保健中心、交通设施、建筑、教育机构等。三年前，我就读的大学与几所中国大学达成了一项培养博士学位研究生的协议。我想拿到奖学金来中国学习。奖学金包括生活费和津贴，这样我就可以继续在中国生活。"

（二）在本国学习和发展

丹尼斯（Denise）、艾拉、吉尔和海伦对中国的经济发展有不同的视角和看法。这几位参与者都没有任何来中国的想法，但他们都认为中国的经济发展有助于他们在当地发展。中国是世界上第二大经济体，四位参与者都希望成为本国与中国之间的沟通者和桥梁。

丹尼斯说道："本科毕业后，我会说英语、日语和汉语，这些在远东地区非常有用。除了做一个新加坡人，我还想成为连接日本、中国和新加坡的国际纽带。从国家层面来看，我的祖国需要更多会说三种语言的专业人士。我已经准备好了。"

艾拉也有类似想法，她想成为其祖国和中国之间的沟通者和桥梁，并说："马来西亚是'一带一路'倡议的参与国之一。未来，马来西亚和中国之间的文化、科学和商业往来将大幅增加。此外，人员和国际事务也将增加。因此，两国之间的连接者将很重要。"

另一方面，吉尔和海伦一直主张借助中国公司、中国人以及相关业务来鼓励本国旅游业的发展。这两位参与者都没有来华想法，但都喜欢在服务管理和旅游领域担任本国与中国之间的连接者。

吉尔说道："作为政府机构的专业工作人员，我认为新西兰应该与亚太地区各国建立牢固的联系。我们过去只与澳大利亚有紧密联系，但现在，中国可能成为很关键的国家。我希望能成为中国各城市和奥克兰之间的桥梁，我相信这对所有新西兰人来说都是一个良好的开端。”

海伦分享了一些关于她的家族企业的想法，出于个人层面而非国家层面，她说：“我一直欢迎和鼓励中国和亚洲其他地区游客来我们的城市和公司。我的家族企业高度依赖旅游业，中国游客是我国最大的非澳大利亚游客群体之一。如果我能说好汉语，我就能向中国游客介绍和分享新西兰的文化和习俗。”

十四、对中国文化的兴趣

正如加德纳（1985）所说，学习一门知识，尤其是外语，是由个人的兴趣驱动的。与欧洲文化相互联系不同，中国文化在东西方文化中都是独一无二的。对外国人来说，接触中华文化、风俗和传统习俗也是非凡的体验。

武术影响了四名男性参与者，亚当、本尼、伊万和杰森对武术很感兴趣，所以他们选择在高等教育阶段学习汉语和中华文化。他们分享了类似的观点。亚当认为，武术电影明星对他学习汉语的决定有积极影响。“小时候，我父母喜欢看李小龙的电影。他是我这辈子认识的第一个中国人。我也喜欢他的衣着和发音。因此，一有机会我就开始学习汉语。”

本尼和亚当有一样的想法：“李小龙和成龙是著名的武术明星。许多青少年喜欢像李小龙和成龙那样打斗。作为一个活泼调皮的小男孩，放学后有空我总是习武。我一直想了解成龙在电影和电视节目里使用的语言——汉语。因此，学习这门语言应该是与中国人交流最容易的方法。”

伊万和杰森没有受真人影响，而是受到卡通人物影响。他们都沉迷于动画电影《功夫熊猫》。伊万表示："看动漫是我的爱好。我认为《功夫熊猫》很有趣。我喜欢动物和武术，而这部动画片结合了这两个元素，它让我从中国传统文化中感受到了乐趣。这听起来很疯狂，但正是因为这个，我大学期间学了中文。"

杰森也诉说了武术动漫是如何影响他的决定的。他说："《功夫熊猫》展现了一些传统武术招式，我觉得非常有趣。观看这部电影的汉语版，我还想看看能不能搜集到一些有趣的中国俚语。"

以上四位参与者表达了电影明星和动漫对他们的影响，丹尼斯、法蒂玛和海伦认为动漫是影响他们的因素之一。

丹尼斯表示："我第一次接触中国的美术和书法，是在我大学本科学习日语专业时。我以前没有意识到日本文字起源于中国。作为一名日语本科生，我喜欢了解更多中国文化。"

海伦对中文的兴趣源于对中国饮食文化的兴趣："我是素食主义者，我的家人经营着一家素食餐厅。素食者在西餐中的选择不多。然而，中国有很多有趣的食物，如豆腐、饺子等。我会用汉语寻找更传统的中国食物。"

作为一名工程师，法蒂玛被中国的传统建筑吸引，特别是那些历史悠久的建筑物："作为一个非洲人，我对北京故宫、寺庙和一些现代建筑十分惊叹。为了祖国的发展，我想去中国学习。此外，汉字也十分奇妙。"

十五、讨论

本节讨论研究的结果，旨在解决以下问题：

为什么语言学习者决定选择汉语作为外语课程，而不是他们国家流行的其他外语？

在社会认知职业理论的指导下（Lent et al，1994），本研究探讨了在“一带一路”沿线国家中，文化、社会和经济因素如何影响一群受高等教育的学生的外语学习选择。学者们认为，学习某一特定知识的决定受各种因素的影响，如经济情况、发展机会等。伦特等人（Lent et al，1994）进一步指出，个体倾向于依赖与他们有相似情况的模型。

在这项研究中，研究者发现，外语学习者选择汉语作为外语来学习一般出于三个原因：（1）就业机会；（2）经济发展；（3）对东亚文化的兴趣。

第一，值得注意的是，在过去的十年里，中国经济发展迅速。这种经济增长的情况不仅在中国出现，还在“一带一路”倡议的影响下扩大到亚洲其他地区和非洲等地区。通过“一带一路”合作项目，这些国家和地区的人可以获得大量与中国企业相关的就业机会，因为这些合作项目可能需要当地专业人士在本国运营（Fallon，2015）。换句话说，这样的就业机会不仅存在于中国，更存在于世界各国。

第二，除了中国在国外开办企业，由于经济的增长，中国政府和一些组织还为许多发展中国家援建了大量基础设施、教育机构和医疗保健中心等。此外，中国的旅游业已成为“一带一路”沿线国家和地区拓展业务最热门的方向（2016）。为了更好地抓住中国带来的这些机会，较高水平的汉语交际技能至关重要。

第三，中国的传统文化也吸引了许多参与者。中国的文化有其独特之处。一些东亚国家在中国文化的影响下发展了建筑、书法、文字、宗教和美术等方面的文化。因此，为了更好地了解东亚的相关背景，汉语或许是一块很好的敲门砖。此外，对于外国人而言，了解中国功夫、参观故宫、听中国民间故事也是独特的体验（Huang，2016）。以上因素极大地提升了他们选择汉语作为外语学习的兴趣。

十六、建议

根据目前的研究结果，本文作者提出五点建议，以推动对外汉语教学的发展。

第一，中国高校应继续资助学生成长为外语教师。目前，在中国，教师教育和教师培训计划的理念都高度围绕学前至高中教育阶段。通常，学生在这一阶段课程内完成职前教师教育课程后，都会在本国而非国际上任教，因而无法缓解国际上对外汉语教师的短缺状况（Dos Santos，2016；2017a）。

第二，中国政府应鼓励学生学习英语以外的外语。目前在中国，学外语常指学英语，所以大多数对外汉语教师只学习英语这一门外语，而不重视发展非英语国家市场，如孟加拉国、柬埔寨等。因此，为了与外国人和"一带一路"沿线国家的学习者交流，中国应该将英语以外的多种语言纳入学习范围。

第三，基础语言习得课程应根据东道国的语言系统量身定制（Dos Santos，2007b）。目前，香港有超过140个不同的语系，例如南岛语系、印欧语系等。由于每个语系的发音和语言系统并不相同，如果没有适当和切合需要的课程，学习者就可能很难掌握汉语。

第四，汉语教学要有针对性。除了英语教学之外，在该领域还有几类特殊教学，如对外英语教学、英语作为外语的教学、学术英语教学和专门用途英语教学。除了教与学的领域外，知名机构还提供多项英语教学资历，例如对外英语教学证书、国际英语教师职业资格证书、英语教学管理文凭、青少年进阶教学证书、英国剑桥大学教师资格证及剑桥英语语言教师文凭等。为了满足中文教学的需求，中国应尽快发展这些领域和资格认证。

第五，与孔子学院的协调和联系（GIL，2009）。孔子学院是在许多国家进行汉语教学和学习的里程碑式机构。为满足国外对汉语教师的需求，在中国境内培训教师是解决方案之一。然而，在东道国和地区内对当地学生和教师进行培训也不失为一种克服语系及语言障碍的可持续的解决办法。因此，每个孔子学院的院长和管理人员都应该与当地的学院和大学建立培训协议，为当地的教师提供汉语教学培训计划。

十七、局限性、对未来研究的建议

（一）局限性

每项研究都有一定局限性。本研究的局限性主要在于参与者的数量和地域。首先是截至 2018 年初，“一带一路”倡议已有 70 多个国家和地区参与。然而，本定性研究，只能邀请目标国家和地区的人员参加。其次，研究人员只邀请了汉语或英语水平较高的参与人员进行采访，而没有邀请那些既不讲英语也不说汉语的人。

（二）对未来研究的建议

基于本研究目前的局限性，未来的学者和研究者可以遵循本研究模式和设计，进一步采用混合方法研究。研究人员可以对"一带一路"倡议沿线地区所有第二语言为汉语的学习者设计调查问卷；或者还可以以国际汉语教师为研究对象，研究他们学习语言的动机，参与对象不局限于教师和学生，还应包括可能从高校聘用这些中文毕业生的当地雇主。

十八、结论

总之，经济的发展帮助中国在国际舞台上迈向了新的里程碑。为了抓住这一难得的机会，在中国与其他国家和地区进行的商业、文化、习俗、教育和科学、技术、工程和数学等教育活动中，参与人员须具备一定中文水平。"一带一路"倡议为成员国和地区提供了独特的机遇，让它们能加入这两条经济之路，实现 21 世纪的卓越发展。最后，汉语作为外语的教学不应局限于小众学习者，也应包括目前生活在"一带一路"倡议范围内的所有居民。

参考文献

Abbott, P., & Wallace, C. (2012). Social quality: A way to measure the quality of society. *Social Indicators Research*, 108, 153-167. Springer. https://doi.org/10.1007/s11205-011-9871-0.

Bringel, B. M., & Domingues, J. M. (2015). *Global modernity and social contestation*. New Delhi: SAGE: Studies in International Sociology.

Chan, T. (2017). China's Central Government promotes the Guangdong - Hong Kong-Macao Greater Bay Area, Macao Magazine: 2017-6-9. Extracted from: https://macauhub.com.mo/feature/chinas-central-governmentpromotes-the-guangdong%C2%AD%E2%80%91hongkong%C2%AD%E2%80%91macao-greater-bay-area/

Chua, K.H. (2010). *Social capital and inequality in Singapore*. A thesis submitted in conformity with the requirements for the degree of Doctor of Philosophy Department of Sociology, University of Toronto.

CUHK. (2014). Attitude towards working in Mainland among Young People of Hong Kong. Extracted from: http://www.chinanews.com/ga/2015/01-13/6964918.shtml20170714

Department of Statistics Singapore. (2011). Singapore Census of Population 2010, Statistical Release 1: Demographic Characteristics, Education, Language and Religion, https://www.singstat.gov.sg/publications/cop2010/cop2010-sr1

Fenger, M. (2012). Deconstructing social cohesion: Towards an analytical framework for assessing social cohesion policies. *Corvinus Journal of Sociology and Social Policy*, 2, 39-54.

Global-is-Asian. (2017). Singapore's lesson: Managing immigration to create a winwin situation, 2017-6-23. Extracted from: http://global-is-asian.nus.edu.sg/index.php/singapores-lesson-managing-immigration-create-win-win-situation/

Hofmeister, W., & Rueppel, P. (2014). *Social cohesion, addressing social divide in Europe and Asia*. Singapore: Konrad-Adenauer Stiftung and European Union.

Hong Kong Census and Statistics Department. (2016). *Hong Kong* 2016 *population by-census-Key statistics*. Hong Kong: The Government of Hong Kong Special Administrative Region.

Housing Development Board. (2013). "*Ethnic Integration Policy (EIP)*," June 27,

2013, Accessed July 20 2013, http://www.hdb.gov.sg/fi10/fi10322p.nsf/w/SellFlatEthnicIntegrationPolicy_EIP.

Lau, S. K. (2002). Hongkong people or Chinese people, Identity problems of Chinese Diaspora in Hong Kong 1985-1995. Extracted from: http://paper.usc.cuhk.edu.hk/Details.aspx?id=1847

Li, P. W., & Zhuang, H. S. (2018). Viewpoints.*Ming Pao Daily*, 2018-02-02.

Malaysia Economic Planning Unit. (2013). *Malaysian Economy in Figures* 2013, downloaded on 25 February 2014 from: http://www.epu.gov.my/documents/10124/1e9cd2e5-67a8-4b6cb530- b1448a6a1475.

Malaysia Economic Planning Unit (2013a). Table 5: Gini Coefficient byEthnicity, Strata and State, Malaysia, 1970-2012, downloaded on 11 January 2014 from: http://www.epu.gov.my/documents/10124/d40ca7bf - bdc4 - 40b6 - 83e7 -28370f3d6cfa.

Malaysia, the Government of (2010). Tenth Malaysia Plan 2011-2015, *Putrajaya: The Economic Planning Unit, Prime Minister's Department.*

Malaysia Prime Minister's Department Economic Planning Unit, (2004).*Malaysia: 30 years of poverty reduction, growth and racial harmony*. Scaling Up Poverty Reduction: A Global Learning Process and Conference Shanghai, May 25-27, 2004. Extracted from: http://unpan1.un.org/intradoc/groups/public/documents/apcity/unpan021601.pdf

Merdeka Center for Opinion Research. (2006). *Public opinion poll on ethnic relations: Experience, & expectations*. March, 2006. Extracted from: http://www.merdeka.org/pages/02_research.html

National Integration Council. (2010).*Home for the New Singapore citizens*. Singapore. Extracted from: https://www.nationalintegrationcouncil.org.sg/docs/default-source/handbooks-and-publications/home-for-new-singapore-citizens-eng.

pdf?sfvrsn=427f819b_2

Ng, J. Y. (2013, July 15). Our Singapore conversation themes identified, dialogue to continue. *Today Online*. Accessed 30 Aug 2013. Extracted from: http://www.todayonline.com/singapore/themes-identified-spore-conversation-could-continue

Nurhidayah, H., & Yeo, L. H. (2014). Social cohesion in Singapore- Challenges and policy response. In W. Hofmeister & P. Rueppel (Eds.), *Social cohesion, addressing social divide in Europe and Asia* (pp. 46-58). Singapore: Konrad-Adenauer Stiftung and European Union Extracted from: http://www.kas.de/wf/doc/kas_40568-1522-2-30.pdf?150227080259

Park, R. E., & Burgess, W. E. (1969/1921). *Introduction to the science of sociology*. Chicago, IL: University of Chicago Press.

People's Association. (2009). "*Residents' Committees*", People's Association, October 30, Accessed July 13, 2013, http://www.pa.gov.sg/residents-committees.html.

Putnam, R. D. (1995). Bowling alone: America's declining social capital. *Journal of Democracy*., [Internet], 6(1), 65-78.

Spoonley, P., Peace, R., Butcher, A., & O'Neill, D. (2005). Social cohesion: A policy and indicator framework for assessing immigrant and host outcomes. *Social Policy Journal of New Zealand*, 24, 85-110.

Tan, C., & Ng, P.K. (2011). Functional differentiation: A critique of the bilingual policy in Singapore. *Journal of Asian Public Policy*, 4(3), 331-341.

Ting, M. H. (2014). Social cohesion in Malaysia. In W. Hofmeister & P. Rueppel (Eds.), *Social cohesion, addressing social divide in Europe and Asia* (pp.59-74). Singapore: Konrad Adenauer Stiftung and European Union.

Tse, K. L. (2017). Cooperation is key to building China's Bay area. *China Business*

Knowledge @ CUHK, 2017-8-14. Extracted from: http://www.bschool.cuhk.edu.hk/faculty/cbk/article. aspx?id=17911957

Tully, J. (2009). *Public philosophy in a new key: Volume* 1, *democracy and civic freedom (ideas in context)*. Cambridge: Cambridge University Press.

United Nations. (1995a). Copenhagen Declarationon Social Development and Programme of Action of the World Summit for Social Development, World Summit for Social Development, Copenhagen, March 6 - 12, 1995. Extracted from: http://www.un.org/esa/socdev/sib/peacedialogue/background.htm

United Nations.(1995b). *Dialogue in the social integration process: Participation by, for and with people*. United Nations Department of Economic and Social Affairs, Division of Social Policy and Development. Extracted from: http://www.un.org/esa/socdev/sib/egm/smry-flyer.pdf

United Nations Development Programme. (2016). *Human development reports*. United Nations. Extracted from: http://hdr.undp.org/en/composite/trends

Wiener A. (2014) *Cultural cosmopolitanism: Contestedness and contestation* (pp. 45-53). In: *A theoryof contestation*. Springer Briefs in Political Science. Berlin: Springer.

Wu, W. Q. (2017). Guangdong-Hong Kong-Macao Greater Bay area synergy innovation development report. Guangzhou Daily 2017-7-22. Extracted from: http://news.dayoo.com/guangdong/201707/22/139996_51545770_0.htm

You, J.(2017). Guangdong-Hong Kong-Macao Greater Bay area synergy innovation development report, 2017. Extracted from: http://www.lifeofguangzhou.com/node_981/node_989/node_997/node_1006/2017/07/24/1500885277178899.shtml

第五篇
环境

第十一章　引导斯里兰卡走上绿色“一带一路”

卡迪尔·拉克什曼①

一、引言

近年来，中国“一带一路”倡议带来了对斯里兰卡国内基础设施的大量投资。早在2005②年，中国就通过对斯里兰卡进行发展援助和基础设施投资而与之进入了双边经济关系发展新纪元。自此，中国成为斯里兰卡最大的外国投资方，投资总额超过80亿美元。中国在斯里兰卡投资了多个大型基础设施项目，包括海港、普特拉姆燃煤电站、马塔拉机场、科伦坡-卡图纳亚克高速公路、莫勒格哈坎达水库工程和南部高速公路。

斯里兰卡地处东南亚、东亚各国与欧洲、中东、非洲等地联系的“东西方十字路口”，这一地理位置为该国发展为印度洋贸易中心，提供了优越的条件。2013年，习近平主席发起了“一带一路”

---

① 卡迪尔·拉克什曼（D. Hundlani），斯里兰卡科伦坡，加马尔国际关系与战略研究所，E-mail：divya@ lki.lk。

② Kelegama（2018）.

倡议，预计投资1万亿[①]至8万亿[②]美元，建设横跨亚欧非的贸易及交通基础设施，并以海港建设作为海上互联互通战略的核心。海港对周边城市和更远的地区有利有弊。利在经济成果，特别是为国内和国际公司扩大市场机会，还创造了当地的就业机会。而弊则主要源于港口和航运业相关的环境退化[③]和污染。

本文探讨了斯里兰卡“一带一路”投资的环境可持续性问题，即“一带一路”的“绿色”程度。本文旨在确定绿色“一带一路”倡议的要素，以及在斯里兰卡大规模投资中实施绿色政策的挑战。本文将运用案例研究的方法，重点分析中国在斯里兰卡的两个主要投资项目：科伦坡港科伦坡国际集装箱码头和汉班托塔港。本文认为，斯里兰卡必须设定并公布严格的规范标准，以便在“一带一路”倡议下发展这些港口。

本文第二节确定了绿色“一带一路”倡议的初步指标。第三节讨论了国际公认的绿色港口标准和基准。第四节主要考虑了斯里兰卡在“一带一路”倡议下存在的环境风险以及斯里兰卡港口遵守国际标准的必要性，这些标准包括低污染和生态保护的绿色政策。第五节阐述了斯里兰卡和中国在绿色投资方面面临的挑战，并为立法和政策框架提出了建议。文章最后强调了绿色政策对于斯里兰卡经济发展的重要性，并将其作为对外投资政策的一项关键原则，从而确保投资和港口发展能带来更积极的影响。

---

① Huang and Perlez (2013).

② Ellis (2017).

③ De Silva et al. (2015).

二、中国与绿色“一带一路”倡议

通过“一带一路”倡议，各国在贸易互联互通①、基础设施建设和其他关键形式的经济互联互通方面进行合作。“一带一路”包含沿线60多个国家，覆盖62%的世界人口。“一带一路”由陆上丝绸之路和海上丝绸之路组成。“一带”指“丝绸之路经济带”，“一路”指“21世纪海上丝绸之路”②，其中后者负责广泛投资沿线港口。鉴于其涉及广大的地理范围和巨大的资金数目，“一带一路”能在国际绿色基础设施发展实践中发挥主导作用。对于斯里兰卡等发展中国家而言，“一带一路”的投资尤为重要，也有潜在利益。

2017年5月，习近平主席在北京举行了具有里程碑意义的“一带一路”国际合作高峰论坛，并承诺中国将践行绿色发展理念。他指出，“一带一路”建设六大经济走廊框架已经确立，要扎扎实实向前推进。要抓住新一轮能源结构调整和能源技术变革趋势，建设全球能源互联网，实现绿色低碳发展。③

2017年10月，习近平总书记在中国共产党第十九次全国代表大会上的讲话中重申了中国对于环境的承诺④。他指出，资源效率和环境价值的概念需要融入政策、贸易和金融一体化中，以此促进中国国内经济和国际投资的绿色发展。

2015年中国发布的《推动共建丝绸之路经济带和21世纪海上丝

① Yamei (2017).
② Yamei (2017).
③ Yamei (2017).
④ Xi (2017).

绸之路的愿景与行动》[1] 表示，支持建设绿色“一带一路”，这一概念包括低碳基础设施建设和运营管理。此外，中国表示要以“生态文明理念”[2] 为指导，实现可持续发展，其中包括资源效率和环境保护等目标。根据这一理念，中国通过“一带一路”促进环境保护的目标建立在与东道国的共同利益和共同责任之上，促进了互利共赢。

为“一带一路”项目提供资金的新金融机构也承诺推动环境友好政策。亚洲基础设施投资银行（以下简称“亚投行”）发布《环境与社会框架政策》，[3] 支持旨在缓解气候变化影响的《巴黎协定》。该政策通过促进能源节约和可再生能源的使用、可持续的土地使用管理和低碳技术来支持“绿色经济增长”。该政策发布后，亚投行迄今没有投资燃煤能源项目，只投资了水电和太阳能项目。[4]

三、“绿色”港口作业的全球标准和机制

“绿色”港口作业有几个国际标准和基准港口可供斯里兰卡学习并运用。绿色港口政策包括使用可再生能源、废物管理技术，以及减少港口作业中的空气和水污染。

---

① 中文标题为《推动共建丝绸之路经济带和 21 世纪海上丝绸之路的愿景与行动》(https://www.ndrc.gov.cn/xwdt/xwfb/201503/t20150328_956036.html)，英文标题为 Joining Hands to Build a Silk Road Economic Belt and a 21st Century Maritime Silk Road—Vision and Actions (http://english.www.gov.cn/archive/publications/2015/03/30/content_281475080249035.htm)。——译者注

② The Chinese ASEAN Environmental Cooperation Centre of the Green Silk Road (2017). 中国-东盟环境保护合作中心（2017）

③ Asian Infrastructure Investment Bank (2016). 亚洲基础设施投资银行（2016）。

④ Asian Infrastructure Investment Bank (2017). 亚洲基础设施投资银行（2017）。

（一）国际标准

国际海事组织负责采取措施，进行航运业污染防控，减轻海上事故和作业造成的损害。国际海事组织通过制定减少空气污染物的国际政策和指导方针，从而降低船舶温室气体排放量。为最大程度确保港口符合防污染标准，该组织还与相关供应链上的合作伙伴密切合作，其中包括港口当局和港口运营商等。

国际海事组织对国际标准的制定和议定书的修订作出了重大贡献，其中包括最重要的国际海洋环境公约之一《经1978年议定书修订的〈1973年国际防止船舶造成污染公约〉》[①]。该公约规定了空气污染物水平（包括氮氧化物和温室气体排放量）、船用发动机制造标准和燃料油中硫含量限制、禁止故意排放任何消耗臭氧层的物质。该公约还包括防止水污染的条例，要求港口提供充足的废物接收设施[②]，以转移船舶上的有害废物，包括石油、有毒液体化学物质和垃圾。自1959年以来，国际海事组织出台了50项公约和议定书以及800多项守则[③]，力求保护环境不受港口和航运作业污染的破坏性影响。

全球有部分港口遵守了国际海事组织的标准，其中包括新加坡港。新加坡海事及港口管理局[④]的“绿色港口计划”按照国际海事组织的政策来测量污染物、制定能源效率标准，并确保港口和航运业务遵守排放规定。新加坡为减少空气污染物排放的行为提供财政奖

① Gard（2004）.

② Mikelis（2018）.

③ International Maritime Organization（2008）. 国际海事组织（2008）。

④ Maritime and Port Authority of Singapore（2018a）. 新加坡海事和港口管理局（2018a）。

励，例如对减碳和非二氧化碳温室气体排放的港口降低25%的费用。

新加坡遵守国际海事组织的严格规定，限制燃料中硫黄的使用。硫黄是大气污染中的非二氧化碳温室气体污染因素，可能会导致酸雨。除了遵循国际标准外，新加坡的国内政策还鼓励当地海事公司开发和采用绿色技术。例如，港口作业中绿色技术开发和适应成本的资金覆盖率高达50%[①]。新加坡还投资了一个液化天然气终端[②]，该设施可以为液化天然气运输船提供燃料。然而专家普遍（但不完全）认为天然气比其他化石燃料更清洁、对环境的危害更小。

（二）比较标准

其他国际港口可能不一定遵循特定国际标准，但在作业时仍实行绿色港口政策。例如，加州的港口受加州空气资源委员会监管，而该委员会的环境法规被认为比国际海事组织的法规更严格[③]。2017年，长滩港的吞吐量超过750万个TEU（长度为20英尺的集装箱），为世界最繁忙的港口之一[④]。建港20多年来，长滩港坚持实行绿色港口政策，起到了引领作用[⑤]。该港口目前正努力实现零碳排放[⑥]，旨在建立高效的废物管理和保护系统。长滩使用的是节能作业机械，使用太阳能、风能和（或）沼气等可再生能源。

为了减少空气污染，长滩有一项“船只减速计划”[⑦]，要求船

---

① Maritime and Port Authority of Singapore（2018b）. 新加坡海事和港口管理局（2018b）。

② Kristiansen（2018）.

③ International Council on Clean Transportation（2016）. 国际清洁交通委员会（2016）。

④ The Port of Long Beach（2017a）. 长滩港（2017a）。

⑤ The Port of Long Beach（2017b）. 长滩港（2017b）。

⑥ The Port of Long Beach（2017c）. 长滩港（2017c）。

⑦ The Port of Los Angeles（2017）. 洛杉矶港（2017）。

只在距离港口灯塔约17海里的地方减速至12节。该港口开展港口费用激励计划，鼓励船用引擎和所有港口设备都使用低硫、清洁燃料。长滩发布了改善水质、最大化降低水污染、保护周边特有野生动物的政策。为节约资源，该港口还提出了水和固体废物回收的方案。长滩港口内新建与扩建建筑都以可持续发展原则为指导①。根据长滩港的政策，港内所有建筑标准都应符合能源与环境设计先锋标准，在建设时优先考虑建筑垃圾的回收和现场再利用，并使用本地可得的“绿色”建筑材料和用品。

四、“一带一路”在斯里兰卡

自2005年起，中国在斯里兰卡进行了大规模的商业投资，② 主要针对的是基础设施建设③。按照斯里兰卡政府的政策规划文件《2025远景发展战略》④ 中的设想，基础设施投资十分关键，因为这些项目能利用斯里兰卡的地理优势，使其成为物流、航运和运输部门承担者。海港投资是“一带一路”倡议的一部分，它与斯里兰卡的经济发展战略具有重要的协同效应，斯里兰卡也将本国宣传为南亚和印度洋的物流和贸易中心。

斯里兰卡以南6至10海里为海运东西主航道⑤。据估计，每年有6万艘船只通过这条航线，承载着全球近70%的石油和50%的集

① Long Beach Harbour Department（2005）. 长滩港港务局（2005）。

② Kelegama（2018）.

③ Perera（2016）.

④ Office of the Prime Minister. Vision 2025. Retrieved from http://www.pmoffice.gov.lk/down- load/press/D00000000061_EN.pdf.

⑤ Fernando（2017）.

装箱运输。[①] 斯里兰卡地理位置优越，可以为全球航运路线上的船只提供停靠港口。但是斯里兰卡必须确保运力足够，能够提供现代化的港口服务和设施，以满足全球航运公司的要求，保持竞争优势。因此，海港发展一直是斯里兰卡经济增长战略和发展的核心。

斯里兰卡有6个主要海港，包括科伦坡港、汉班托塔港、亭可马里港、加勒港、坎凯桑图赖港和奥卢维尔港。其中，科伦坡国际集装箱码头和汉班托塔港是由外国公司运营的码头。科伦坡国际集装箱码头于2015年开始运营，是科伦坡港内的5个码头之一。汉班托塔港于2010年开放，在2017年12月前一直由一家国内实体运营。科伦坡国际集装箱码头和汉班托塔港目前均由中国招商局港口运营。招商局港口的控股公司招商局港口控股有限公司是全球第二大码头运营商[②]，管理资产约10万亿美元，2016年实现年利润约200亿美元。

2017年，科伦坡港共处理约600万标准箱[③]，其中科伦坡国际集装箱码头处理200万标准箱。如图11.1所示，科伦坡国际集装箱码头在不断增加集装箱运量，为科伦坡港创造巨大价值[④]。科伦坡国际集装箱码头主要为集装箱码头，其目标是成为南亚的主要转运中心。该码头是科伦坡港唯一的深水码头[⑤]，泊位长18米；由于集装箱船的规模越来越大，因而在全球航运航线上对这种码头的需求量也越来越大。作为科伦坡港最大的码头，科伦坡国际集装箱码

① Fernando (2017).

② Colombo International Container Terminal Ltd (2015). 斯里兰卡科伦坡国际集装箱码头(2015)。

③ Daily (2017a).

④ Sri Lanka Ports Authority (2016). 斯里兰卡港务局(2016)。

⑤ Sri Lanka Ports Authority (2017a). 斯里兰卡港务局(2017a)。

头开放80%运力运营，运量增长28%[1]，大幅提高了科伦坡港的效率和增加了运力。自2015年以来，科伦坡国际集装箱码头在收入、运量和利润方面都超出了市场预期[2]，可以被称为科伦坡港最高效码头。

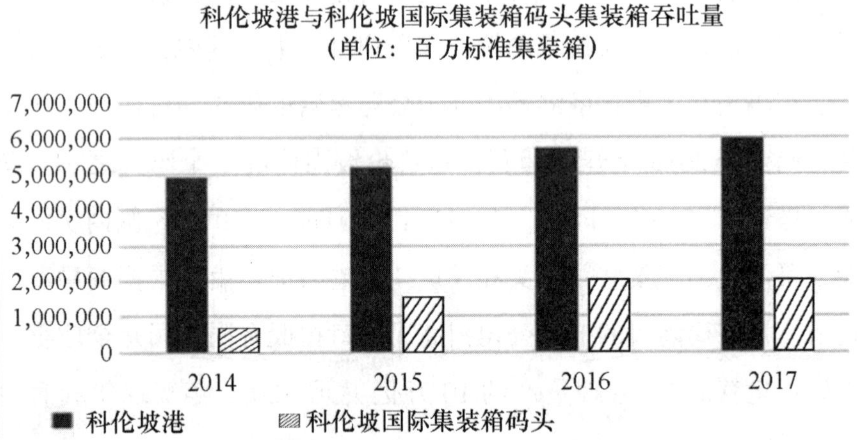

数据来源：斯里兰卡国家港务局、斯里兰卡《每日时报》

图 11.1 科伦坡港的集装箱量

汉班托塔港有潜力成为全球转运枢纽，甚至能与新加坡或迪拜等知名港口相媲美。根据全球航运路线，汉班托塔港优越的地理位置能为船只节省3天的运输时间和燃料。[3] 该港为深水港，负责吸收科伦坡港溢出的集装箱船，并提供辅助服务，包括支线船、加油、船舶维修、企业孵化器、综合物流和船舶供应服务。中国进出

① Fernando (2017b).

② Daily (2018).

③ Ship - Technology. Port of Hambantota. Retrieved from https://www.ship-technology.com/fea- tures/ship-technology-global-issue-54/.

口银行[①]以贷款形式为汉班托塔港的建设提供了资金，2017 年 7 月，通过一项价值 11.2 亿美元为期 99 年的协议，汉班托塔港被以债转股的形式出租给中国招商局集团。

中国招商局集团的目标是将汉班托塔港建设成为年处理 2000 万标准箱的港口。[②] 除此之外，中国招商局集团还在开发周围约 13355 亩的工业园。要评估汉班托塔港在中国招商局集团管理下的商业运营情况还为时过早。

（一）斯里兰卡港口面临的环境挑战

港口的建设和运营可能给附近相关地区带来负面环境影响[③]。由于科伦坡国际集装箱码头和汉班托塔港都处于运作状态，本文将重点分析与港口业务（包括船舶）有关的环境因素。通过分析港口业务对碳排放、海洋和生态干扰、废物收集系统以及土壤、水和空气污染的影响，可以得出港口及其周围地区所面临的环境挑战和风险。

空气污染由温室气体、烟雾和煤烟的氮氧化物以及其他有害污染物引起[④]，是港口作业产生的主要环境污染。[⑤] 港口作业包括货物装卸、陆上运输和船舶停靠港口。

科伦坡和汉班托塔这两个城市易受港口的污染物排放影响。科伦坡和汉班托塔港口附近的居民面临过早死亡、患心脏病和肺病人

① Text.

② Ship - Technology. Port of Hambantota. Retrieved from https://www. ship - technology.com/fea- tures/ship-technology-global-issue-54/.

③ United Nations. Environmental Impacts of Ports. Retrieved from http://www. unescap.org/sites/default/files/pub_1234_ch2.pdf.

④ Grundler (2016).

⑤ Solomon (2004).

数增加、患癌症风险上升、呼吸道问题增加等公共安全问题①。没有数据统计斯里兰卡港口的空气污染物水平（包括二氧化碳和氮氧化物的排放量），但科伦坡的总体空气污染水平记录的平均污染物水平②高于世贸组织的建议水平。

斯里兰卡跻身世界人口密度最高的前四十国家之列③，而首都科伦坡为斯里兰卡人口最密集地区，极易受到空气污染影响。斯里兰卡国家港务局没有为港口运营商设立规则或指导方针，而且由于缺乏数据测量和收集，港口周边存在空气污染风险。

港口作业使用不可再生能源会给环境带来重大挑战：燃煤发电会导致高浓度碳排放，产生温室气体，造成空气污染。2017 年，“一带一路”沿线国家的煤炭消耗量占全球 23%。

锡兰电力局控制着斯里兰卡 80%以上的发电量，由于该国主要电力源自水力发电，容易受天气影响，因此该电力局计划增加煤炭的使用量。在其计划中，2025 年该国煤炭产电比例将增加到 40%，并于 2034 年增加到 50%④。国际金融公司⑤指出，“绿色”的基础设施投资必须使用清洁能源，不能使用石油、天然气、石化或煤炭进行作业。

船舶和油轮在港口周围水域非法倾倒化学和物理废物会导致水污染。水污染是全球航运业面临的共同挑战，因为货船经常将污水

---

① United States Environmental Protection Agency（2017）. 美国国家环境保护局（2017）。

② National Building Research Organisation（2016）. 斯里兰卡国家建筑研究院（2016）。

③ World Bank Data（2018）. 世界银行数据（2018）。

④ Ceylon Electricity Board（2017a）. 锡兰电力局（2017a）。

⑤ International Finance Corporation（2017）. 国际金融公司（2017）。

废物和残留的化学产品排放到港口周围的海域[1]，造成石油污染、水质恶化和卫生问题。船装卸货物时会吸收、排放压载水，潜在的入侵物种可能进入海洋环境，从而对海洋生物多样性造成破坏。这些含有毒物质的污水会导致动物丧失栖息地，并影响海洋和沿海生态。

批评家指出，科伦坡和汉班托塔周围的海水和海洋环境可能会受到港口作业和海上活动的严重污染。这两个港口没有严格的水污染标准和废水排放标准[2]，公共部门也没有持续监测斯里兰卡的水质标准。这将带来两大负面影响：首先，由于水污染，斯里兰卡赖以生活、贸易和就业的渔业资源将遭遇重大挑战。其次，斯里兰卡只有 50%的居民能使用管道自来水[3]，由于自然水污染，其余居民容易面临健康风险，遭受疾病影响。

（二）斯里兰卡的绿色“一带一路”：科伦坡国际集装箱码头

斯里兰卡在“一带一路”倡议上获得的第一笔投资可以说是来自科伦坡国际集装箱码头，尽管该码头早在“一带一路”倡议发布之前就已建成。科伦坡国际集装箱码头方面明确表示，从 2015 年开始就以建设绿色码头为目标运营。鉴于这一承诺和商业上的成

---

① United Nations. Environmental Impacts of Port Developments. Retrieved from http://www.unescap.org/sites/default/files/pub_1234_ch2.pdf.

② Herath, Gemunu. Water Quality Management in Sri Lanka- Current situation and issues. Department of Civil Engineering, University of Peradeniya. Retrieved from: http://wepa-db.net/activities/2014/20141127/pdf/2_3_WEPA%20Gemunu%20Herath%20Final%2028-11-14.pdf

③ National Water Supply and Drainage Board (2018).斯里兰卡国家水供应与管道委员会（2018）

功，科伦坡国际集装箱码头既保证了低污染和低碳排放[①]，还保证了利润增长[②]，为绿色政策下的港口运营创下了一个商业案例。

科伦坡国际集装箱码头以保护周围生态系统为优先任务，码头作业采用了低碳、防污染的政策和技术并使用可再生能源。为应对环境挑战，科伦坡国际集装箱码头主要投资了绿色技术的使用[③]，例如采用电动起重机，而非柴油动力起重机。电动起重机的二氧化碳排放量为零，温室气体排放量极低[④]。

通过减少能源、贯彻节能政策，科伦坡国际集装箱码头进一步追求减少空气污染、降低碳排放的政策。中国招商局集团承诺将在斯里兰卡推行使用绿色技术和降低污染的政策，该码头 80%以上的发电量将源自太阳能[⑤]。通过太阳能电池板发电，科伦坡国际集装箱码头的污染物排放水平降低了 90%，并继续推动其他所有业务转向绿色能源模式。

作为实施绿色政策的商业案例，科伦坡国际集装箱码头被认为是科伦坡港口利润最高、效率最高的码头，仅运营 3 年就超过了预期货运量。2016 年，科伦坡港接入全球航运公司网络，负责亚欧航线货物运输，而科伦坡国际集装箱码头则承担了该港口 70%的货

---

① Colombo International Container Terminals Ltd（2017a）. 科伦坡国际集装箱码头（2017a）。

② Economy Next（2017）.

③ Sri Lanka Ports Authority（2017b）. 斯里兰卡港务局（2017b）。

④ Colombo International Container Terminals（2017a）. 科伦坡国际集装箱码头（2017a）。

⑤ Colombo International Container Terminals（2018. 科伦坡国际集装箱码头（2018）。

运量[①]。

（三）斯里兰卡的绿色“一带一路”：汉班托塔港

汉班托塔港由中国进出口银行提供资金建设，始建于2008年，耗资3.61亿美元[②]。在2017年之前，斯里兰卡港务局负责该港的运营，但未能吸引航线，也未能达到预期盈利。该港口2015年只有19艘船进入，2016年则只有14艘[③]船进入。2017年7月，斯里兰卡与中方签署特许经营协议，同年12月正式将汉班托塔港的资产及运营管理权移交中国招商局集团。

中国招商局集团刚开始运营就面临重大环境风险和挑战。要想确定汉班托塔港绿色政策的优先顺序，则必先了解这些风险和挑战。第一，缺乏关于环境风险的数据和证据，包括港口作业造成的空气和水污染水平。由于数据缺失，港口作业的有关环境问题难以预测。由于没有严格控制二氧化碳和非二氧化碳温室气体排放，以及制定船舶的燃油效率和硫黄含量标准，且缺乏公共部门监管向周围水域倾倒废物和其他造成污染的行为[④]，汉班托塔港的空气和水污染可能造成一定的环境风险。汉班托塔港不但未使用可再生能源，反而增加了其所使用的燃煤产电量[⑤]。

第二，汉班托塔港在建设时进行了大规模的疏浚，这对环境产生了影响。汉班托塔港在建港时从附近的卡拉根·勒瓦瓦

① Colombo International Container Terminals（2017b）. 科伦坡国际集装箱码头（2017b）。

② Wijedasa（2014）.

③ Abeyratne（2017）.

④ Marine Environment Protection Authority（2018）. 斯里兰卡海洋环境保护局（2018）。

⑤ Ceylon Electricity Board（2017b）. 锡兰电力局（2017b）。

（Karagan Levava）泻潟湖[1]疏浚了40000立方米[2]。潟湖周围的湿地是斯里兰卡最有价值的野生动物栖息地之一，原本供鸟类迁徙。本达拉国家公园为自然保护区，占地9000亩，距离汉班托塔港不到40公里。该公园是联合国教科文组织指定的国际重要湿地。汉班托塔港口建设占用了部分园地、沙滩、淡水用地，但新增耕地9.6平方公里、住宅用地5.37平方公里，促进了当地社会的经济发展和人口增长。

了解以上情况，今后汉班托塔港可以通过使用可再生能源和提升其他技术来改善环境，实现成本效益。减少不必要的照明、供暖和制冷，避免使用低效电机和设备能提高能源效率并降低运营成本。该港还可以使用绿色技术减少碳排放，降低港口作业对环境的负面影响，包括使用电动起重机、“智能电网”[3]及零排放货物装卸设备和交通工具等。

五、斯里兰卡面临的挑战和选择

为了降低港口项目带来的巨大环境风险，斯里兰卡必须完善政策和监管框架，优先采用绿色政策。尽管斯里兰卡面临严峻的挑战，但也有机会解决。

第一个挑战：中国尚未发布关于绿色化投资的总体指导方针。目前，绿色政策通过单个运营商临时实施，没有完整的绿色“一带

① Friends of the Earth：United States（2017）.《地球的朋友——美国》。

② Friends of the Earth：United States（2017）.《地球的朋友——美国》。

③ Theodoropoulos（2014）.

一路”愿景。对于绿色的要求是针对每个项目定义和实施的，这些要求可能受到“一带一路”项目运营者和融资者的影响。

第二个挑战：由于政府机构能力薄弱、治理不善，斯里兰卡与其他许多受援国一样，没有强大的国家环境立法，也没有执行现有立法。斯里兰卡共出台 20 多项与环境保护有关的法律，包括 1980 年的《国家环境法》[①]、1981 年的《海洋污染防治法》[②] 和 1981 年的《海岸保护法》[③]。与此同时，该国还制定了反污染规定、污染物排放和水污染排放标准，包括立法防止石油泄漏、阻止船舶倾倒石油等。然而这些标准并不严格，也没有机制能确保它们被有效实施。例如，虽然 1980 年的《国家环境法》[④] 要求对所有基础设施发展项目进行环境影响评估，但科伦坡国际集装箱码头和汉班托塔港的环境影响评估都不属于公有领域。

斯里兰卡必须在海港作业中采用国际标准和条例，并收集和公布如下相关数据：空气和水污染水平、二氧化碳和非二氧化碳温室气体排放量、港口的能源和电力来源。国际海港（包括新加坡和长滩）在收集数据方面也要保持透明，将有关污染水平的信息公之于众。斯里兰卡还应在开发大规模基础设施之前进行独立、公开的环境影响评估。

此外，作为海事组织的成员，斯里兰卡必须要求港口部门严格

---

① National Environmental Act Sri Lanka. Act No. 47 of 1980.1980 年斯里兰卡《国家环境法》第 47 法案。

② Marine Pollution Prevention Act. Act No. 59 of 1981.1981 年《海洋污染防治法》第 59 法案。

③ Coast Conservation Act. Act No. 57 of 1981.1981 年《海岸保护法》第 57 法案。

④ National Environmental Act Sri Lanka. Act No. 47 of 1980.1980 年斯里兰卡《国家环境法》第 47 法案。

执行海事组织的规则和条例。相关监管机构（如斯里兰卡港务局和海洋环境保护局）应要求包含科伦坡国际集装箱码头和汉班托塔港在内的所有港口和码头遵守基本绿色港口原则，包括使用废物管理系统、贯彻低碳和低污染政策。[①]

第三个挑战：斯里兰卡在技术、技能和融资方面存在重大不足，无法在其基础设施发展中引入绿色政策。将科伦坡国际集装箱码头与科伦坡港口内的另外两个码头（由斯里兰卡运营商管理）进行比较[②]，可以注意到码头之间在技术和绿色政策方面存在差异。斯里兰卡运营的码头没有采用防污染、低碳技术，运营过程中也没有优先考虑环境影响。而这一切的主要原因在于斯里兰卡的财政资源限制和技术缺乏。

斯里兰卡可以出台几项政策确保与外界进行绿色技术和专门知识的交流，对于外国投资者尤其如此。这些政策必须确保斯里兰卡能获得国内机构的技术专家和建设能力，并在获得外国投资时发展熟练劳动力。从长远来看，优先投资港口绿色技术，确保外国投资者遵守国际标准（包括国际海事组织制定的标准）能使斯里兰卡受益。

在港口作业中推广液化天然气作为燃料来源，能直接吸引“更环保”的投资。斯里兰卡的许多评论人士指出，通过投资液化天然气终端[③]实施国际海事组织环境标准的商业案例能推动该国成为全球航运中心。锡兰船舶代理协会建议斯里兰卡对绿色海洋船只实行

① Goonetilleke and De Saram (2016).

② Sri Lanka Ports Authority (2018). 斯里兰卡港务局（2018）。

③ Ceylon Association of Shipping Agents (CASA) (2018). 锡兰船舶代理协会（2018）。

优惠港口关税,[①] 吸引以液化天然气为能源的船只前往斯里兰卡的港口。尽管建造液化天然气专用码头和特殊加油设施需要巨额投资，但斯里兰卡的港口运营商和监管机构可以快速追踪外国或当地投资者的投资，从而优先利用更多绿色能源以遵守国际海事组织的标准。

六、结论

国际上对于“一带一路”的绿色程度争论不休。但是“一带一路”绿色内涵的演变和包括汉班托塔港在内许多项目的早期情况都表明,“一带一路”倡议很可能成为绿色、低污染的发展倡议。

中国如果能制定明确的环境标准，则可以产生许多积极影响，包括建立受援国的信任、为投资提供可持续途径等。

斯里兰卡的案例表明，其环境机构管理不严、国家立法存在漏洞，基础设施项目中的地方环境标准和政策也薄弱无效。通过研究国际基准，基于规则结合财政奖励，港口运营商和东道国有能力且必须采取一致行动，促进绿色政策，从整体上减少港口和基础设施发展带来的负面影响。

致谢：感谢 Dinusha Panditaratne 和 Barana Waidyatilake 的帮助，感谢“‘一带一路’互联互通与欧亚一体化——文化交流”论坛与会者提供的反馈。以上仅代表作者个人的观点。

---

① Ceylon Association of Shipping Agents（CASA）（2018）. 锡兰船舶代理协会（2018）。

参考文献

Bandura, A. (1977). Self-efficacy: Toward a unifying theory of behavioral change. *Psychological Review*, 84(2), 191-215. https://doi.org/10.1037/0033-295X.84.2.191.

Bandura, A. (1986). *Social foundations of thought and action: A social cognitive theory*. Englewood Cliffs: Prentice Hall.

Creswell, J. W. (2007). *Educational research: Planning, conducting and evaluating qualitative and quantitative research*. Boston: Pearson.

Dornyei, Z. (1994). Motivation and motivating in the foreign language classroom. *The Modern Language Journal*, 78(3), 273-284. https://doi.org/10.1111/j.1540-4781.1994.tb02042.x.

Dornyei, Z. (1998). Motivation in second and foreign language learning. *Language Teaching*, 31(3), 117-135. https://doi.org/10.1017/S026144480001315X.

Dornyei, Z. (2001). *Motivation strategies in the language classroom. Ernst Klett Sprachen*. Cambridge: Cambridge University Press.

Dos Santos, L. M. (2016). Foreign language teachers' professional development through peer observation programme. *English Language Teaching*, 9(10), 39-46. https://doi.org/10.5539/elt.v9n10p39.

Dos Santos, L. M. (2017a). How do teachers make sense of peer observation professional development in an urban school. *International Education Studies*, 10(1), 255-265. https://doi. org/10.5539/ies.v10n1p255.

Dos Santos, L. M. (2017b). Evaluation of a foreign language textbook used in the professional development in an urban school. *International Education Studies*, 10(1), 255-265. https://doi. org/10.5539/ies.v10n1p255.

Dos Santos, L. M., & Lo, H. F. (2018). The development of doctoral degree curriculum in England: Perspective from professional doctoral degree graduates. *International Journal of Education Policy and Leadership*, 13(6), 1-19. https://doi.org/10.22230/ijepl.2018v13n6a781.

Dos Santos, L. M. (2018a). Career decision of recent first-generation postsecondary graduates at a metropolitan region in Canada: A social cognitive career theory approach. *Alberta Journal of Educational Research*, 64(2), 141-153.

Dos Santos, L. M. (2018b). Postgraduate international students' living and learning experience at a public university in British Columbia. *Alberta Journal of Educational Research*, 64(3), 318-321.

Du, M. M. (2016). China's "One Belt, One Road" initiative: Context, focus, institutions, and implications. *The Chinese Journal of Global Governance*, 2(1), 30-43. https://doi.org/10.1163/23525207-12340014.

Fallon, T. (2015). The new silk road: Xi Jinping's grand strategy for Eurasia. *The Journal of the National Committee on American Foreign Policy*, 37(3), 140-147. https://doi.org/10.1080/108 03920.2015.1056682.

Gardner, R. C. (1985). *Social psychology and second language learning: The role of attitudes and motivation*. London: Edward Arnold.

Gardner, R. C. (2001). Language learning motivation: The student, the teacher, and the researcher. *Texas Papers in Foreign Language Education*, 6(1), 1-18.

Gil, J. A. (2009). China's Confucius institute project: Language and soft power in world politics. *The Global Studies Journal*, 2(1), 59-72.

Goldberg, D., Looney, D., & Lusin, N. (2015). *Enrollments in languages other than English in the United States institutions of higher education*. Fall 2013. Retrieved from the following link https://www.mla.org/content/download/31180/1452509/EMB_enrllmnts_nonEngl_2013.pdf

Huang, Y. (2016). Understanding China's belt & road initiative: Motivation, framework and assessment. *China Economic Review*, 40, 314-321. https://doi.org/10.1016/j.chieco. 2016.07.007.

Kennedy, K. (2018). Spanish tops languages to learn in 2018, says British Council. *The PIE News*. Retrieved from the following link https://thepienews.com/news/learning-new-languagepopular-resolution-2018-says-british-council-survey

Lent, R. W., & Brown, S. D. (1996). Social cognitive approach to career development: An overview. *The Career Development Quarterly*, 44(4), 310-321. https://doi.org/10.1002/j.2161-0045.1996. tb00448.x.

Lent, R. W., Brown, S. D., & Hackett, G. (1994). Toward a unifying social cognitive theory of careerand academic interest, choice, and performance. *Journal of Vocational Behavior*, 45(1), 79-122.https://doi.org/10.1006/jvbe.1994.1027.

Lent, R. W., Paixão, M. P., da Silva, J. T., & Leitão, L. M. (2010). Predicting occupational interests and choice aspirations in Portuguese high school students: A test of social cognitive career the ory. *Journal of Vocational Behavior*, 76(2), 244-251. https://doi.org/10.1016/j.jvb.2009.10.001.

Merriam, S. B. (2009). *Qualitative research: A guide to design and implementation*. San Francisco: Jossey-Bass.

Saldaña, J. (2013). *The coding manual for qualitative researchers* (2nd ed.). Thousand Oaks: SAGE Publications.

Seidman, I. E. (1991). *Interviewing as qualitative research: A guide for researchers in education and the social sciences*. New York: Teachers College Press.

Seidman, I. (2006). *Interviewing as qualitative research: A guide for researchers in education and the social sciences* (3rd ed.). New York: Teachers College Press.

Tang, K. H., & Dos Santos, L. M. (2017). A brief discussion and application of interpretative phe nomenological analysis in the field of health science and public health. *International Journal of Learning and Development,* 7(3), 123-132. https://doi.org/10.5296/ijld.v7i3.11494.

Thomas, D. R. (2006). A general inductive approach for analyzing qualitative evaluation data. *American Journal of Evaluation,* 27(2), 237-246. https://doi.org/10.1177/1098214005283748.

Wong, C. (2017). One belt, one road, one language? *The Diplomat*. Retrieved from the following linkhttps://thediplomat.com/2017/05/one-belt-one-road-one-language/

第十二章 “一带一路”沿线国家环境评估系统建设对比研究：绿色建筑在实现生态文明和可持续发展目标中发挥何种作用？

詹肇泰 苏越 阮宾皓 谢立言①

一、引言

建筑环境及其重要性

自2014年以来，中高收入国家的城市人口率平均达到75%，欧洲部分发达国家的城镇化率超过90%（CASS，2014）。自2011年以来，中国的城镇人口已超过农村人口数量（UNDP；CASS，2013；CASS，2014）。预计到2030年，中国城镇人口将超过10亿，占全国人口的70%。由于城市化进程加快，环境迅速退化和资源不

① 詹肇泰（Siu-tai Tsim），中国珠海，北京师范大学-香港浸会大学联合国际学院环境科学系，E-mail:siutaitsim@uic.edu.hk。苏越（Sherry Yue Su），中国上海，奥雅纳工程咨询(上海)有限公司。阮宾皓（Bonny Bun-ho Yuen），中国珠海，北京师范大学-香港浸会大学联合国际学院环境科学系。谢立言（Mandy Liyan Xie），中国珠海，北京师范大学-香港浸会大学联合国际学院全人教育中心。

可持续消耗的问题引起了人们的担忧。而在此进程中，建筑业在控制环境问题方面发挥着重要作用（Robichaud & Anantatmul，2011）。建筑业的影响范围不囿于某一城市内，更会影响全球。建筑物的高能耗是影响环境的主要因素之一，会给环境带来许多不良后果，如全球变暖（Robichaud & Anantatmul，2011）。据估计，建筑业产生了全球30%的废料，使用了40%—50%的原材料，排放了38%的二氧化碳，消耗了24%—50%的能源及72%的电力，占用了48%的土地面积。建筑业产生污染占比也很高，其产生了50%的空气污染、42%的温室气体排放以及50%的水污染（Qiu，2011；USGBC N. D. -a）。除此之外，有研究证明，设计不佳的建筑物会对人们的健康不利（UNEP，2007）。与此同时，几项研究报告称，在自然光更多的考试场地，考生能考出更好的成绩，其中数学成绩高出平时成绩20%，阅读考试成绩高出26%（USGBC，2003）。建筑环境可持续发展意识的日益增强对城市人口发展产生了积极影响，而优化建筑环境应为其中的重点。

一般来说，建筑环境包括四个阶段的内容：（1）建筑行业过程设计；（2）建筑施工；（3）建筑运营；（4）建筑拆除。建筑环境全面加强了建筑业的环境管理，包括选址、水质控制、减少用水量、建筑节能、建筑室内环境质量、建筑人员健康、建筑材料和建筑作业等各个方面（USGBC，2003）。将可持续发展的概念与建筑环境整合，不仅解决了环境问题，还改善了建筑工人的健康和福祉，因而将产生积极的社会影响（Robichaud & Anantatmul，2011）。

二、“一带一路”倡议与绿色建筑

“一带一路”倡议可以追溯至中国国家主席习近平在2013年提出的关于建设“丝绸之路经济带”和“21世纪海上丝绸之路”的倡议。“一带一路”倡议的主要目的是促进经济繁荣，加强不同文明之间的交流，在和平共处原则下开展“一带一路”沿线经济合作。简而言之，该倡议的宗旨是坚持互利共赢。兼顾各方利益和关切，寻求利益契合点和合作最大公约数，体现各方智慧和创意，各施所长，各尽所能，把各方优势和潜力充分发挥出来。

“丝绸之路经济带”涵盖中国、中亚、俄罗斯和欧洲波罗的海沿线的国家和地区等，将中国与波斯湾和地中海连接，途经中亚、西亚、东南亚、南亚及印度洋。“加强政策沟通，促进设施联通”是落实“一带一路”倡议的两大要素。正如《推动共建丝绸之路经济带和21世纪海上丝绸之路的愿景与行动》所述，建设交通、能源、信息技术等各类基础设施，对接商业、金融投资、工程技术等各类标准，促进签约各方深入合作。正如“一带一路”政策文件和官方网站所述，绿色是四大特征之一。“一带一路”倡议的官方文件即《关于推进绿色“一带一路”建设的指导意见》和《“一带一路”生态环境保护合作规划》（以下简称《规划》）中都提出并强调了需要绿色发展和可持续发展。《关于推进绿色“一带一路”建设的指导意见》中表示，加快形成崇尚创新、注重协调、倡导绿色、厚植开放、推进共享的机制和环境具有重要意义。要在“一带一路”建设中突出生态文明理念，推动绿色发展，加强生态环境保护。随后中华人民共和国环境保护部制定了《规划》，《规划》中提出了两个重点发展目标：

目标 1：到 2025 年，推进生态文明和绿色发展理念融入“一带一路”建设，夯实生态环保合作基础，形成生态环保合作良好格局。

目标 2：到 2030 年，推动实现 2030 可持续发展议程环境目标，深化生态环保合作领域，全面提升生态环保合作水平。[①]

为实现上述绿色发展目标，《规划》突出了加强生态文明理念和制订政策协调的重要性。中国在 2017 年世界经济论坛上，通过双边、多边、次区域和区域合作机制分享生态文明建设经验。交流生态进步和绿色发展的理念，制订法律法规、政策、标准和发展技术对实现《规划》至关重要。为推动绿色发展，建议通过以下行动以生态友好的方式推进“一带一路”建设：

1. 推动基础设施绿色低碳建设、运营和管理。

2. 明确基础设施建设标准的环境保护要求，加强基础设施绿色低碳运营、管理与维护。

3. 在绿色运输、绿色建筑和绿色能源等部门执行环境标准与实践。

因此，在“一带一路”沿线实施绿色建筑标准是确保该计划成功的关键因素之一。

---

① 可持续发展目标（SDG）是联合国牵头制定的一套 17 项目标，涉及 153 个成员国，于 2015 年 9 月 25 日发布。这些目标旨在消除贫困、保护地球并确保所有人的繁荣（联合国 n.d.）。

三、本文目的

“一带一路”国家之间的文化和机构交流日渐频繁，因此基础设施和新建筑方面的专业合作将进一步加强。本文试图比较各种常见的建筑环境评价体系在新建公共（或办公）建筑设计中的评价类别、标准和权重。此外，本文还将评估各种基础设施对联合国可持续发展目标和中国生态文明建设的贡献，并讨论中国香港特别行政区作为“超级连接器”在协助中国企业“走出去”过程中的重要意义。

四、建筑环境评估系统的重要性

建筑环境评估系统是评估整体建筑性能的基准和性能标识，评估范围包括选址、能源和水资源使用效率、室内环境、建筑材料的选择和管理、废物和污染物的增减等方面的规划和设计、建造和启用、建筑物管理和维护。建筑环境评估系统的预期成果为减少废物产生、降低资源消耗，因此该系统能更好地帮助实现可持续发展目标。建筑环境评估系统不仅能帮助土地开发商建设对环境影响较小的建筑，还能指导其获得较高的经济回报。

英国建筑研究机构于 1990 年提出的英国建筑研究院环境评估方法是世界上第一套绿色建筑标准（如表 12.1）。1996 年，香港制定了自己的绿色建筑标准——香港建筑环境评估法（如表 12.1）。1999 年美国绿色建筑委员会推出了能源与环境设计先锋计划（如

表 12.1）。2006 年，中国发布了首个绿色建筑国家标准（如表 12.1）。在过去的二十年里，为鼓励绿色建筑的发展，许多国家已制定了各种建筑环境评估系统，并提供相应建筑质量标准，其评估方法更适合当地环境、城市状况和政府政策。

建筑物具有居住、工作、制造、教育等不同功能，建筑物的寿命也不尽相同，因此不同类型的建筑物需要适配特定的建筑标准。为满足不同建筑物的需要，各国已经开发了多种建筑环境评估系统的衍生产品，例如，英国建筑研究院环境评估方法作为全球首个绿色建筑标准，根据不同的项目类型划分系统，分为新建筑、在用建筑、建筑翻新、社区、基础设施和家居质量（如表 12.1）。土地开发商及项目团队在设计和采购时参照该方法，衡量、评估、改进和反映其建筑的性能。简而言之，英国建筑研究院环境评估方法新建筑分册用于评估新建非住宅建筑可持续性的标准；在用建筑分册用于帮助建筑经理降低运行成本，改善现有建筑环境状况；翻新建筑分册为可持续住房整修项目提供设计和评估方法，帮助现有住宅稳健、经济地提升可持续性并改善环境状况；社区分册关注社区的总体规划，旨在帮助建筑业专业人士设计人们理想的生活和工作，对环境有利并且经济实用的建筑；基础设施分册的标准侧重于新基础设施项目和土木工程项目。最后，房屋质量标记标准适用于英国的新住宅项目（BRE Global Ltd. N. D.）。在德国，可持续建筑评价体系为现有建筑、新建筑和地区提供了一套标准（DGNB GmbH, 2017a；2017b）。能源与环境设计先锋不仅设定了建筑设计和施工标准，还设定了室内设计、建筑运营和维护、社区发展和住宅标准（表 12.1；USGBC n. d. -b）。

中国香港的建筑环境评估法针对新建建筑、现有建筑和室内装修提出了环境标准（BEAM Society Ltd.，2012）。而中国内地《绿色建筑评价标准》则适用于所有建筑类型（GB/T 50378-2014），包括新旧住宅、零售商店、办公室和医院等。绿色建筑标识有两类：设计标识和运营标识。设计标识包括规划、设计和施工，主要涉及开发商、建筑师、机械和电气工程师以及承包商。运营标识包括建筑管理、建中调试和记录，涉及建筑设施团队、建筑占有率、租户。设计标识授予新建建筑，而运营标识则授予运营阶段的现有建筑或新建筑（中华人民共和国住房和城乡建设部和中华人民共和国国家质量监督检验检疫总局，2014）。

表 12.1 “一带一路”国家最常采用的五种建筑环境评价系统

（GB/T50378、BEAM PLUS、BREEAM INTERNATIONAL、LEED 和 DGNB）

	GB/T50378	BEAM PLUS	BREEAM INTERNATIONAL	LEED	DGNB
标准全称	绿色建筑评价标准	绿建环评	英国建筑研究院环境评估方法	能源与环境设计先锋	可持续建筑评估体系
所属国家和地区	中国（内地）	中国（香港特别行政区）	英国	美国	德国
目标	节约资源、保护环境、促进可持续发展	推动更可持续的楼宇发展，减少楼宇对环境的长远影响	通过建筑物、基础设施或社区实现可持续发展愿景	改善建筑物和社区的设计、建造和运营方式；创造对环境和社会负责、健康繁荣的环境，提高生活质量	对可持续发展目标作出贡献的建筑与地区进行评估
发布机构	中华人民共和国住房和城乡建设部	香港绿色建筑议会有限公司	英国建筑研究院	美国绿色建筑协会	德国可持续建筑协会
发布年份及现行版本	2006 年起	1996 年起	1990 年起	1999 年起	2007 年起
	现行版本：2019 年版	现行版本：1.2 版（2012）	现行版本：2016 年版	现行版本：v4（2018）	现行版本：2018 年版

续表

	GB/T50378	BEAM PLUS	BREEAM INTERNATIONAL	LEED	DGNB
现行评级基准	一星（≥50）	未定级	未归类（<30）	一般认证（≥40）	铜级（≥35%）
	两星（≥60）	铜级（≥40%）	通过（≥30）	银色认证（≥50）	银级（≥50%）
	三星（≥80）	银级（≥55%）	良好（≥45）	黄金认证（≥60）	金级（≥65%）
		金级（≥65%）	优秀（≥55）	白金认证（≥80）	白金级（≥80%）
		铂金级（≥75%）	优异（≥70）		
			杰出（≥85）		
适用的新建筑类型	居民楼	居民楼	居民楼（2种类型）	新建筑	教学楼
	公共建筑（包括办公楼、商业楼、酒店及各种民用建筑）	商业楼	商业楼（包括写字楼、工业建筑和商业建筑10种）	只有基础设施的建筑	办公楼
		工业建筑	教学楼（4种）	学校	医疗建筑
		多用途建筑	居住建筑（5种）	商业建筑	商业建筑
		酒店	酒店和居住建筑（3种）	数据中心	酒店

续表

	GB/T50378	BEAM PLUS	BREEAM INTERNATIONAL	LEED	DGNB
				仓库和配送中心	工业建筑
				会客厅	室内环境
		政府部门、机构和社区	非标准建筑物（16种）	医疗保健建筑	（小公寓楼）
					实验楼
					多用途建筑
					多层停车场
					体育馆
					用于会议、集会和聚会的建筑物
技术标准	绿色新建筑	绿建环评新建筑	英国建筑研究院环境评估方法社区分册	能源与环境设计先锋之建筑设计与施工	新建筑物
		绿建环评现存建筑	英国建筑研究院环境评估方法基础设施分册	能源与环境设计先锋之室内设计与建设	现存建筑物
		绿建环评室内环境	英国建筑研究院环境评估方法新建筑分册	能源与环境设计先锋之建筑运营与维护	地区

续表

	GB/T50378	BEAM PLUS	BREEAM INTERNATIONAL	LEED	DGNB
		绿建环评周边邻居	英国建筑研究院环境评估方法在用建筑分册	能源与环境设计先锋之周边发展	
			英国建筑研究院环境评估方法翻新建筑分册	能源与环境设计先锋之住房	
获得认证的项目数量和国家/地区	截止到2015年，共4071个项目获得认证	超1050个项目	超565000个认证项目	超92000个项目	超1224个项目
	中国内地	1个国家（包括中国香港特别行政区、中国澳门特别行政区、中国内地）	77个国家	超165个国家	20个国家

续表

	GB/T50378	BEAM PLUS	BREEAM INTERNATIONAL	LEED	DGNB
信息来源	中华人民共和国住房和城乡建设部（2017）、中华人民共和国住房和城乡建设部和中华人民共和国国家质量监督检验检疫总局（2014）	BEAM Society Ltd.（2012, n. d.）and HKGBC（n.d.）	BRE Global Ltd.（2017）and BRE Global Ltd.（n.d.）	USGBC（n.d.–b）	DGNB GmbH.（2017a, 2017b）

五、东亚银行在“一带一路”国家的建筑环境评价系统市场分析

截至2017年底，“一带一路”参与国（含中国）已达到71个国家（表12.2）。值得注意的是，有48个“一带一路”国家（约占67.6%）采用了一种或多种类型的建筑环境评价系统（表12.2），其中只有17个国家（约占23.9%）拥有自主开发的建筑环境评价系统。大多数没有自主开发建筑环境评价系统的国家则可能从别国借鉴了一个或多个成熟的建筑环境评价系统。“一带一路”国家中实施的建筑环境评价系统至少有23种（表12.2），其中，英国建筑研究院环境评估方法最受欢迎，已被39个“一带一路”国家（约占54.9%）采用。19个国家（约占26.8%）采用能源与环境设计先锋，11个国家（约占15.5%）实施德国可持续建筑评估体系（表12.2）。由海湾合作委员会国家开发的全球可持续性评估系统目前已在5个“一带一路”国家（约占7.0%）实施（表12.2）。

表12.2　建筑环境评价系统在“一带一路”国家的实施情况

参与国成员	71个：阿尔及利亚、阿尔巴尼亚、亚美尼亚#、阿塞拜疆#、巴林#、孟加拉国#、白俄罗斯#、不丹、波斯尼亚和黑塞哥维那#、文莱、保加利亚#、柬埔寨、中国#§、克罗地亚#、捷克共和国#§、埃及#§、爱沙尼亚#、埃塞俄比亚、格鲁吉亚#、匈牙利#、印度#§、印度尼西亚#§、伊朗#、伊拉克、以色列#§、约旦#、哈萨克斯坦共和国、科威特#、吉尔吉斯共和国、老挝、拉脱维亚共和国#、黎巴嫩#§、立陶宛#、

续表

	马其顿、马来西亚#§、马尔代夫、摩尔多瓦、蒙古、黑山共和国#、摩洛哥#、缅甸#、尼泊尔、新西兰#、阿曼#、巴基斯坦#、巴勒斯坦、巴拿马、菲律宾#§、波兰#、卡塔尔#§、韩国#§、罗马尼亚#、俄罗斯#、沙特阿拉伯#、塞尔维亚#、新加坡#§、斯洛伐克#、斯洛文尼亚#、南非#§、斯里兰卡#§、叙利亚、塔吉克斯坦、泰国#§、东帝汶、土耳其#、土库曼斯坦、乌克兰#、阿拉伯联合酋长国#§、乌兹别克斯坦、越南#§、也门
实施建筑环境评价系统的国家数量	48个#（占比67.6%）
拥有自主开发建筑环境评价系统的国家数量	17个§（占比23.9%）
"一带一路"国家使用的建筑环境评价系统一览表	1. ARZ评级系统——黎巴嫩
	2. BCA绿色标志计划——新加坡
	3. 绿建环评——中国香港
	4. 生态响应卓越设计建筑绿色建筑评级系统——菲律宾
	5. 英国建筑研究院环境评估方法——英国
	6. 可持续建筑评估体系——德国
	7. 绿色建筑评价标准——中国
	8. 绿色建筑指数——马来西亚
	9. 金字塔型绿色评级系统——埃及
	10. GREENSL ©绿色建筑评级系统——斯里兰卡
	11. 绿星认证——新西兰（源自澳大利亚）
	12. GREENSHIP绿色建筑评级系统——印度尼西亚

续表

	13. 综合生境评估绿色评级——印度
	14. 全球可持续性评估系统——海湾合作委员会
	15. 韩国绿色建筑评价标准——韩国
	16. 能源与环境设计先锋——美国
	17. 珍珠评级系统——阿拉伯联合酋长国
	18. 卡塔尔可持续发展评估体系——卡塔尔
	19. SBToolCZ 捷克可持续建筑认证体系——捷克共和国
	20. 以色列绿色建筑标准（IS 5281）——以色列
	21. 可持续建筑评估工具——南非
	22. 泰国能源和环境可持续性评级——泰国
	23. 越南 LOTUS 绿色建筑评估体系——越南
各建筑环境评价系统在“一带一路”沿线国家的受欢迎程度	1. 英国建筑研究院环境评估方法（共 54.9%的国家，即 39 国应用）
	2. 能源与环境设计先锋（共 26.8%的国家，即 19 国应用）
	3. 可持续建筑评估体系（共 15.5%的国家，即 11 国应用）
	4. 全球可持续性评估系统（共 7.0%的国家，即 5 国应用）
采用两个及以上建筑环境评价系统的国家/地区数量	32.4%的国家，即 23 国

aBRP（n. d.）

实施建筑环境评价系统的国家/地区

§ 拥有自主开发建筑环境评价系统的国家

#§ 采用两个及以上建筑环境评价系统的国家

作为“一带一路”的倡导者，中国制定了《绿色建筑评价标准》，此标准尚处于发展和实践的早期阶段，有必要收集从业者的反馈意见，并据此进一步优化要求和评估方法。由于《绿色建筑评价标准》是根据中国的建筑情况制定的，因此他国采用时需要对该标准进行修改，以适用于当地的情况。中国香港特别行政区自 1996 年以来一直采用体系完善的绿建环评。尽管该体系比较发达，但与英国建筑研究院环境评估方法和能源与环境设计先锋相比，绿建环评不太受欢迎，在中国大陆很少被采用。据推测，建筑环境评估系统的普及可能与建筑环境评价系统的推广工作、营销策略、建筑商和/或建筑物业主的决定有关。

自主研发的建筑环境评价系统有助于一个国家制定更加独立可控的战略计划，从而实现绿色、可持续的社会。理想情况下，先进的建筑环境评价系统应推广到其他国家，例如英国建筑研究院环境评估方法和能源与环境设计先锋，通过输出专业服务促进国家经济发展。然而，要想开发、运营和维护一个具有竞争力和世界领先地位的建筑环境评价系统需要大量资源。下列为公认开发和维护先进建筑环境评价系统的关键资源：

1. 在建筑业、工程和城市规划方面有足够数量有经验的专业从业人员，以便在建筑环境评价系统的发展阶段和实施过程中扮演不同的角色。

2. 有足够高素质和创新研究人员开展相关科学研究，为不断加强建筑环境评价系统提供必要的支撑与发明。

3. 充分了解当地气候、环境、资源、新技术和材料发展、文化、遗产及政府政策，确保收集最新的建筑环境评价系统标准。

4. 由于市场/社会对绿色建筑的健康需求，建筑环境评价系统得以进一步加强。

部分“一带一路”国家可能不具备所有必要资源来开发和保持先进的建筑环境评价系统的条件。鉴于“一带一路”的理念强调以市场为导向，倡导合作、互鉴、互利，因此新制定适用于大多数“一带一路”国家通用的建筑环境评价系统可能是且也应该是一个好的选择。

六、评估类别、标准和权重分析

虽然不同的建筑环境评价体系是根据不同背景设计的，都是独一无二的，但这些体系都有着共同的目标，即为建筑项目的设计、施工和运营提供指导标准，尽可能减少建筑对环境和社会的影响。将中国的两个建筑环境评价系统（《绿色建筑评价标准》和绿建环评）与其他流行的建筑环境评价系统（英国建筑研究院环境评估方法、能源与环境设计先锋和德国可持续建筑评估体系）进行横向比较，可发现德国可持续建筑评估体系与其他建筑环境评价系统之间的差异最大（表 12.3）。其原因可能在于德国可持续建筑评估体系旨在促进实现可持续发展（如《2030 年议程》）和社会循环经济，而其他建筑环境评价系统则更多关注绿色建筑发展。

与其他流行的建筑环境评价系统（如英国建筑研究院环境评估方法和能源与环境设计先锋）相比，中国大陆使用的《绿色建筑评价标准》历史很短（表 12.3）。根据《绿色建筑评价标准》，新建公共建筑项目应按八大类百余项标准进行评估。这八类评估标准是：(1) 节地与室外环境；(2) 节能与能源利用；(3) 节水与水资源利用；(4) 节材与材料资源利用；(5) 室内环境质量；(6) 施工管理；(7) 运营管理；(8) 推广与创新（中华人民共和国住房和城乡建设部、中华人民共和国国家质量监督检验检疫总局，2014）。与其他流行的建筑环境评价系统不同，《绿色建筑评价标准》中评估类别的权重是平均分配（表 12.3）。尽管《绿色建筑评价标准》发布时间不久，但它与英国建筑研究院环境评估方法和中国香港绿建环评在涵盖范围和信誉机制等方面具有更高相似性（表 12.3）。英国建筑研究院的从业人员将《绿色建筑评价标准》和英国建筑研究院环境评估方法中的评估标准进行了详细比对，发现两个标准之间存在大量重叠的领域。笔者认为，《绿色建筑评价标准》和英国建筑研究院环境评估方法的高度一致性可以提高评估的效率和成本效益，尤其是对于那些对这两项标准进行双认证的建筑项目而言（Ward et al，2017）。

目前，“一带一路”国家短时间内实施先进的绿色建筑体系，可能会产生巨大的负担或困难。因此《绿色建筑评价标准》或英国建筑研究院环境评估方法作为可行的选择，能帮助这些国家逐步改善绿色建筑发展。中国的建筑行业预计将在不久的将来大量参与到“一带一路”沿线国家的开发项目中，而中国的从业人员对《绿色建筑评价标准》或英国建筑研究院环境评估方法更加熟悉，因此对这些国家而言，采用上述两种标准可能很有利，并且还能提高“一带一路”国家采用建筑环境评价系统的效率和实用性。

表 12.3 “一带一路”沿线国家正在实施的建筑环境评价系统在评估标准类别、信用评估标准数量以及新建公共建筑在设计和运营阶段的权重方面比较

<table>
<tr><td rowspan="4">项目类别</td><td colspan="5">评估标准的缩写</td></tr>
<tr><td colspan="5">信用评估标准/因素的数量</td></tr>
<tr><td colspan="5">权重（%）</td></tr>
<tr><td>《绿色建筑评价标准》（中国）</td><td>绿建环评新建筑1.2 版本（中国香港）</td><td>英国建筑研究院环境评估方法新建筑分册2016（英国）</td><td>能源与环境设计先锋 4.1 版本的 ID+C 体系（美国）</td><td>可持续建筑评估体系2017 版本（德国）</td></tr>
<tr><td rowspan="3">节地与室外环境</td><td rowspan="3">ω1
15 项指标
（13%—16%）</td><td rowspan="3">选址
15 项指标（25%）</td><td>土地利用与生态
7 项指标（8%）</td><td>位置和交通
9 项指标（26.2%）</td><td rowspan="3">生态质量 1.2，生态质量 2.3，生态质量 2.4，选址 1.1，选址 1.2，选址 1.3，选址 1.4，过程——规划质量 1.6，技术质量 3.1
22 种因素
（17.5%）</td></tr>
<tr><td rowspan="2">交通
7 项指标（6%）</td><td>可持续选址
6 项指标（7.9%）</td></tr>
<tr><td>区域优先
1 项指标（3.2%）</td></tr>
</table>

续表

项目类别	评估标准的缩写 信用评估标准/因素的数量 权重（%）				
	《绿色建筑评价标准》（中国）	绿建环评新建筑 1.2 版本（中国香港）	英国建筑研究院环境评估方法新建筑分册 2016（英国）	能源与环境设计先锋 4.1 版本的 ID+C 体系（美国）	可持续建筑评估体系 2017 版本（德国）
节能与能源利用	ω2	能源使用	能源	能源和大气	生态质量——对全球和当地环境的影响 1.1、技术质量——质量技术设计 1.4
	16 项指标	13 项指标	17 项指标	7 项指标	10 种因素
	（23%—28%）	（35%）	（20%）	（26.2%）	（11.3%）
节水与水资源利用	ω3	水利用	水	水利用	生态质量——资源索赔和浪费费用 2.2
	12 项指标	6 项指标	6 项指标	4 项指标	2 种因素
	（14%—18%）	（12%）	（7%）	（8.7%）	（2.4%）

续表

项目类别	评估标准的缩写 信用评估标准/因素的数量 权重（%）				
	《绿色建筑评价标准》（中国）	绿建环评新建筑 1.2 版本（中国香港）	英国建筑研究院环境评估方法新建筑分册 2016（英国）	能源与环境设计先锋 4.1 版本的 ID+C 体系（美国）	可持续建筑评估体系 2017 版本（德国）
节材与材料资源利用	ω4	材料	材料	材料资源	生态质量——对全球和当地环境的影响 1.3；技术质量——质量技术设计 1.6
	14 项指标	11 项指标	6 项指标	5 项指标	6 种因素
	（15%—19%）	（8%）	（13%）	（10.3%）	（5.9%）

续表

项目类别	评估标准的缩写 信用评估标准/因素的数量 权重（%）				
	《绿色建筑评价标准》（中国）	绿建环评新建筑 1.2 版本（中国香港）	英国建筑研究院环境评估方法新建筑分册 2016（英国）	能源与环境设计先锋 4.1 版本的 ID+C 体系（美国）	可持续建筑评估体系 2017 版本（德国）
室内环境质量	ω5 13 项指标 （15%—19%）	室内环境质量 23 项指标（20%）	健康与福祉 19 项指标（19%） 污染 9 项指标（10%）	室内环境质量 9 项指标（12.7%）	社会文化和功能质量——健康、舒适度和用户满意度 1.1、1.2、1.3、1.4、1.5、1.6、1.7；社会文化和功能质量——功能性 2.1，技术质量——质量技术设计 1.2、1.3 29 种因素（28.5%）

续表

项目类别	评估标准的缩写				
	信用评估标准/因素的数量				
	权重（%）				
	《绿色建筑评价标准》（中国）	绿建环评新建筑1.2版本（中国香港）	英国建筑研究院环境评估方法新建筑分册2016（英国）	能源与环境设计先锋4.1版本的ID+C体系（美国）	可持续建筑评估体系2017版本（德国）
施工管理	ω6 13项指标 （0%—10%）	与其他类别重叠	管理 9项指标（App. 7%）	与其他类别重叠	过程质量——规划质量1.1、1.4；过程质量——施工质量2.1、2.2、2.3、2.4、2.5 18种因素（9.6%）
运营管理	ω7 13项指标 （0%—10%）	与其他类别重叠	管理 7项指标（App. 4%） 废料 2项指标（App. 2%）	与其他类别重叠	过程质量——施工质量1.5 2种因素（1.1%）

续表

项目类别	评估标准的缩写 信用评估标准/因素的数量 权重（%）				
	《绿色建筑评价标准》（中国）	绿建环评新建筑 1.2 版本（中国香港）	英国建筑研究院环境评估方法新建筑分册 2016（英国）	能源与环境设计先锋 4.1 版本的 ID+C 体系（美国）	可持续建筑评估体系 2017 版本（德国）
经济质量	–	–	–	–	经济质量——生命周期成本 1.1、1.2；经济质量——性能 2.2
					9 种因素
					（22.5%）
提高与创新	ω8	创新与补充	创新	创新	技术质量——质量技术设计 1.5
	12 项指标	3 项指标	10 项指标	2 项指标	1 种因素
	（奖励 10%）	（奖励 6%）	（奖励 10%）	（4.8%）	（0.9%）

续表

项目类别	评估标准的缩写				
	信用评估标准/因素的数量				
	权重（%）				
	《绿色建筑评价标准》（中国）	绿建环评新建筑 1.2 版本（中国香港）	英国建筑研究院环境评估方法新建筑分册 2016（英国）	能源与环境设计先锋 4.1 版本的 ID+C 体系（美国）	可持续建筑评估体系 2017 版本（德国）
评估类别数量	8	6	9	8	6
评估标准/因素数量（含奖励指标）	96	68	94	42	99
	（108）	（71）	（104）		

（一）生态文明与绿色建筑

实施绿色建筑标准有助于社会的可持续发展。中国自 2016 年起推出《绿色发展指标体系》和《生态文明建设考核目标体系》，用于衡量城市或行政区域生态文明实施的绩效（中华人民共和国国家发展和改革委员会等，2016a；b）。《绿色发展指标体系》包含 7 大类 56 项指标。这 7 类指标包括：（1）资源利用；（2）环境治理；（3）环境质量；（4）生态保护；（5）增长质量；（6）绿色生活；（7）公众满意程度。根据“《绿色建筑评价标准》与《绿色发展指标体系》的关系表”，中国的绿色建筑标准对绿色建筑指数的 30 个指标有正向贡献（表 12.4）。尽管对《绿色发展指标体系》而言，绿色建筑标准对环境治理和增长质量类别没有显著影响，但该标准在资源利用、环境质量和绿色生活类别下占《绿色发展指标体系》的 55.1%权数（表 12.4）。因此，正确实施绿色建筑标准将有利于促进社会生态文明。

表 12.4　《绿色建筑评价标准》与《绿色发展指标体系》的关系

<table>
<tr><th>《绿色发展指标体系》</th><th>权数</th><th>相关性
（C/U）</th><th>与《绿色建筑评价标准》
相关章节的关系</th></tr>
<tr><td rowspan="2">一、资源利用（权数 29.3%）</td><td colspan="3">C：19.2%</td></tr>
<tr><td colspan="3">U：10.1%</td></tr>
<tr><td rowspan="4">1. 能源消费总量</td><td rowspan="4">1.83%</td><td rowspan="4">C</td><td>5.2（I）（II）（III）</td></tr>
<tr><td>8.2（II）（III）</td></tr>
<tr><td>10.2（I）（II）</td></tr>
<tr><td>11.2（I）（II）</td></tr>
</table>

续表

《绿色发展指标体系》	权数	相关性（C/U）	与《绿色建筑评价标准》相关章节的关系
2. 单位国内生产总值能源消耗降低率	2.75%	C	5.2（I）（II）（III）
			8.2（II）（III）
			10.2（I）（II）
			11.2（I）（II）
3. 单位国内生产总值二氧化碳排放降低率	2.75%	C	5.2（I）（II）（III）（IV）
			8.2（II）（III）
			10.2（I）（II）
			11.2（I）（II）
4. 非化石能源占一次能源消费比例	2.75%	U	5.2（IV）
5. 用水总量	1.83%	C	6.2（I）（II）（III）
			9.2（II）
			10.2（I）（II）
			11.2（I）（II）
6. 万元国内生产总值用水量降低率	2.75%	C	6.2（I）（II）（III）
			9.2（II）
			10.2（I）（II）
			11.2（I）（II）
7. 单位工业增加值用水量降低率	1.83%	C	6.2（I）（II）（III）
			9.2（II）
			10.2（I）（II）
			11.2（I）（II）
8. 农田灌溉水有效利用系数	1.83%	U	无

续表

《绿色发展指标体系》	权数	相关性（C/U）	与《绿色建筑评价标准》相关章节的关系
9. 耕地总面积	2.75%	U	无
10. 新增建设用地规模	2.75%	C	4.2（I）
11. 单位国内生产总值建设用地面积降低率	1.83%	C	4.2（I）
12. 资源产出率	1.83%	U	无
13. 一般工业固体废物综合利用率	0.92%	C	9.2（I）（II）
			10.2（I）（II）（III）
14. 农作物秸秆综合利用率	0.92%	U	无
二、环境治理（权数16.5%）	C：4.6%		
	U：11.9%		
15. 化学需氧量排放总量减少	2.75%	U	无
16. 氨氮排放总量减少	2.75%	U	无
17. 二氧化硫排放总量减少	2.75%	U	无
18. 氮氧化物排放总量减少	2.75%	U	无
19. 危险废物处置利用率	0.92%	C	9.2（I）（II）
			10.2（III）
20. 生活垃圾无害化处理率	1.83%	C	9.2（I）（II）
			10.2（III）
21. 污水集中处理率	1.83%	C	10.2（I）（III）

续表

<table>
<tr><th>《绿色发展指标体系》</th><th>权数</th><th>相关性（C/U）</th><th>与《绿色建筑评价标准》相关章节的关系</th></tr>
<tr><td>22. 环境污染治理投资占国内生产总值比重</td><td>0.92%</td><td>U</td><td>无</td></tr>
<tr><td rowspan="2">三、环境质量（权数19.3%）</td><td colspan="3">C：14.7%</td></tr>
<tr><td colspan="3">U：4.6%</td></tr>
<tr><td rowspan="2">23. 地级及以上城市空气质量优良天数比例</td><td rowspan="2">2.75%</td><td rowspan="2">C</td><td>9.2（I）</td></tr>
<tr><td>11.2（I）（II）</td></tr>
<tr><td rowspan="3">24. 细颗粒物（PM2.5）未达标地级及以上城市浓度下降</td><td rowspan="3">2.75%</td><td rowspan="3">C</td><td>9.2（I）（II）</td></tr>
<tr><td>10.2（I）</td></tr>
<tr><td>11.2（I）（II）</td></tr>
<tr><td>25. 地表水达到或好于Ⅲ类水体比例</td><td>2.75%</td><td>C</td><td>10.2（III）</td></tr>
<tr><td>26. 地表水劣V类水体比例</td><td>2.75%</td><td>C</td><td>10.2（III）</td></tr>
<tr><td>27. 重要江河湖泊水功能区水质达标率</td><td>1.83%</td><td>C</td><td>10.2（III）</td></tr>
<tr><td>28. 地级及以上城市集中式饮用水水源水质达到或优于Ⅲ类比例</td><td>1.83%</td><td>U</td><td>无</td></tr>
<tr><td>29. 近岸海域水质优良（一、二类）比例</td><td>1.83%</td><td>C</td><td>10.2（III）</td></tr>
<tr><td>30. 受污染耕地安全利用率</td><td>0.92%</td><td>U</td><td>无</td></tr>
<tr><td>31. 单位耕地面积化肥使用量</td><td>0.92%</td><td>U</td><td>无</td></tr>
</table>

续表

《绿色发展指标体系》	权数	相关性（C/U）	与《绿色建筑评价标准》相关章节的关系
32. 单位耕地面积农药使用量	0.92%	U	无
四、生态保护（权数16.5%）	C：9.2%		
	U：7.3%		
33. 森林覆盖率	2.75%	C	4.2（IV）
34. 森林蓄积量	2.75%	C	4.2（IV）
35. 草原综合植被覆盖度	1.83%	U	无
36. 自然岸线保有率	1.83%	C	4.2（IV）
37. 湿地保护率	1.83%	C	4.2（IV）
38. 陆域自然保护区面积	0.92%	U	无
39. 海洋保护区面积	0.92%	U	无
40. 新增水土流失治理面积	0.92%	U	无
41. 可治理沙化土地治理率	1.83%	U	无
42. 新增矿山恢复治理面积	0.92%	U	无
五、增长质量（权数9.2%）	C：0%		
	U：9.2%		
43. 人均国内生产总值增长率	1.83%	U	无
44. 居民人均可支配收入	1.83%	U	无
45. 第三产业增加值占国内生产总值比重	1.83%	U	无

续表

《绿色发展指标体系》	权数	相关性(C/U)	与《绿色建筑评价标准》相关章节的关系
46. 战略性新兴产业增加值占国内生产总值比重	1.83%	U	无
47. 研究与试验发展经费支出占国内生产总值比重	1.83%	U	无
六、绿色生活（权数9.2%）	C：7.4%		
	U：1.8%		
48. 公共机构人均能耗降低率	0.92%	C	5.2（I）（II）（III）
			8.2（II）（III）
			10.2（I）（II）
			11.2（I）（II）
49. 绿色产品市场占有率(高效节能产品市场占有率)	0.92%	C	5.2（II）（III）
			11.2（I）
50. 新能源汽车保有量增长率	1.83%	U	无
51. 绿色出行（城镇每万人口公共交通客运量）	0.92%	C	4.2（III）
52. 城镇绿色建筑占新建建筑比重	0.92%	C	全部
53. 城市建成区绿地率	0.92%	C	4.2（IV）
54. 农村自来水普及率	1.83%	C	6.2（IV）
55. 农村卫生厕所普及率	0.92%	C	6.2（IV）
七、公众满意程度（权数0%）	C：0.0%		
	U：0.0%		

续表

《绿色发展指标体系》	权数	相关性（C/U）	与《绿色建筑评价标准》相关章节的关系
56. 公众对生态环境质量满意程度	0%	C	全部
	C 总量：55.1%		
	U 总量：44.9%		
	合计：100%		

注：“C”表示《绿色建筑评价标准》对《绿色发展指标体系》作出（直接或间接）贡献，“U”表示《绿色建筑评价标准》对《绿色发展指标体系》无贡献或贡献不大。

（二）可持续发展目标和绿色建筑

《规划》中提出，到2030年，以更高标准、更深层次推进生态环境保护合作，实现可持续发展目标。“一带一路”框架下的生态环保合作将为实现沿线国家议程中的环境目标注入有效动力。其目标之一是促进“一带一路”沿线绿色发展，与联合国提出的《2030年可持续发展议程》可持续发展目标一致。

要实现“一带一路”的绿色发展，中国需要推动沿线绿色建筑和基础设施建设。因此，解决绿色建筑与可持续发展目标（UN n.d.）的相关性十分关键。针对这一问题，本文绘制了中国《绿色建筑评价标准》和17个可持续发展目标的评估标准，以评估绿色建筑标准在实现可持续发展目标中的贡献。其中，《绿色建筑评价标准》与9个可持续发展目标有关，包括“目标3：良好健康与福祉”“目标6：清洁饮水和卫生设施”“目标7：经济适用的清洁能源”“目标8：体面工作和经济增长”“目标9：产业、创新和基础设施”“目标 11：可持续城市与社区”“目标 12：负责任消费和生产”“目标 14：水下生物”和“目标 15：陆地生物”（表 12.5）。

表 12.5　《绿色建筑评价标准》对联合国可持续发展目标的潜在贡献

可持续发展目标	《绿色建筑评价标准》		
	与可持续发展目标的相关性	相关指标序号	评价标准的相关类别
目标 1：消除贫困	I	0/14	-
目标 2：消除饥饿	I	0/13	-
目标 3：良好健康与福祉	S	3/27	节地与室外环境
			室内环境质量
目标 4：优质教育	I	0/11	-
目标 5：性别平等	I	0/14	-
目标 6：清洁饮水和卫生设施	R	6/11	节水与水资源利用
			施工管理
			运营管理
目标 7：经济适用的清洁能源	R	4/6	节能与能源利用
			运营管理
			提高与创新
目标 8：体面工作和经济增长	S	2/17	节材与材料资源利用
目标 9：产业、创新和基础设施	S	1/12	节能与能源利用
目标 10：减少不平等	I	0/11	-
目标 11：可持续城市与社区	R	6/15	所有类别

续表

可持续发展目标	《绿色建筑评价标准》		
	与可持续发展目标的相关性	相关指标序号	评价标准的相关类别
目标 12：负责任消费和生产	R	6/13	节地与室外环境
			节能与能源利用
			节水与水资源利用
			节材与材料资源利用
			施工管理
			运营管理
目标 13：气候行动	I	0/8	节能与能源利用
			提高与创新
目标 14：水下生物	S	1/10	节水与水资源利用
			施工管理
			运营管理
目标 15：陆地生物	S	2/14	节地与室外环境
目标 16：和平、正义与强大的机构	I	0/23	–
目标 17：促进目标实现的伙伴关系	I	0/25	–
	R：4/17	31/244	
	S：5/17		
	R+S：9/17		

注：“R” 相关，“S” 部分相关，“I” 无关/不太相关

七、中国香港特别行政区的角色

中国香港特别行政区于1996年制定了绿建环评体系。回顾其历史，绿建环评体系主要基于英国建筑研究院环境评估方法。后绿建环评体系进行了几轮修订，并开发了一系列额外的评估工具。绿建环评体系被认为是香港先进的建筑环境评价系统之一，其在“一带一路”沿线国家具有营销和实施的巨大潜力。绿建环评专业人才专业培训和考试计划进一步加强了中国香港特别行政区在“一带一路”建设中作为培训平台和超级连接器的作用。

从态势分析（表12.6）中可以看出，中国香港特别行政区具备成为“一带一路”平台下绿色建筑和生态文明区域推广中心的优势。此外，鉴于“一国两制”政策，香港可成为中国《绿色建筑评价标准》方案的离岸认证机构（表12.6）。由于中国企业、建筑师和工程师可能会参与许多“一带一路”沿线国家的基础设施和建设项目，因此作者建议中国专门针对没有自主开发建筑环境评价系统的“一带一路”沿线国家制定新版或修订版《绿色建筑评价标准》。本文建议采用绿建环评体系，以《绿色建筑评价标准》为框架设计建筑环境评价系统。

表 12.6 中国香港特别行政区作为未来“一带一路”平台在推动绿色建筑标准和生态文明方面的态势分析

强项	弱项
绿建环评已有很长的历史，是公认该地区先进的建筑环境评价系统之一。	绿建环评在中国以外的地方并不流行。实施区域仅限于中国香港特别行政区、中国澳门特别行政区和中国内地。
中国香港特别行政区拥有完善的专业机构和机制，不仅能认证绿建环评标准，还能认证许多经验丰富的从业人员以满足客户要求。	该标准限于中国香港特别行政区部分专业人士参与并发挥主导作用。
中国香港特别行政区的大多数从业者都能用中英文进行有效沟通。	中国香港特别行政区的租金和服务费是世界上最高的租金和服务费之一，远高于中国内地大多数城市和其他大多数“一带一路”国家。聘请专业人员进行培训和审计十分昂贵。
中国香港特别行政区可提供广泛的优质专业服务，包括法律、商业、教育及培训、工程等。	
中国香港特别行政区许多行业都享有世界公认的声誉和职业道德，如法律制度、工程、认可和审计等。	
机会	威胁
以现有绿建环评和《绿色建筑评价标准》为主开发新的绿建环评标准。	部分“一带一路”国家使用更先进的系统，如英国建筑研究院环境评估方法、能源与环境设计先锋和可持续建筑评估体系等，这些是绿建环评的强大竞争对手。

续表

<table>
<tr><th>强项</th><th>弱项</th></tr>
<tr><td>“一带一路”参与国中超 71 个国家是绿建环评或新建筑环境评价系统的潜在市场。</td><td>《绿色建筑评价标准》的进一步提升可能会超过绿建环评在“一带一路”中的重要性。</td></tr>
<tr><td>中国香港特别行政区可以成为“一带一路”的超级连接器，例如成为《绿色建筑评价标准》的离岸注册认证机构或建设新的建筑环境评价系统。</td><td rowspan="2">潜在竞争对手可能会进入市场，如绿星（澳大利亚）和新加坡的 BCA 绿色标志计划。</td></tr>
<tr><td>通过与中国学术机构的合作研究，进一步加强绿建环评的科学性。</td></tr>
</table>

八、结论

建筑的建造和运营都要消耗大量资源，包括土地、能源、水和材料等。绿化建筑不仅能降低其对环境的负面影响，还增进了居住者的健康福祉。中国的“一带一路”倡议强调在经济发展的同时关注绿色发展。本文还展示了绿色建筑与生态文明和可持续发展的相关性。因此，要实现绿色发展，必须将绿色建筑和绿色基础设施结合起来。目前已存在许多建筑环境评价系统方案，为绿色建筑提供指导和标准。其中英国建筑研究院环境评估方法最受“一带一路”国家欢迎，但中国内地的《绿色建筑评价标准》和中国香港的绿建环评之间具有更多共同特征。作为“一带一路”的倡导者，中国可以考虑参照其现行的方案，以绿建环评为基础，针对“一带一路”

国家设计开发新版《绿色建筑评价标准》。大多数国家并未强制要求建筑物所有人执行绿色建筑标准，他们可以任意选择建筑环境评价系统。但是，要选择实施何种建筑环境评价系统，需要考量不同建筑环境评价系统的要求以及有经验的从业人员的数量。由于《绿色建筑评价标准》最初是为中国这样的经济发展速度较快的发展中国家而设计，因此该标准可能适合许多其他发展中国家的需要。可以预见，随着“一带一路”进程的加快，将会有越来越多的中国建筑师和建筑公司参与到“一带一路”各国的开发建设项目中。这些人更熟悉《绿色建筑评价标准》，可以为部分发展中国家提供技术支持和专业建议。鉴于一国两制的政策优势，中国香港特别行政区能成为《绿色建筑评价标准》未来重要的离岸认证机构和培训平台。

目前《绿色建筑评价标准》没有强调可持续城市和社区的重要性。但是其他建筑环境评价系统解决了这个问题，例如绿建环评周边、英国建筑研究院环境评估方法社区分册、能源与环境设计先锋社区开发和可持续建筑评估体系之地区。

参考文献

Abaza, H. (2000). Strengthening future environmental assessment practice: An international perspective. In N. Lee & C. George (Eds.), *Environmental assessment in developing and transitional countries* (Vol. 7). Chichester: Wiley.

Aehnelt, R. (2013). *Beijing Capital International Airport with future planning of Beijing Daxing International Airport*. https://commons.wikimedia.org/wiki/File:Beijing_Airports.png (Used under a creative commons attribution 3.0. http://creativecommons.org/licenses/by/3.0/)

Alshuwaikhat, H. (2005). Strategic environmental assessment can help solve environmental impact assessment failures in developing countries. *Environmental Impact Assessment Review*, 25, 307-317.

Briffett, C. (1999). Environmental impact assessment in East Asia. In J. Petts (Ed.), *Handbook of environmental impact assessment* (Vol. 2). Oxford7: Blackwell.

Brombal, D., Moriggi, A., & Marcomini, A. (2017). Evaluating public participation in Chinese EIA. An integrated Public Participation Index and its application to the case of the New Beijing Airport. *Environmental Impact Assessment Review*, 62, 49-60.

CAPA Centre for Aviation. (2016). *Beijing Daxing International Airport*. CAPA. http://centreforaviation.com/profiles/newairports/beijing-daxing-international-airport. Accessed 10 May 2016.

CEQ (Council on Environmental Quality). (2005). *Regulations for implementing the procedural provisions of the National Environmental Policy Act*. http://energy.gov/sites/prod/files/NEPA-40CFR1500_1508.pdf. Accessed 20 May 2016.

CNN International. (2013, January 16). Beijing approves US $ 11.2 billion international airport. http://travel.cnn.com/beijing-approves-international-airport-477311. Accessed 12 Jan. 2018.

Enserink, B., & Alberton, M. (2016a). Public participation in China: Strengths, weaknesses, and lessons learned. *Journal of Environmental Assessment Policy and Management*, 18(1), 8.

Enserink, B., & Alberton, M. (2016b). Public participation in China: Strengths, weaknesses, and lessons learned. *Journal of Environmental Assessment Policy and Management*, 18(1), 9.

Enserink, B., & Alberton, M. (2016c). Public participation in China: Strengths, weaknesses, and lessons learned. *Journal of Environmental Assessment Policy and*

Management, 18(1), 11.

Enserink, B., & Alberton, M. (2016d). Public participation in China: Strengths, weaknesses, and lessons learned. *Journal of Environmental Assessment Policy and Management*, 18(1), 12.

FT Investigation. (2016, September 9). *How China bought its way into Cambodia*. https://www.ft.com/content/23968248-43a0-11e6-b22f-79eb4891c97d. Accessed 2 Feb 2018.

Glucker, A. N., Driessen, P. P. J., Arend, K., & Runhaar, H. A. C. (2013). Public participation in environmental impact assessment: Why, who and how? *Environmental Impact Assessment Review*, 43, 104-111.

Knox, J. (2016). *Report of the special rapporteur on the issue of human rights obligations relating to the enjoyment of a safe, clean, healthy and sustainable environment*. UN General Assembly. A/HRC/31/52.

Kravchenko, S. (2010). Procedural rights as a crucial tool to combat climate change. *Georgia Journal of International and Comparative Law*, 38(3), 613-648.

Lawrence, S. V. (2013a). *China's political institutions and leaders in charts*. p. 18. https://fas.org/sgp/crs/row/R43303.pdf

Lawrence S. V. (2013b). *China's political institutions and leaders in charts*. p. 14. https://fas.org/sgp/crs/row/R43303.pdf

MOFCOM. (2017). 2015 年 1-11 月中国与‘一带一路’相关国家经贸合 作情况.

Momtaz, S. (2002). Environmental impact assessment in Bangladesh: A critical review. *Environmental Impact Assessment Review*, 22(2), 163-179.

Moorman, J. L., & Ge, Z. (2007). Promoting and strengthening public participation in China's environmental impact assessment process: Comparing China's EIA law and U.S.NEPA. *Vermont Journal of Environmental Law*, 8, 281-335.

NDRC (National Development and Reform Commission) of People's Republic of China. (2015). *Vision and action on jointly built silk road economic belt and 21st century maritime silk road*. Accessed 10 Aug 2017.

Normile, D. (2017, May 16). China's belt and road infrastructure plan also includes science.*Science*. https://doi.org/10.1126/science.aal1198.

Phnom Penh Post. (2014, November 17). *Evictee prepping complaint*. http://www.phnompenhpost.com/national/evictees-prepping-complaint. Accessed 5 Jul 2017.

Phnom Penh Post. (2017a, June 22). *Koh Kong airport confirmed to begin construction in early* 2018. http://www.phnompenhpost.com/post-property/koh-kong-airport-confirmed-begin-construction-early-2018. Accessed 2 Feb 2018.

Phnom Penh Post. (2017b, June 28). *Chinese firm builds fence around Koh Kong ELC while families refuse to move*. http://www.phnompenhpost.com/national/chinese-firm-builds-fencearound-koh-kong-elc-while-families-refuse-move. Accessed 2 Jul 2017.

WWF. (2017). *Greening the belt and road initiative: Recommendations for the finance sector*. HSBC and WWF-UK.

Zhang, Y., et al. (2012). *Challenge of public participation in China's EIA practice*. p. 5.

Zhu, T., & Lam, K.-C. (2009a). *Environmental impact assessment in China*. p. 14.

Zhu, T., & Lam, K.-C. (2009b). *Environmental impact assessment in China*. p. 23.

Zhu, T., & Lam, K.-C. (2009c). *Environmental impact assessment in China*. p. 24.

Zhu, T., & Lam, K.-C. (2009d). *Environmental impact assessment in China*. p. 16.

Zhu, T., & Lam, K.-C. (2009f). Environmental impact assessment in China. p. 19.

Zhu, T., & Lam, K.-C. (2009g). *Environmental impact assessment in China*. p. 40-41.

Zhu, T., & Lam, K.-C. (2009h). *Environmental impact assessment in China*. p. 27.

第六篇
医疗卫生

第十三章　马来西亚视角下产后护理期间中医的作用及其与中国“一带一路”倡议的关联

沙里法·苏拉亚·赛义德·贾马鲁丁　玛丽亚·阿洛伊修斯①

一、引言

传统医学，是一个有20多个世纪历史的医学体系。传统医学在世界各地日益风靡，人们的传统医学意识也不断增强。传统医学基于不同文化的信仰及理论定义其知识、实践和技能，用于维持健康、预防和治疗精神和身体疾病（WHO，2001）。据估计，马来西亚每年花费10亿—20亿林吉特（2亿—5亿美元）用于传统和补充疗法，仅花费3亿美元用于西药。与常规医疗相比，马来西亚为传统医学投入了更多经费。自2007年以来，马来西亚卫生部下属的传统与补充疗法部门牵头建设了三家医院以及其他医院的传统与补充疗法部门。

马来西亚的传统和补充疗法指采取相关措施预防并应对疾病，

①　沙里法·苏拉亚·赛义德·贾马鲁丁（Shariffah Suraya Syed Jamaludin）、玛丽亚·阿洛伊修斯（Maria Aloysius），马来西亚槟城，马来西亚理科大学社会科学学院人类学与社会学系，E-mail：hariffah@ usm.my。

以维护身心健康（T&CM Division，Ministry of Health，Malaysia，2007），其中包括马来医学、伊斯兰医学实践、传统中医、传统印度医学和顺势疗法（Othman & Farooqui，2015）。尽管马来西亚已配备符合国际标准的基础医疗服务，但是许多医务人员及患者相信，传统和补充疗法与现代医学相辅相成，能有效治愈疾病，因此他们除了使用现代医学外，仍倾向于使用传统和补充疗法。根据Siti等人（2009）所言，传统和补充疗法价格低廉且无副作用，常见于马来西亚。由于文化因素，马来西亚人相信现代医学与传统和补充疗法相结合能治疗疾病。在其成长过程中，马来西亚人强调与祖先、老一辈人、密友和医生建立牢固的纽带联系，而这些人能让他们信任传统免费医疗，将其作为最后的选择（Lee et al，2004）。

二、中医

中医是马来西亚著名的传统疗法之一。19世纪初现代医学发展前，中医从医疗实践中发展起来（Chung et al，2011：247）。中医实践广泛，包括西方熟知的草药和针灸。中医将人体视为一个整体，治疗目的在于恢复气（能量）和阴阳（平衡）。但也有政策制定者、卫生专员和公众质疑中药的安全性、质量和发展及疗效（Kingston et al，2014：68）。2001年，世界卫生组织将中医药列为马来西亚最突出的常用传统和补充药物。中医源于中国，有2000多年的历史（Hesketh & Zhu，1997：115—117）。15世纪，在锡矿工作的中国移民将中医药引入马来西亚。草药和针灸在马来西亚早已不足为奇（Ho，2001：487—492）。医院会提供针灸和中草药进行中医治疗。针灸指在身体特定穴位插入并控制针以减轻疼痛；而中草药则能帮助治疗疾病，提高人体的免疫力，增加幸福感，还能减轻化疗和放射治疗的副作用。

国家形象为马来西亚选择中医药的最重要因素之一。他们认为中医药是中国形象的维系产品（Laroche et al，2005）。因此，国家形象与产品形象直接相关，还能促进国家的积极价值观，而这种积极价值观又将惠及该国的经济及制造业（Roth & Romeo，1992：477）。除此之外，国家形象是影响马来西亚人如何看待中医的重要因素（Omar & Putit，2014：1731—1739）。中医起源于中国，展现了中华文明和中国生态环境，其他西方国家试图对中医进行研究。他们认为，中国人之所以拥有健康的体质与他们所摄入的食物有关。因其食补而拥有健康身体，马来西亚也希望应用这一点。马来西亚人更喜欢受过良好教育（知识渊博）、有经验（年事已高）、外表端正的中医。他们认为，与其他假冒产品相比，中药取材自然，用料纯粹，具有疗效。

Kumar 等人（2015）的 317 份报告发现，马来西亚成年女性使用中医的人数比成年男性多，比例为 13∶1。马来西亚人最熟悉的中医疗法是针灸和草药。马来西亚成年人的中医药知识受性别、民族、受教育程度及中医药的使用程度影响，其中教育是最重要的因素。中医在马来西亚变得越来越受欢迎。

在马来西亚，伊斯兰清真原则与中医的追求紧密交织。这一原则以伊斯兰教强调净化促进健康的理想为基础，引导穆斯林们食用他们认为有益健康的食物（Khattak et al，2011）。当然这一原则也吸引了非穆斯林，他们关心食品，尤其是可持续有机食品。马来西亚是伊斯兰国家但中国不是，所以穆斯林们，特别是马来西亚的母亲们，越来越关注中药本身的纯粹正统性。本研究对象的马来西亚华裔母亲不是穆斯林，因此并未涉及清真。但是中医提出，马来西亚的母亲们更喜欢印尼传统药物，因为这些药物具有纯粹性，可以安全食用，由于马来西亚的研究缺乏结合公众对中医药治疗的看法，只有少数研究集中于中医药治疗所面临的困难（Liu et al，2010：225）。因此本文旨在了解马来西亚华裔母亲在产后护理中使用中医药的情况，调查中医在产后护理过程中对中医药的看法，最终建立产后护理背景下的中医药与中国的“一带一路”倡议之间的文化联系。

三、马来西亚的产后护理

产后期至关重要，即妇女在产后 6 周内进行心理、社会、身体和生理调整的时期，象征妇女进入另一个重要的人生阶段（Mothande，1992：20）。产后护理与母亲情绪相关，可影响母亲们在饮食习惯、母乳喂养等方面的决策（Aloysius & Jamaludin，2015：73）。Fadzil 等人（2016：503）描述了马来西亚三个种族的产后习俗、信仰和共同点，重点是传统草药、饮食限制和产后按摩，并认识到老年妇女在家庭中的作用。

母亲产后开始于体内进行阴阳平衡调节。皮尔斯伯里（1978：11）描述了阴属性，如黑暗、寒冷、潮湿和女性气质，而阳属性包括明亮、炎热、干燥和阳刚。这一体液系统主要源于希波克拉底和加伦的经典理论，并植根于亚洲和拉丁美洲不同系统分类中（Jamaludin，2014：34）。据此，身体由四种元素（水、土、火、风）组成，对应四种体液（黄胆汁、黑胆汁、血液和黏液），这些体液依照热、寒、湿和干四个要素进行分类。体液理论流行于马来西亚社区（华人、马来人和印度人）文化，他们认识到了“热”、“冷”、风及空气对其健康状况的影响（Rice，2000）。

中国女性在产后30天内坚持“坐月子”。这种做法常见于澳大利亚、马来西亚以及美国加州、苏格兰的华人社区内。在这些社区内，产妇的饮食禁忌和习惯根据家庭传统和信仰以及生活方式和家庭成员（妇女及其母亲或婆婆）而定。

坐月子期间中国妇女实行30天的节育，养成吃热食物的习惯，包括米饭、米酒、生姜和芝麻油等，避免食用蔬菜和水果等冷食物。中国人认为，猪肉、鸡肉、米酒、鱼和鸡蛋面条等食物能增加母乳。而生姜、鸡肉和人参等有药效的食物则能缓解分娩疼痛。“陪月员”为帮助产妇准备食物的人，一般都是经验丰富的女性，可以是母亲或婆婆。一般来说，西方靠医生进行产后恢复，而非依靠母亲。非西方产后护理强调社会和环境以及道德相关的亲属关系。亚洲传统的产后护理旨在恢复母亲的身体功能，帮助母亲身体与身形恢复。传统的产后护理包括最重要的两个方面：（1）冷热食物、增减衣物；（2）产后卫生习惯。

与西方母亲相比，亚洲母亲们产后采取更多预防措施（Stern & Kruckman，1983）。马来西亚用“Pantang（禁止）”一词定义产后行为的限制。马来西亚主要有马来人、华裔和印度裔，每种文化关于分娩的习俗都不同，但在治疗方面较为类似，如产后饮食、按摩、热敷、收腹带、草药沐浴、药物滋补以及生活方式调整

(Choudhry，1997)。每种文化中，“Pantang”都能有效降低母亲的抑郁水平。

四、中国的“一带一路” 倡议

中国的“一带一路”倡议是习近平主席于2013年提出的外交倡议，通过“丝绸之路经济带”和“21世纪海上丝绸之路”连接中国与欧洲。习近平主席强调了互联互通的五大要素，包括政策沟通、设施联通、贸易畅通、资金融通、民心相通（智力交流、游客与学生双向流动)。许多国家已经适应了中医药文化，这足以证明中华民族文化之博大精深。“一带一路”的“五通”表示中国及其中医为促进文化交流向其他国家抛出了橄榄枝，中医药文化是传承和传播中华文化的良好平台。

世界卫生组织批准了2008年在北京起草的一项国际协议，支持安全使用传统药物。2006年至2010年间，马来西亚通过“一带一路”开设了12家现代医学与传统医学兼并的医院。25家传统医学合作中心得到了世卫组织的认可，合作方包括中国7家，非洲5家，欧洲3家，日本、韩国、印度与美国各2家，朝鲜和越南各1家。

自2011年5月起，中国已与70多个国家签署了91项中医药合作协议，旨在促进中医药在国际上的认可。随着“一带一路”的实施，中医药文化日渐流行，收获了全球的认可与关注。

2017年12月12日，中国-马来西亚中医药中心在拉曼大学双溪龙校区成立。该中心集医学、医疗、教育、科研、文化交流和中医药产业于一体。随着“一带一路”加速推进，中国逐渐加强了对中医药发展的支持。中国-马来西亚中医药中心通过“一带一路”联通中国与马来西亚的合作。西蒂·哈米萨·塔西尔（Datin Paduka Siti Hamisah）建议，马来西亚高等教育部鼓励研究人员在各自领域进行创新创造。随着马来西亚中医药单位的成立，主管部门试图将马来西亚的传统医药行业纳入国家医疗保健系统。中医主管部门加强监管有助于监督其医疗实践、服务和草药。教育部和人力资源部也在关注中医药高等教育和技能项目的发展。

五、数据收集

本研究选取了马来西亚槟城的30位华裔母亲和10位华人医生作为研究对象进行访谈。华裔母亲容易找到，而槟城提供产后治疗的中医中心较少，因此华人医生也较少。本实验于马来西亚华裔母亲中收集的数据主要针对产后信仰和实践以及产后使用中医药的情况。

本实验以中医及其与中国“一带一路”倡议联系为主题对华人医生进行采访，每次采访以录音记录，转录录音数据，利用主题分析法进行分析，根据马来西亚华裔妇女与华人医生的经历得出经验和看法。实验主题根据访谈记录与大量数据获得。为减少偏见，研究人员删除了受访者的重复数据，专注于探索与中医相关的问题。

六、发现

根据访谈数据，本研究共包含七个主题。前四个主题基于对马来西亚华裔母亲们的研究：(1) 食物等同于药；(2) 针灸和中草药；(3) 遵守坐月子的习俗；(4) 学习祖先的传统。后三个主题从马来西亚华人医生中得出，主要涉及认知或形象，包括：(1) 对中国形象的认知；(2) 对中医药的认知；(3) 母亲对中医药的认知。

主题 1：食物等同于药

马来西亚华裔母亲们在产后护理中特别提到的食物有生姜、黑芝麻、黑醋、鸡蛋和人参。其中生姜为主要的“热”食物，可以帮助母亲在分娩后全面康复。马来西亚华裔母亲们表示，黑芝麻有助于增加母乳，提供大量营养如脂肪酸、维生素、钙、镁和锌等，而黑醋能促进消化，清除毒素，缓解便秘。

“生姜是产后护理中的主要食物。生姜性温，可以改善消化和血液。”(受访者 12)

“大多数产后食谱都含有生姜。”(受访者 1)

“在生姜、鸡肉和胡椒中加入米酒，用来煮汤。”(受访者 23)

通常人们会往生姜、鸡肉和胡椒中加米酒。马来西亚华裔母亲们也会喝草药汤和肉汤，还有红枣、黑枣、党参和黄芪等食材熬制的汤水。

主题 2：针灸和中草药

针灸和草药有助于产后康复，是马来西亚华裔母亲们产后最常用的中医疗法。针灸认为“气”（生命力）类似于能量，气阻则病发。

“针灸帮我避免了分娩过程中因失血过多而引起的疲劳。”(受访者 21)

“艾灸能温暖身体，促进伤口愈合。”(受访者 25)

“针灸能帮助母亲身心痊愈。”（受访者 15）

主题 3：遵守坐月子的习俗

马来西亚华裔母亲们认可甚至赞赏“坐月子”这一习俗，尤其是要充分休息，吃鸡肉等热食物，遵循阴阳冷热概念，严守禁忌或限制，包括避免接触冷空气、冷食和凉水等。这些都由家庭成员尤其是（产妇的）妈妈们执行，她们要求产妇遵守这些传统。大多数受访者在分娩后都有妈妈或婆婆在身边，要求她们遵守坐月子的规则。

“我会坐月子，因为从曾祖母那一代开始这就成了我家的传统，我家的一部分。”（受访者 23）

“我生完孩子后和妈妈住在一起，所以我坚持阴阳观念。”（受访者 12）

主题 4：学习祖先的传统

家庭成员通常在产后期间都会支持母亲及婴儿。马来西亚华裔母亲表示，她们的妈妈、婆婆或其他女性亲属是主要的产后护理帮手。就连祖母这样德高望重的长者也会为产妇的产后护理贡献主要力量。大多数马来西亚华裔母亲表示，她们的妈妈、婆婆或其他女性亲属会帮忙做饭和料理家务，并指导产妇们如何照顾婴儿。

“母亲和婆婆帮忙给我做家常饭。”（受访者 3）

“我需要彻底休息。中国传统的产后期就是休息和隐居。”（受访者 14）

主题 5：对中国形象的认知

本研究反映了马来西亚传统华人行业从业者或医生对中国形象的认知。这些传统行医者对中国的看法是正面的，他们认为中国人口是一个健康的老龄化人口，适当摄取食物、消耗资源能有效改善公民的福祉。他们认为，中国公民之所以长寿，是因为摄入健康食品与干净的水，始终保持良好的健康状态。

“中国的影响力一直很大。中医源于中国，中华民族历来都有百岁以上的老年人。”（受访者 4）

“中国有技术、资金和基础设施等资源，但仍然注重传统医学研究，以此促进医学发展。”（受访者 11）

主题 6：对中医药的认知

中医对中药的认知十分重要，他们认为中药源自天然资源，没有副作用，经过马来西亚政府检验后能安全食用。大众对于中医药的认知，一大突出特点为其预防功能，即健康人群使用中医药来保持健康。

“中医是一种替代性医疗方式，没有副作用，疾病可以自然治愈。”（受访者 10）

“中药是天然的。”（受访者 8）

“中医不仅能治病，更能用于预防疾病，这也适用于健康人群。”（受访者 7）

主题 7：母亲对中医药的认知

中医认为，如果中医本身知识渊博、经验丰富、技术娴熟、能够向母亲解释和说理，母亲肯定能毫无疑虑信任中医。马来西亚华人医生讨论了母亲对中医的信任问题。在说服母亲尝试中医药的情况下，医生对使用中医药进行了解释，并针对母亲产后恢复给出建议疗法，鼓励她们消除内心疑虑。在马来西亚文化中，几乎所有来自不同种族的母亲都会在产后寻求中医疗法，但印度裔母亲往往选择阿育吠陀疗法，马来母亲则会选择印尼的传统药物。

“信任是说服产妇尝试中医的重要因素。产妇的家庭成员（其他女性亲属）往往通过介绍自己在产后恢复中使用过的药物从而为她建立信任。”（受访者 4）

“在某些情况下，马来母亲和华裔母亲会尝试中医。她们不介意在产后尝试任何对自己健康有效的东西。”（受访者 12）

七、讨论

本定性研究具有值得思量的局限性：本研究针对马来西亚华裔母亲产后的经历得出结论，未考虑过其他两个种族（马来人和印度裔）。此外，采访的中医有限，研究人员可能存在偏见。因此本定性研究的结果不具代表性，很少有马来西亚华裔母亲愿意公开其认知和偏好，中医常利用整体中医药业务营销来赢得更多客户，因此样本量和目标人群难以达标。尽管有以上局限性，研究人员仍然在马来西亚华裔母亲和中医从业者中发现了关于中医认知和使用的新见解。

研究显示，马来西亚华裔母亲们一般都坚持坐月子，但是几乎没有遵循中国产后的月子文化，皮尔斯伯里（1978：11）阐释了“坐月子”的 12 条规则及理由。马来西亚华裔母亲们产后休息一个月是其传统的一部分，她们遵循母亲或婆婆的指示，坚持阴阳观念，同时也被赋予一定禁忌和限制。其中，产后要休息、避免冷空气与冷食、避免串门等也是马来西亚华裔母亲的主要传统。

马来西亚华裔母亲们认为生姜、黑芝麻、黑醋、鸡蛋、人参、米酒、草药汤和肉汤很重要。这一发现是从吉隆坡妇产科医院的华裔妇女中得出，她们坐 30 天的月子，通过生姜、大米、米酒和芝麻油等热食物疗养，避免蔬菜和水果等生冷食物（Doh et al，2005：21）。除此之外，本研究发现，马来西亚华裔母亲们服用红枣和黑枣、党参和黄芪恢复元气。产妇们建议服用人参来缓解分娩疼痛。本研究发现，马来西亚华裔母亲选择针灸和中药进行产后治疗，这与 Kumar 等人（2015：317）的结论一致。根据马来西亚的研究结果，最受欢迎的中医模式也是中药和针灸。中药主要用于恢复气血，而针灸、穴位按摩、艾灸和中草药都有一个共同的目标，即在产后恢复母亲的“气”，消除产后抑郁和焦虑。

马来西亚华裔母亲学习祖先的传统，也证实了在大多数亚洲文化中，家庭成员特别是女性亲属或助产士在产后期间为居家产妇提供社会支持。马来西亚华裔母亲从自己的妈妈、婆婆、祖母和其他“陪月”女性亲戚那里获得社会支持。经验丰富的妇女（母亲或婆婆）为产妇做饭并传承传统。这种有组织的社会支持在其他文化中也很明显，包括东印度教徒、中国人、韩国人、危地马拉人、尼日利亚人和约旦人（Rice，2000）。在这些文化中，家庭成员，特别是母亲和婆婆，在产后扮演着陪护的重要角色，传递传统价值观和习俗。

中医们都提到，中国人都健康长寿。马来西亚人认为中国公民因其食物摄入而拥有良好的健康状况，因此希望将这种做法纳入马来西亚文化。马来西亚中医认为中药无副作用，是马来西亚卫生部批准的自然资源。此外，中医推荐使用中药预防而非治疗。马来西亚人更喜欢受过良好教育（知识渊博）、有经验（年事已高）、外表端正的中医。同样，寻求中医产后护理的华裔母亲也希望得到从业者的信任，在某些情况下其家人也会尝试中医。拥有中医药背景知识及经验是鼓励母亲在产后使用中药的主要因素。

综上得出，马来人、华裔和印度裔多数都继承了社会文化信仰，马来西亚社会中发展了各种产后习俗。根据中医对马来西亚母亲的看法，有新的证据表明马来西亚中无论是马来人、华裔还是印度裔，许多产妇都使用中医进行产后护理。马来西亚文化背景具有多元化特点，不同种族的母亲愿意尝试其他与自己文化相似的产后做法。研究人员利用同化理论来理解马来西亚母亲如何适应来自不同文化的不同产后做法。

同化理论在移民进入外国时形成，文化同化是在移民中文化适应时产生的，他们喜欢并适应生活方式（Richard，1997）。然而在马来西亚，人们（马来人、华裔和印度裔）受移民文化习惯的影响生活在自己的民族中时，文化同化就开始了。这一现象也推广了中国移民带来的中医药传统，从而使马来西亚向“一带一路”倡议敞开了大门。在马来西亚受中国文化影响的民族中，马来人占多数，其次是华裔和印度裔。据研究，这是由于文化同化是自然发生的，而不是来自多元文化的人们在共同生活并进行交流后实现的。马来西亚的产妇们（马来人和印度裔）对中医药持开放态度，因为马来西亚、中国和印度文化中产后实践具备共性，这种现象罕见而独特。这些共性包括在分娩期间摄入何种食物类型，以及基于民族血缘关系的牢固家庭纽带，帮助妇女进行产后恢复。

剖析“一带一路”倡议及其在马来西亚的效用，两种文化发挥了作用：（1）民族血缘关系文化；（2）以技术为中心的文化。西方和亚洲文化中的产后护理可以用这两种文化来表示。以技术为中心的文化包括美国、新西兰、英国等国家的文化，这些文化依赖技术，通常是在医院中实时监测产后新生儿和母亲的健康（Posmontier & Horowitz，2004）。而民族血缘文化仅在产后 24—48 小时进行技术监测，若妇女及新生儿的生命体征符合指标，就能离开医院。这种文化与以技术为中心的文化不同，民族血缘文化中产后很长一段时间都需要社会支持，其重点是具有共同的种族、民族、语言或文化习俗的社会支持网络（Posmontier & Horowitz，2004）。这些包括韩国、中国、日本、越南赫蒙族、墨西哥、阿拉伯和非洲。社会支持和网络支持最终归结于妇女本身，她们信仰限制特定行为和遵循饮食的文化，着重休息与康复。民族血缘关系文化的共性在马来西亚和中国文化中都有体现。因此，马来西亚人和中国人在产后护理期间都能相互学习彼此文化的优势。本研究最重大的发现集中于马来西亚华裔母亲实践中国产后习俗上，马来西亚文化也会对中国人产生影响。华裔进入马来西亚文化产生文化连通性，包括文化存在、交流或扩展。华裔也可以利用这一点，通过学习马来西亚民族亲属关系参与文化交流，马来西亚民族亲属关系是马来人、华裔和印度裔三大文化的延伸。中国妇女在社会支持网络方面可以向马来西亚华裔母亲们学习，以加强其民族血缘关系。回想起来，马来西亚值得学习的一大主要因素在于，马来西亚人不断地被多样文化包围并社会化，他们有能力和意愿相互学习、适应和遵循彼此的文化实践，而且马来西亚人对了解优秀文化很感兴趣。

八、结论

本研究考察了马来西亚华裔母亲和中医在社会文化背景下的中医经历和实践，研究人员探索了中医药如何成为中国和马来西亚之间文化联系的工具和资源。马来西亚人生活于多元文化社会中，在日常生活里接受了许多文化和习俗的同化，随着时间的推移，马来西亚社会必然会更加沉迷于其同化的文化。这种独特的现象植根于马来西亚广泛存在的民族血缘关系文化中。因此，中国可以通过“一带一路”倡议学习并采用马来西亚在产后的实践或一般情况下提出的见解。

本研究针对马来西亚华裔母亲和中医进行访谈，研究结果与习近平主席提出的“五通”最后一大因素——民心相通相呼应。各国人民实现了智力交流、游客和学生的流动以及医疗交互影响。目前，可以假设中医药在贸易畅通和资金融通方面对中国和马来西亚都有好处，但这项研究揭示了随着中国人和马来西亚华裔之间文化的扩展，马来西亚华裔母亲和马来西亚中医之间发生的文化联系。马来西亚已经适应了中医文化，在产后护理中强调中医的效用。随着“一带一路”倡议的实施，马来西亚继续鼓励传统医学的研究和开发，鼓励公立医院为患者提供中医药治疗，监测其有效性，以便在医疗保健系统中传播中医药文化的专业意识。

本研究最重大的发现在于，马来西亚华裔妇女仍然遵循中国产后文化，而亚洲文化（如南亚、东亚和中东）强调产后期间的社会支持（Posmontier & Horowitz，2004：34—43）。本研究的核心在于，中草药都是天然的药物，由于马来西亚种族的多样性，中草药用法各不同。中医也强调了信任、知识和背景在中医治疗中的重要性。

马来西亚当局应在马来西亚人中宣传和推广中医药，并将其作为将中医医疗、保健、教育、科学研究、文化交流和产业结合的平台，将中医纳入马来西亚人民的认知当中，以加强马来西亚的医疗保健系统。总体而言，本研究旨在了解产后实践和中医药使用情况及其原因，以便马来西亚社区妇幼保健领域的马来西亚利益相关者能够为从生物医学和传统中医药中受益的所有种族的产妇提供全面的产后护理方法。

马来西亚种族间通过文化同化，彼此能更好地进行社会融合，更加尊重彼此的文化和习俗。中国和马来西亚之间存在文化联系，两国应该进行更多的文化交流和学习，赋予民族血缘文化新的社会意义。从这个意义上而言，文化连通性代表马来西亚华裔和中国人之间在产后护理方面进行的思想、价值观和实践的交流，而“一带一路”自然可以成为一个强大的平台，鼓励两国之间的共生关系。

参考文献

Abeyratne, D. (2017). *Cabinet nod for Hambantota port lease.* Retrieved from http://www.dailynews.lk/2017/07/26/local/123230/cabinet-nod-hambantota-port-lease

Asian Infrastructure Investment Bank. (2016). *Environmental and social framework.* Retrieved fromhttps://www.aiib.org/en/policies-strategies/_download/environment-framework/20160226043633542.pdf

Asian Infrastructure Investment Bank. (2017). *Approved projects.* Retrieved from https: //www. aiib.org/en/projects/approved/index.html

Ceylon Association of Shipping Agents. (2018). *CASA optimistic about use of LNG in shipping industry*. Retrieved from http: //www.ft.lk/shippingaviation/CASA-optimistic-about-use-of-LNG-in-shipping-industry/21-647232

Ceylon Association of Shipping Agents (CASA). (2018). *Shipping agents optimistic about use of LNG in shipping industry*. Retrieved from: http: //www.dailymirror.lk/article/Shipping-agentsoptimistic-about-use-of-LNG-in-shipping-industry-144151.html

Ceylon Electricity Board. (2017a). *Long term generation expansion plan* 2018-2037. Retrieved from: http: //www.ceb.lk/index.php?aam_media=30827

Ceylon Electricity Board. (2017b). *Long-term generation expansion plan* 2018-2037. Retrieved from: http: //www. pucsl. gov. lk/english/wp-content/uploads/2017/05/LTGEP_2018-2037.pdf#page=111

Colombo International Container Terminal Ltd. (2015). *CICT*. Retrieved from http: //www.cict. lk/CICT%20becomes%20green%20port%20with%20US $ %2010%20m%20initiative-DailyNews-PM.pdf

Colombo International Container Terminals. (2017a). *CICT invests over $ 10 m towards green infrastructure at Colombo Port*. Retrieved from http: //www.cict.lk/CICT% 20invests% 20 over% 20 $ % 2010% 20m% 20towards% 20green%20infrastructure%20at%20Colombo%20 Port.php

Colombo International Container Terminals. (2017b). *CICT surpasses* 2 *million teu milestone in second full year of operation*. Retrieved from: http: //www.cict.lk/CICT%20surpasses%20 2%20million%20teu%20milestone%20in%20second%20full%20year%20of%20operation. php

Colombo International Container Terminals. (2018). *CICT and community*. Retrieved from http: //www.cict.lk/cict-and-community.php

Daily, F. T. (2017a). *Colombo Port handles* 6 *millionth TEU*. Retrieved from http://www.ft.lk/front-page/Colombo-Port-handles-6-millionth-TEU/44-645907

Daily, F. T. (2017b). *Daily FT: CB confirms receipt of $ 292.1 m CMPort payment*. Retrieved from https://www.invest.lk/daily-ft-cb-confirms-receipt-292-1-m-cmport-payment/

Daily, F. T. (2018). *Colombo Port gets competitiveness boost*. Retrieved from: http://www.ft.lk/top-story/Colombo-Port-gets-competitiveness-boost/26-651312

De Silva, S., Sachindrani, M., Bogahawatte, I. (2015). *The contradiction between sustainable development and economic development: Special reference to the Colombo Port City project of Sri Lanka*. Retrieved from http://www.kdu.ac.lk/proceedings/irc2015/2015/law-033.pdf

Department of Census and Statistics. (2012). *Census of population and housing of Sri Lanka*, 2012. Retrieved from http://www.statistics.gov.lk/PopHouSat/CPH2011/Pages/Activities/Reports/District/Colombo/A3.pdf

Dollar, D. (2015). *China's rise as a regional and global power: The AIIB and the ' one belt, one road*. Brookings Institute. Retrieved from: https://www.brookings.edu/research/chinas-rise-as-a-regional-and-global-power-the-aiib-and-the-one-belt-one-road/

Economy Next. (2017). CICT voted best container terminal. Retrieved from: http://www.economynext.com/Sri_Lanka%E2%80%99s_CICT_voted_best_container_terminal-3-8261.html

Ellis, C. (2017). *Financing China's One Belt, One Road: US $ 8 trillion in capital requirements*. Retrieved from Silk Road Briefing: https://www.silkroadbriefing.com/news/2017/04/03/financing-chinas-one-belt-one-road-us8-trillion-in-capital-requirements/

European Commission. (2017).*Differentiated port infrastructure charges: Final report.* Retrieved fromhttps://ec.europa.eu/transport/sites/transport/files/2017-06-differentiated-port-infrastructure-charges-report.pdf

Fernando, R.. (2017). Developing the Sri Lankan maritime industry. Daily FT Sri Lanka. Available at: http://www.ft.lk/opinion/Developing-the-Sri-Lankan-maritime-industry/14-644105

Fernando, R. (2017). Developing the Sri Lankan maritime industry. Retrieved from http://www.ft.lk/shippingaviation/Developing-the-Sri-Lankan-maritime-industry/21-644105

Friends of the Earth: United States. (2017).*Investing in a Green Belt and Road?* Retrieved from https://1bps6437gg8c169i0y1drtgz-wpengine.netdna-ssl.com/wp-content/uploads/2017/12/ChinaGreenBelt_Dec2017.pdf

Gard. (2004).*Annex VI of Marpol* 73/78 - *regulations for the prevention of air pollution from ships*. Retrieved from http://www.gard.no/web/updates/content/53059/annex-vi-of-marpol-7378-regulations-for-the-prevention-of-air-pollution-from-ships

Goonetilleke, G., & De Saram, S. (2016).*Sri Lanka - getting the deal through - Ports & terminals* 2017. Retrieved from http://desaram.com/wp-content/uploads/2017/03/SRI-LANKA-Getting-the-Deal-Through-Ports-Terminals-2017-edition.pdf

Grundler, C. (2016).*Air pollution at Our Nation's ports can be reduced now.* Retrieved from https://blog.epa.gov/blog/2016/09/air-pollution-at-our-nations-ports-can-be-reduced-now/

Gurden, B. (2017).*China has a plan - Peak Coal and the new Silk Road.* Retrieved from http://www.envjustice.org/2017/07/china-plan-peak-coal-new-silk-road/

Huang, Y., & Perlez, J. (2013).*Behind China's $1 trillion plan to shake up the economic order*. Retrieved from The New York Times: https://www.nytimes.com/2017/05/13/business/chinarailway-one-belt-one-road-1-trillion-plan.html

Inter-Governmental Panel on Climate Change. (2009).*Fifth assessment review*. Retrieved from https://www.ipcc.ch/report/ar5/

International Council onClean Transportation. (2016). *Action plan for establishing ship emission*. Retrieved fromhttps://www.theicct.org/sites/default/files/publications/China%20ECZ%20 Policy%20Update%20vF.pdf

International Finance Corporation. (2017).*Green finance a bottom-up approach to track existing flows*. Retrieved from https://www.ifc.org/wps/wcm/connect/48d24e3b-2e37-4539-8a5ea8b4d6e6acac/IFC_Green+Finance+-+A+Bottom-up+Approach+to+Track+Existing+Flows+2017.pdf?MOD=AJPERES

International Maritime Organization. (2008). *Maritime safety and security*. Retrieved from IMO: http://www.un.org/depts/los/consultative_process/mar_sec_submissions/imo.pdf

Kelegama, S. (2018). China- Sri Lanka economic relations: An overview.*China Report*, 50(131), 131-149. Retrieved fromhttp://www.ips.lk/wp-content/uploads/2016/12/china_sl_economics. pdf.

Kristiansen, T. (2018).*Maersk line explores using LNG for its fleet*. Retrieved from Shipping Watch: https://shippingwatch.com/secure/carriers/Container/article10334655.ece

Li, X. (2017). *Green development under Belt and Road Initiative*. Retrieved from https://unfccc.int/sites/default/files/resource/Press%20Release-Green%20Development%20Under%20the%20BRI-Phusing%20Forward%20the%20Global%20Implementation%20of%20the%20 Paris%20Agreement-20171108.pdf

Long Beach Harbour Department. (2005). *Green port policy – “White paper”*. Retrieved from http://www.polb.com/civica/filebank/blobdload.asp? BlobID=2268

Marine Environment Protection Authority. (2018). *Waste reception service*. Retrieved from: http://www.mepa.gov.lk/web/index.php? option=com_content&view=article&id=50&Itemid=49&lang=en

Maritime and Port Authority of Singapore. (2018a). *Green port programme*. Retrieved from https://www.mpa.gov.sg/web/portal/home/maritime-singapore/green-efforts/maritime-singapore-green-initiative/green-port-programme

Maritime and Port Authority of Singapore. (2018b). *Singapore continues to invest in the maritime sector*. Retrieved from: https://www.mpa.gov.sg/web/wcm/connect/www/e41507d4-2fdb-44e9-8a74-34f1b9b52acc/sn21_rise-of-a-smart-port.pdf?MOD=AJPERES&CACHEID=e41507d4-2fdb-44e9-8a74-34f1b9b52acc#page=7

Mikelis, N. (2018). *MARPOL requirements for port reception facilities*. international maritime organization. Retrieved fromhttps://es.scribd.com/doc/261698268/International-Maritime-English-Conference-21

Ministry of Power and Renewable Energy. (2012). *Norochchole coal power project*. Retrieved fromhttp://powermin.gov.lk/english/?page_id=1517

National Building Research Organisation. (2016). *Air quality unit: Research outcomes*. Available at: http://www.nbro.gov.lk/index.php? option=com_content&view=article&id=85&Itemid=37 8&=en#research-outcomes

National Development and Reform Commission. (2015). *Vision and actions on jointly building Silk Road Economic Belt and 21st-century maritime Silk Road*. Retrieved from http://en.ndrc.gov.cn/newsrelease/201503/t20150330_669367.html

National Water Supply and Drainage Board. (2018). *Key sections*. Retrieved from http://www. waterboard.lk/web/index.php?lang=en

Peng, R., Chang, L., Liwen, Z. (2017). *China's involvement in coal-fired power projects along the Belt and Road*. Retrieved from http://www.geichina.org/_upload/file/report/China's_Involvement_in_Coal-fired_Power_Projects_OBOR_EN.pdf

Perera, N. (2016). *China's One Belt One Road Initiative: Implications for Sri Lanka*. Retrieved from http://www.ips.lk/talkingeconomics/2016/06/22/chinas-one-belt-one-road-initiative-implications-for-sri-lanka/

Ping, C. (2017). *19th party congress: Xi Jinping affirms China's commitment on green development*. Retrieved from Strait Times: https://www.straitstimes.com/asia/east-asia/19th-party-congress-xi-jinping-says-china-must-cooperate-with-other-nations-on

Safri, H. (2016). *A mis-managed elephant range*. Retrieved from http://www.thesundayleader. lk/2016/05/15/a-mis-managed-elephant-range/

Solomon, G. (2004). Pollution prevention at ports: Clearing the air. *Environmental Impact Assessment Review*, 7(8), 749-774. https://doi. org/10. 1016/j. eiar. 2004.06.005.

Sri Lanka Ports Authority. (2016). *Annual report* 2015. Retrieved from: https://www. parlia ment. lk/uploads/documents/paperspresented/annual - report - srilanka-ports-authority-2015. pdf#page = 80; Sri Lanka Ports Authority. (2017). *Operational performance report* 2016. Retrieved from: http://www.slpa. lk/application_resources/images/stat.pdf; Daily FT. (2017). *Colombo Port handles* 6 *millionth TEU*. Retrieved from: http://www.ft.lk/front-page/Colombo-Port-handles-6-millionth-TEU/44-645907

Sri Lanka Ports Authority. (2017a). *Minister vows to fast-track East Container Ter-*

minal. Retrieved fromhttp: //www. slpa. lk/port-colombo-page/5f2f61ab595f20dee91591ec51112301/acf3b2ecef0ffcf61f215e4812ad757c93fa01ee

Sri Lanka Ports Authority. (2017b) .*CICT takes steps to reduce carbon footprint*. Retrieved from http: //portcom.slpa.lk/news_events_15036.asp

Sri Lanka Ports Authority. (2018) .*Terminals of the Colombo Port*. Retrieved from: http: //www. slpa.lk/port-colombo/terminals

The Chinese ASEAN Environmental CooperationCentre of the Green Silk Road. (2017) . *Guidance on promoting Green Belt and Road*. Retrieved from http: //mp.weixin.qq.com/s/Ee0kwbOjUVfcDjYccl41BQ

The Port of Long Beach. (2017a) .*Yearly TEUs*. Retrieved from http: //www.polb.com/economics/stats/yearly_teus.asp

The Port of Long Beach. (2017b) .*Green Port policy*. Retrieved from http: //www.polb.com/environment/green_port_policy.asp

The Port of Long Beach. (2017c) .*Port achieves record pollution reductions*. Retrieved from http: //www. polb. com/news/displaynews. asp? NewsID = 1665&TargetID = 16

The Port of Los Angeles. (2017) .*Slowing ships for cleaner air*. Retrieved from https: //www.portoflosangeles.org/environment/progress/initiatives/vessel-speed-reduction-program/

Theodoropoulos, T. (2014) .*The port as an enabler of the smart grid*. Retrieved from: http: //www. fundacion. valenciaport. com/docs/inte-transit/T_InteTransit_5TTheodoropoulos.pdf#page=7

United States Environmental Protection Agency. (2017) .*National port strategy assessment: Reducing air pollution and greenhouse gases at U.S. Ports*. Retrieved from https: //www.epa. gov/ports-initiative/national-port-strategy-assessment-reducing-air-pollution-and-greenhousegases-us

Wickremesinghe, K. (2018). *Lakvijaya coal power plant spewing controversy and more pollution. Retrieved from: http://www.dailymirror.lk/expose/article/Lakvijaya-*Coal-Power-PlantSpewing-controversy-and-more-pollution-149046.html

Wijedasa, N. (2014). *China gets controlling stake at Hambantota port.* Retrieved from http://www. sundaytimes.lk/141019/news/china-gets-controlling-stake-at-hambantota-port-123262.html

World Bank Data. (2018). *Population density (people per sq. km of land area).* Retrieved from: https://data.worldbank.org/indicator/EN.POP.DNST?locations=LK&year_high_desc=true

Yamei. (2017). *Full text of President Xi's speech at opening of Belt and Road forum.* Retrieved from Xinhua: http://www. xinhuanet. com/english/2017-05/14/c_136282982.htm

第七篇
参与国家的影响

第十四章　“一带一路”项目是欧亚地区全面发展的推动力：孟加拉国面临的挑战

普罗富拉·C. 萨克尔[①]

一、引言

“一带一路”项目是经济、社会和政治全面发展的推动力，旨在提高中国和欧亚各国人民的生活质量和福祉。建设公路的主要目的是在不同国家之间建立联系、团结人民，加强国内和外交政策，促进经济发展。欧亚大陆地区有些国家由于民族宗教和地缘政治被疏远或解体，导致政治上不和谐，影响经济增长、社会发展和政治关系。欧亚大陆不同国家之间的网络关系是实现“全面发展”的关键因素之一。主要挑战是通过有效落实“一带一路”倡议来重新团结该地区的国家，该倡议主张通过公路建设、基础设施建设、工业产业投资、当地资源有效利用、增产与平衡商业和社会关系等有关经济举措，来实现经济发展。该倡议旨在振兴已有贸易，打开区域

① 普罗富拉·C.萨克尔（Profulla. C. Sarker），孟加拉国达卡大学。

市场，加强区域经济、政治和谐和互惠的社会关系，实现全面发展，提高该地区人民的生活质量和福祉。

二、概念问题

“一带一路”倡议已经引起世界各地诸多学者和政策制定者的兴趣。“一带一路”倡议由中国政府在2013年发起，目的是实现中国与世界的互联互通。“一带一路”倡议基本上是一个由几个基础设施大型项目组成的倡议，旨在恢复古丝绸之路，包括两条贸易路线和六大经济走廊。

三、“一带一路”的地理贸易网络

中国经济与全球经济深度融合，推动亚洲乃至世界经济的发展。中国的投资机会正在扩大。基础设施互联互通以及新技术、新产品、新业态、新商业模式等方面的投资机会不断涌现。中国的对外合作机会不断扩大。成员国支持多边贸易体制，致力于多哈谈判，倡导亚太自由贸易区，推动区域全面经济伙伴关系谈判，倡导建设亚洲基础设施投资银行，全面推进经济金融合作，努力成为经济全球化和区域一体化的积极推动者（Irzli & Nicolas，2015）。2000多年前，张骞帮助建立了丝绸之路——连接中国和中亚以及阿拉伯世界的贸易路线网络。“丝绸之路”这个名字来自于当时中国最重要的出口产品之一——丝绸，而这条线路本身也影响了沿线地区长达数百年的发展。2013年，中国国家主席习近平提议建立一个丝绸之路现代版，创建一个由铁路、公路、管道和公用事业网组成的网络，将中国和中亚、西亚以及南亚部分地区连接起来。

“一带一路”倡议将地域连接起来，旨在创建世界上最大的经济合作平台，包括政策协调、贸易和融资合作以及社会和文化方面的合作。通过公开讨论，“一带一路”倡议可为每个成员国创造利益。国务院在2015年授权发布了《推动共建丝绸之路经济带和21世纪海上丝绸之路的愿景与行动》，包括两个主要部分：“丝绸之路经济带”和“21世纪海上丝绸之路”。“丝绸之路经济带”的设想为连接中国与欧洲（通过中亚）、波斯湾、地中海（通过西亚）和印度洋（通过南亚）的三条路线。“21世纪海上丝绸之路”的计划是在区域水路之间建立联系。

四、走廊的地理结构

走廊的地理结构将中国与俄罗斯、土耳其、新加坡、缅甸、孟加拉国、印度和巴基斯坦连接在一起，以在中国首创的“一带一路”大型项目的框架下实现区域发展。

- 新亚欧大陆桥走廊，连接中国西部和俄罗斯西部。
- 中蒙俄走廊，从华北到东俄罗斯。
- 中国—中亚—西亚走廊，从中国西部到土耳其。
- 中国—中南半岛走廊，从华南延伸至新加坡。
- 孟中印缅走廊，从中国南方到缅甸。
- 中巴走廊，从中国西南到巴基斯坦。
- 海上丝绸之路，从中国海岸经新加坡到地中海。

五、孟中印缅经济走廊

孟中印缅经济走廊是一个概念化倡议，在其框架内实现了次区域经济合作效益。这条多模式的走廊途经缅甸和孟加拉国，将是印度和中国之间的第一条快速通道（DasGupta，2014）。孟加拉国处于孟中印缅经济走廊的中心位置，给本国的产品提供了巨大的出口机会。孟加拉国已经申请了22种孟加拉国产品的免税准入，一旦获准，将有助于大幅减少该国的贸易逆差。孟加拉国还在海上丝绸之路沿线占据了战略地位，其吉大港是穿越印度洋的主要海上枢纽，战略地位突出。中国的“一带一路”倡议为各国提供了一个巨大的机会，通过大规模的基础设施建设来刺激经济增长，反过来又会使更多的贸易跨越边界。孟加拉国地处中国和印度之间，拥有独特的地缘政治地位，如果能抓住这个巨大的机会，将获得诸多益处。21世纪的关键词是共同繁荣和发展，孟加拉国将很好地利用与中国全面合作的机会。通过连接东盟自由贸易区、东盟-中国自由贸易区和印度-东盟自由贸易区，孟中印缅经济走廊将成为最大的自由贸易区之一。孟加拉国、中国、印度和缅甸希望建立一个走廊，能够有效地将该地区的公路、铁路、水路和航空连接起来。这也将改善孟、中、印、缅这四个国家的对外贸易并增强双边贸易。

六、“一带一路”倡议的目标

“一带一路”倡导的基础设施建设将促进贸易投资和发展，为全球产出作贡献。在有些基础设施发展明显欠缺的贫困国家，该倡议可创造新的市场需求。“一带一路”基础设施可进一步促进世界上已经快速发展的国家的经济增长。2014—2016年，“一带一路”成员国GDP平均增长4.2%，而全球GDP增长平均值仅为2.6%。根据有些专家的说法，到2050年，“一带一路”倡议涉及的国家和地区将对全球GDP增长贡献超过80%，其中中国贡献大约40%，亚洲其他国家则从目前的15%增长至30%以上。

“一带一路”倡议对孟加拉国十分重要，原因在于：孟加拉国人口基数大，可支配收入日益增长至关重要。从地缘政治方面看，孟加拉国拥有巨大的地缘优势。孟加拉国劳动力低廉，与印度在地理上有很多相似点，其中最重要的一点是都靠近孟加拉湾。中国能源进口约80%经由印度洋进入马六甲海峡。考虑到以上因素，孟加拉国可能成为“一带一路”倡议中的关键角色。此外，中国正转向信息技术、航空航天和电信等高科技、高利润及高端产业。中国现有从事低技术劳动密集型产业的公司正试图将制造工厂搬迁至劳动力低廉、工作质量高的地点。主要人口年龄在15—30岁的孟加拉国很可能成为这些产业的主要目的地。

2016年10月，中国国家主席习近平访问孟加拉国期间，孟加拉国和中国签署了34项谅解备忘录，包括价值136亿美元的贸易和投资。此外，两国政府还签署了200亿美元的贷款协议。这些投资无疑将帮助孟加拉国成为更大的经济体。除亚洲开发银行和世界银行外，新成立的亚洲基础设施投资银行也可能成为孟加拉国基础设施发展的主要外国贷款来源。

七、孟加拉国的参与

2016 年，中国国家主席习近平对孟加拉国进行初访后，孟加拉国正式成为“一带一路”成员国。孟加拉国是拟议的孟中印缅走廊的一部分，该走廊是“一带一路”的六个走廊之一。在“21 世纪海上丝绸之路”倡议框架内，中国已经对在孟加拉国开发一个深水港口表示兴趣。孟加拉国和中国已经签署了谅解备忘录。在地理上，孟加拉国位于南亚和东南亚之间，是跨区域一体化中非常重要的角色，可以成为半工业化的东盟国家和人口众多的印度次大陆之间的连接走廊。

孟加拉国有望通过“一带一路”倡议发挥其地理优势。中国计划在未来几十年内对与“一带一路”相关的项目投资高达数千亿美元。通过适当的政策协调，孟加拉国可吸引其中很大一部分投资。中国的经济正在发生根本性的转变，从低技术产业向高科技产业转型。孟加拉国人口众多，再加上其有利的地理位置，自然成为“一带一路”伙伴的最佳备选，以实现孟加拉国和中国之间的经济利益共赢。

八、对全面发展的影响

“全面发展”是一种整体发展的综合方法，兼具经济、政治和社会发展。尽管经济、政治和社会发展可以单独或集体进行，但它们应成为一种网络，相互补充。“整体发展”的概念基于三个要素，即"一带一路"成员国之间的政治互信、经济融合和文化相对主义，基于此确保他们积极参与，有效执行。

整体发展不是单维的发展，而是涵盖所有领域的发展，即经济、政治和社会发展，以提高该地区所有社会阶层的生活质量和福祉。整体发展意味着将经济、政治和社会发展价值结合起来。更具体地说，整体发展指全面的发展，而不仅关注整体发展中各个部分的发展。整体发展是国家改善其人民经济、政治和社会福利的过程。

（一）经济融合与发展

根据设想，孟中印缅经济走廊的优势将来自于：商品、服务和能源大规模市场准入，消除非关税壁垒，贸易更加便利化；投资基础设施建设，建设公路以加强运输设施；联合勘探和开发矿产、水和其他自然资源，在比较优势和人民间联系的基础上发展价值链和供应链，将比较优势转化为竞争优势（Rahman，2014）。拟议的走廊涵盖公路、铁路、水路和航空，将覆盖165万平方公里，覆盖中国云南省、孟加拉国、缅甸和印度东部的西孟加拉邦的约4.4亿人。这种互联互通将促进人员和货物的跨境流动，最大限度地减少陆路贸易障碍，确保更大的市场准入并增加多边贸易。

孟中印缅经济走廊具有相当大的经济优势：最重要的是得以进入东南亚众多市场，增强交通基础设施建设，创立工业区（Rahman，2014）。工业区的建设将有两个方面的好处：首先，产业得以转移，促进加工、制造和商业物流等行业发展；其次，随着中国劳动力成本的上升，纺织业和农产品加工等劳动密集型产业最终将被转移出中国。这些产业将转移到劳动力成本较低的新地区。

经济走廊地区基础设施成熟、物流完善、交通便利，因此在中国经营的公司可能会优先考虑该地区。印度孤立的东部和东北部各邦会因与中国和亚洲其他地区贸易来往增多，连接更紧密而受益（Lal，2013）。多模式的运输网络和其他倡议的支持，使得基础设施建设成本大大降低，从而刺激贸易和投资，加速该地区的经济增长和减贫进程。孟中印缅地区合作论坛（简称孟中印缅论坛或BCIM论坛），目的是建立一个平台：让主要的利益相关者得以会面，讨论促进孟中印缅走廊沿线经济增长和贸易的问题；确定具体的部门和项目，促进四个国家之间的合作；加强主要参与者和利益相关者之间的合作和制度安排，深化四国之间的联系。

（二）政治互信与共同发展

自1999年以来，孟中印缅地区合作论坛每年举行一次，在提高人们对孟中印缅合作所带来的潜在利益的认识方面作出了开创性贡献。政府间的讨论也经常出现孟中印缅合作的字眼，政治上的认同和政府间的所有权将是实现该倡议愿景和目标的关键所在。诚然，参与孟中印缅论坛的每个国家将通过经济活动和合作来加强互信，避免多政府体系的不同政治意识形态导致的分歧。在孟中印缅论坛的各国政府之间，通过经济合作、政治关系和社会融合逐步增加互信，这将是该地区可持续发展的促进因素之一（Peter & Pierre，2001）。政治信任植根于成员国之间的相互理解、互惠关系和密切合作，以避免经济发展不平等、社会等级不平衡、政治意识形态和民族宗教认同等问题。

（三）文化相对主义与社会发展

文化相对主义认为，在比较道德、法律、政治等体系时，没有任何文化比其他文化优越。

文化相对主义是一种哲学观念，认为所有的文化信仰都是同样有效的，真理本身是相对的，取决于文化环境。文化相对主义倡导者认为，所有的宗教、民族、伦理、审美和政治信仰都是完全相对于文化认同中的个人而言的。在人们的心智中，文化相对主义本能地把其他文化当作自己的文化来尊重，以避免文化冲突或民族中心主义，民族中心主义可能导致对群体或社会行为的负面判断，还可能导致对不同人群的歧视。文化相对主义与政治稳定和社会融合有关，从而影响经济发展。经济发展与产出的增加以及社会福利和国家政治稳定的改善有关。因此，经济发展既包括政治稳定，也包括社会融合。经济发展还包括在中国主导的“一带一路”框架内进行基础设施的互联互通，扩大贸易领域和贸易基础设施，实现各国的金融一体化。“一带一路”还致力于确保中国和该倡议内所有利益相关者的共同利益。同时，经济发展带来额外的资源，可用于促进社会发展，如医疗保健、安全饮用水、教育和减少贫困等。简而言之，社会发展和经济发展之间的关系可以从三个方面来解释：首先，平均收入的增加能改善健康、食品安全和提高营养；其次，人们认为只有通过脱贫才能改善社会效应；最后，社会效应也可以通过教育、医疗、安全饮用水等基本服务来改善。以上三点都与社会融合、政治宽容和文化相对主义息息相关。

九、“一带一路”倡议与印度

印度的政策决策者认为，“一带一路”是中国的单方面行动计划，因此并不赞成该倡议。中巴经济走廊，是“一带一路”在南亚的核心。印度公开宣称不能接受中巴经济走廊，因为该走廊通过巴控克什米尔地区，该地区为印巴争议领地（Laskar，2015）。同时，印度绕过中国和巴基斯坦，正在投资其他类似项目。2016 年，印度签署了一项协议，在阿富汗和伊朗之间开发一条运输走廊，以伊朗的恰巴哈尔港为基地，该港口位于巴基斯坦的中国援助建设的瓜达尔港的边界对面（Saran & Ritika，2016）。印方发言人称，印度寻求与伊朗进行港口交易，部分原因是减轻印度可能面临的来自中国“一带一路”的威胁，特别是来自中国经济走廊安全和经济方面的挑战。然而，印度试探性承认了孟中印缅经济走廊，这使得其对“一带一路”的态度更为模糊。孟中印缅经济走廊早于“一带一路”，但中国政府后来试图将其纳入“一带一路”的西南路线（Mandhana，2016）。孟中印缅走廊将通过高速铁路和其他基础设施经过缅甸和孟加拉国连接印度加尔各答和中国昆明。孟中印缅走廊对印度来说前景可观，吸引力十足，因为其将“横向穿过印度欠发达的东北部各邦，该地区被印度总理莫迪列为优先发展的地区”（Smith，2016）。

十、孟加拉国面临的挑战

孟加拉国方面已经明确了参与孟中印缅地区合作论坛。孟加拉国认为，“一带一路”倡议对其国家和区域发展提出了若干挑战，有双边挑战，也有单方面挑战。

1. 孟加拉国没有一个运作良好的金融系统来吸收如此大量的

投资。大额贷款可能对宏观经济稳定有害。腐败、政策缺失和缺乏透明度也是其参与“一带一路”面临的挑战。

2. 中印之间的竞争关系可能会危及孟加拉国的发展前景。印度因中国参与中巴经济走廊而抵制“一带一路”（印度认为该走廊侵犯了其主权）。

3. 日本和印度已表示，打算抵制“一带一路”。鉴于印度在南亚的影响力，印方可以严重拖延或破坏该地区的“一带一路”相关计划。在这种情况下，孟加拉国需要认真考虑，因为印度和日本都是孟加拉国的发展伙伴。

4. 尽管孟加拉国已经支持中国的宏伟计划，但如果没有印度的默许，孟加拉国将很难收获“一带一路”的全部利益。此外，孟加拉国被印度包围，两国都是相互友好的国家，在需要的时候需相互帮助。

5. 中国正寻求将其承诺给孟加拉国的部分“软贷款”转为商业信贷。如果以商业信贷而不是政府对政府（G2G）的形式发放贷款，这些贷款对孟加拉国来说可能非常昂贵，并可能造成长期的债务危机。

6. 印度和中国都是孟加拉国的重要合作伙伴，厚此薄彼会妨碍孟加拉国的国家利益。因此，孟加拉国必须谨慎行事，而所有的经济问题都必须放在政治考虑之外。

7. 孟加拉国和缅甸之间的罗兴亚难民问题也具挑战性，需要加以解决，以便在孟中印缅论坛的成员国之间建立友好的关系，更顺利地实施“一带一路”。

8. 印度和东盟对中国的“一带一路”最终目标表示担忧，认为其可能会在印度和东盟国家之间产生一定的影响，这可能会阻碍“一带一路”大型项目的建设。

十一、结论

“一带一路”倡议体现了整个地区主权成员国之间更大的经济相互依存、强大的政治和社会文化网络关系。自 20 世纪 80 年代末以来，亚洲的经济增长和社会进步已经受到了科技进步的刺激，该区域和国际的相互依赖和融合更加紧密。通过创新、变革和适应，亚洲国家自 20 世纪 70 年代末以来一直在适应全球化。全球化给大多数追求出口导向型经济发展战略的亚洲国家带来了巨大的经济增长（Lee，2007）。二战后，日本成为一个领先的工业国家，随后中国香港地区、新加坡、韩国和中国台湾地区等四个经济体也都取得了快速的经济发展和社会进步。同样，马来西亚、泰国、印度尼西亚和越南的经济也得到了增长。另一方面，中国和印度在经济上取得了巨大的进步，但在基础设施和商业方面存在很大差距。“一带一路”倡议有望弥补“基础设施和商业上的差距”，从而通过整个地区的政治关系和社会文化联系加速实现经济增长。亚洲的经济发展不是一个新的现象，而是有强大的历史渊源。早在公元前四世纪，亚洲就已经开始了第一个经济增长周期，因此亚历山大大帝决定东行，建立一个帝国。当时，希腊与印度和中国不可同日而语。希腊不得不从印度和中国进口所有的奢侈品。直到 1820 年代，世界 60%—75%的 GDP 增长仍来自亚洲（Wickremesinghe，2010）。后来亚洲经济发展的主导地位被欧洲殖民主义所粉碎，同时工业革命促使欧洲制造商进入亚洲市场进行生产。在19世纪和20世纪的大部分时间里，亚洲变成了欧洲工业的俘虏市场（Wickremesinghe，2010）。除日本外，亚洲国家并未从工业革命中获益。到1940年，亚洲仅占世界GDP的20%。20世纪70年代，当亚洲四小龙，即韩国、新加坡、中国香港和中国台湾地区作为低工资的消费品制造基地出现时，亚洲重新获得了其以往的经济地位。亚洲的发展不应局限于经济增长和技术进步，而要体现在社会发展、正确的政治决策和行之有效的领导等方面。人们期望，“一带一路”宏大项目的使命和愿景如果得到适当的执行，亚洲国家将实现经济增长、技术进步和社会发展。在这种情况下，孟加拉国需要非常谨慎地制订一项战略计划，以确保其在与印度和中国建立关系方面的利益。“一带一路”为孟加拉国提供了一个机会：通过政治宽容和文化相对主义融入国际市场，实现经济发展。文化相对主义是一种哲学信念，即所有的文化观点都同样有效。孟加拉国必须接受改革，并修改其政策，以成功融入“一带一路”的目标，实现全面发展。

参考文献

BEAM Society Ltd. (2012). *BEAM plus new buildings version* 1.2 *(*2012.07*)*. Retrieved from the following linkhttps://www.hkgbc.org.hk/eng/NB_Intro.aspx. Accessed on 31 Jan. 2018.

BEAM Society Ltd. (n.d.). *BEAM plus assessment tools*. Retrieved from the following link https:// www.hkgbc.org.hk/eng/BEAMPlus.aspx. Accessed on 31 Jan. 2018.

BRE Global Ltd. (2017). *BREEAM international new construction* 2016, *Technical Manual: Version: SD*233 – *Issue:* 2.0. Hertfordshire: BRE Global Ltd.

BRE Global Ltd. (n.d.). *Technical standards*. Retrieved from the following links http://www. breeam.com/discover/technical-standards/. Accessed on 31 Jan. 2018.

BRP (Belt and Road Portal). (n.d.). *International cooperation*. Retrieved from the following link https://eng.yidaiyilu.gov.cn/info/iList.jsp?cat_id = 10076. Accessed on 31 Jan. 2018.

CASS (Chinese Academy of Social Science). (2014). *China sustainable development strategy report[R]*. Beijing: Chinese Science Press.

CPCCC and SC (CPC Central Committee and the State Council of the People's Republic of China). (2017). Guidance on promoting Green Belt and Road. Retrieved from the following linkhttps://eng.yidaiyilu.gov.cn/zchj/qwfb/12479.htm. Accessed on 31 Jan. 2018.

DGNB GmbH. (2017a). *Scheme overview*. Retrieve from the following link http://www.dgnbsystem.de/en/schemes/scheme-overview/. Accessed on 31 Jan. 2018.

DGNB GmbH. (2017b). *Criteria catalog building new construction version* 2017. DGNB GmbH. Retrieve from the following linkhttp://www.dgnb-system.de/en/system/certification_ system/. Accessed on 31 Jan. 2018.

HK-BEAM Society. (2004). *HK-BEAM* 4/04 *"New Buildings" an environmental assessment for new buildings version* 4/04. HK-BEAM Society. Retrieved from the following link https:// www.beamsociety.org.hk/files/download/download-20120314044753.pdf. Accessed on 31 Jan. 2018.

HKGBC. (n.d.). *BEAM plus*. Retrieved from the following link. https://www.hkgbc.org.hk/eng/BEAMPlus.aspx. Accessed on 31 Jan. 2018.

MEP (Ministry of Environmental Protection, the People's Republic of China). (2017). *The Belt and Road ecological and environmental cooperation plan*. Retrieved from the following link https://eng.yidaiyilu.gov.cn/zchj/qwfb/13392.htm. Accessed on 31 Jan. 2018.

MOHURD. (2017).*Building energy-saving and green building development plan in national 13th Five-Year plan*. (in Chinese).

MOHURD and AQSIQ (Ministry of Housing and Urban-Rural Construction of the People's Republic of China and General Administration of Quality Supervision, Inspection and Quarantine of the People's Republic of China). (2014). Assessment standard for green building - GB/T 50378-2014. Published by China Architecture & Building Press. (*in Chinese*).

NDRC, MFA, and MC (National Development and Reform Commission, Ministry of Foreign Affairs, and Ministry of Commerce of the People's Republic of China). (2015).*Vision and actions on jointly building Silk Road Economic Belt and 21st-century Maritime Silk Road*. Retrieved from the following linkhttps://eng.yidaiyilu.gov.cn/qwyw/qwfb/1084.htm. Accessed on 31 Jan. 2018.

NDRC, NBS, MEP, and ODCPC. (2016a).*The green development index system*. Retrieved from the following linkhttp://www.ndrc.gov.cn/zcfb/zcfbtz/201612/t20161222_832303.html. Accessed on 31 Jan. 2018.

NDRC, NBS, MEP, and ODCPC. (2016b).*The construction of ecological civilization evaluation target system*. Retrieved from the following link http://www.ndrc.gov.cn/zcfb/zcfbtz/201612/t20161222_832303.html. Accessed on 31 Jan. 2018.

OLGCBR (Office of the Leading Group on the Construction of the Belt and Road). (2015). *Action plan on Belt and Road standard connectivity (2015 - 17)*. Retrieved from the following link https://eng.yidaiyilu.gov.cn/zchj/qwfb/35977.htm. Accessed on 31 Jan. 2018.

OLGCBR (Office of the Leading Group on the Construction of the Belt and Road). (2017). *Building the Belt and Road: Concept, practice and China's contribution* (1st ed.). Beijing: Foreign Languages Press Co.

Qiu, B.X. (2011).*Introduction to building energy saving and green building model system*. Beijing: China Construction Industry Press 04, M. (in Chinese).

Robichaud, L. B., & Anantatmula, V. S. (2011). The greening project management practices for sustainable construction.*Journal of Management in Engineering*, 10 (1061), 48-58.

UN (United Nations). (n. d.). *Sustainable development goals*. Retrieved from the following link http://www.un.org/sustainabledevelopment/sustainable-development-goals/. Accessed on 31 Jan. 2018.

UNDP and CASS (The United Nations Development Programme and Chinese Academy of Social Science). (2013). *China human development report[R]*. Beijing: China Publishing Group, Chinese translation and publishing.

UNEP (The United Nations Environment Programme). (2007). *Buildings and climate change: Status, challenges and opportunities*. Retrieved from the following link http://wwww.unep.org. Accessed on 31 Jan. 2018.

USGBC (U.S. Green Building Council). (2003). *Building momentum: National trends and prospects for high-performance green buildings*. Rep. Washington, DC: U.S. Senate Committee on Environment and Public Works.

USGBC (U.S. Green Building Council). (n.d.-a). *Green building and LEED core concepts guide* (2nd edn, p. 4). Washington, DC: U.S. Green Building Council.

USGBC (U.S. Green Building Council). (n.d.-b). *Rating systems*. Retrieved from the following linkhttps://new.usgbc.org/leed. Accessed on 31 Jan. 2018.

Ward, C., Yates, A., & Brown, V. (2017). *Assessing the performance of sustainable buildings in China - Synergies between BREEAM and the Chinese Assessment Standard for Green Building(Three Star)*. Watford: BRE Global.

第十五章 哈萨克斯坦的“一带一路”倡议：机遇与挑战

法蒂玛·库克耶娃 道仁·久谢巴耶夫①

一、引言

“丝绸之路经济带”和“21世纪海上丝绸之路”是“一带一路”倡议（BRI）的重要组成部分。2013年9月7日，中国国家主席习近平访问阿斯塔纳纳扎尔巴耶夫大学时，提出了一个覆盖全面且极具雄心的倡议——“丝绸之路经济带”，该倡议将覆盖整个欧亚大陆。“丝绸之路经济带”得到了中亚国家，尤其是哈萨克斯坦的全力支持。在哈萨克斯坦，寻找经济上产生效益的走廊、扩大市场、创立平等使用共同基础设施的机会以及吸引投资十分重要。哈萨克斯坦坐拥大量自然资源储备，地处跨洲贸易和运输路线交会处，因此在世界经济发展进程中发挥着重要作用。

---

① 法蒂玛·库克耶娃（Fatima Kukeyeva），哈萨克斯坦阿拉木图，哈萨克斯坦国立大学国际关系和世界经济系教授；道仁·久谢巴耶夫（Dauren Dyussebayev），哈萨克斯坦阿拉木图，哈萨克斯坦国立大学国际关系系。

自哈萨克斯坦独立以来，碳氢化合物一直是引领国家经济增长的“火车头”。该国极其依赖采矿业，特别是石油产业。2017 年，石油销售额占国内生产总值的 12%—18%，相应地，国家的预算更多地建立在与石油销售相关的收入上。尽管 2018 年哈萨克斯坦石油在世界产量中的比重达到 1.8%，但石油价格仍然是关键因素。因此，哈萨克斯坦的经济对世界能源价格波动的依赖性相当高（Mk-kz. kz，2018）。

哈萨克斯坦幅员辽阔，人口稀少，缺乏出海口，一直处于全球货物贸易的边缘。参与“一带一路”倡议中的“丝绸之路经济带”将助力哈萨克斯坦摆脱对碳氢化合物出口的依赖，发展其他产业。哈萨克斯坦横亘东西、跨越南北，有能力提供安全的运输走廊，独立实现现代化和创建新路线。

2014 年，时任总统努尔苏丹 · 纳扎尔巴耶夫宣布哈萨克斯坦“光明之路”国家计划。该计划旨在推动本国和外国直接投资于关键基础设施和经济增长的优先领域。计划投入约 90 亿美元，将生产力转移到农业综合企业、制造业、商贸物流业、旅游业、信息技术产业和金融业，而非石油产业。

“光明之路”计划助力哈萨克斯坦高效融入“一带一路”框架。该计划中许多首要项目都与“丝绸之路经济带”一致，因此中国对该计划反应极为积极。中国的投资在一定程度上决定这些项目成功与否。

如果没有必要的交通基础设施，哈萨克斯坦广阔的空地将成为阻碍，但若有交通设施的助力，便是一大优势。因此，哈萨克斯坦对“一带一路”成功的期待显而易见。

二、文献综述

专家针对“一带一路”的探讨分为两大派别：第一大派别认为，中国宣布的“一带一路”倡议重点覆盖周边国家（以中亚为首）。第二大派别讨论正在进行的对“丝绸之路经济带”各方面的调查，以及哈萨克斯坦在其中扮演的角色。前者将“一带一路”倡议视为中国转型为世界工厂的关键措施，如此能够将商品带入国际市场，跻身美国和欧洲国家等同一行列（Syroezhkin，2016）。“一带一路”的目的是通过提高中国在区域和世界范围内的影响力来实现文化目标（Caa-network. org，2018）。后者对“丝绸之路经济带”持积极态度。哈萨克斯坦参与该项目将开辟令人兴奋的可能性：有机会最大限度发挥其过境运输潜力，助力运输和物流基础设施现代化。所有可能通过该地区的运输走廊都将哈萨克斯坦作为过境运输和物流中心，哈萨克斯坦将因此获得巨大的经济收益：增加该国的过境运输可能性，提高贸易额，发展运输和物流基础设施，确保投资流入（Amrebayev，2017）。俄罗斯专家也认为，哈萨克斯坦是重要的交通枢纽，因此会成为中国在中亚国家投资的主要受益者（Minchenko，2015）。

尽管存在积极评价，国内专家还是警示哈萨克斯坦在实施“丝绸之路经济带”可能遇到的风险。其中之一为缺乏明晰的战略，即如何利用中国的投资发展农业、制造业等非能源产业。许多人曾讨论过将“丝绸之路经济带”与“光明之路”计划、欧亚经济联盟进行融合（Kazantseva，2015）。

不过专家并不排除中国的计划可能与俄罗斯一体化进程相矛盾（Izimov，2016：57—58）。“国家利己主义”和欧亚经济联盟成员国之间，特别是创始成员国之间缺乏沟通协调，阻碍了欧亚项目和中国的全球性倡议“一带一路”之间的成功凝聚（Kaukenov，2017）。

除经济问题外，分析人士还讨论了文化差异及其如何阻碍“丝绸之路经济带”的实施。相关问题之一为中国的投资及其劳动力如何进入劳动力资源供给不足的地区（Syroezhkin，2014：25）。

防止哈萨克斯坦社会中现有的“对华恐惧偏执症”蔓延，有助于在实施“丝绸之路经济带”时发展双边关系。助长“恐华症”的因素包括：政治家和精英团体试图煽动反华情绪，民众缺乏对中国及其文化、语言和传统的了解（Burkhanov & Chen，2016）。如今，关于这一倡议下中国项目性质的争论多限于理论探讨，并不妨碍“丝绸之路经济带”的实施。哈萨克斯坦“一带一路”研究团体仍在发展，针对“一带一路”组成部分之一的“丝绸之路经济带”的研究团体也是如此。

三、方法论

通过分析哈萨克斯坦参与“一带一路”倡议中的“丝绸之路经济带”的情况，本文作者了解到，开发国家过境运输潜力是形成真正的国际一体化进程的一部分。本文借助可持续理论分析所述问题。“光明之路”计划应被视为哈萨克斯坦可持续发展计划的一部分。哈萨克斯坦参与“丝绸之路经济带”的机遇和风险与一系列社会经济和政治因素有关。为了解决这些问题和应对可能的风险，政府机构必须在可预见的未来将其参与“丝绸之路经济带”的情况与经济和自然环境联系在一起。为取得有效成果，政府必须对这些项目进行评估，而不能只考虑潜在利润。只看到经济项目见效快速，利润可观，在实施时没有考虑到长期的经济、社会和环境后果，最终可能对经济造成不良影响。

内容分析揭示了“一带一路”在中亚国家官方和专家出版物及其传播渠道中的主流思想。内容分析法也作为研究政治话语，在研究哈萨克斯坦实施“丝绸之路经济带”的方法和机制方面特别有效。作者运用“跨国社会空间”的概念来分析“一带一路”的人道主义属性，其目的是在精英、知识分子、公共组织、公民社会等社会各阶层传播中国的“软实力”。

四、哈萨克斯坦的“丝绸之路经济带”：机遇与风险

哈萨克斯坦政府为发展经济多样性，特别重视交通基础设施的集约化发展。自 2015 年起，旨在实现国家运输资产现代化的“光明之路”计划一直在进行中。到 2020 年，总额超过 400 亿美元的项目将完成（Kushkumbayev，2015）。国际银行提供的资金将用于建设横跨中部到南部、东部到西部的高速公路。“光明之路”的目标之一将由此实现，即根据“辐射原则”连接哈萨克斯坦首都阿斯塔纳与主要地区。由于其在亚洲和欧洲多层次互动系统中的交通纽带的地缘政治地位，哈萨克斯坦明显可能成为一个区域过境枢纽。

对哈萨克斯坦来说，中国是不可或缺的伙伴、债权人和投资

者。以货币计算，2016 年中国投资总额为 6. 239 亿美元（Tengrinews. kz，2016）。为确定中国的计划与哈萨克斯坦再工业化计划的契合度，以及将“丝绸之路经济带”和“光明之路”计划纳入欧亚经济联盟的可能性，应分析哈萨克斯坦在“一带一路”建设中的机遇和风险。

（一）“丝绸之路经济带”给哈萨克斯坦带来的机遇

哈萨克斯坦与中国合作可发展哈方的过境运输潜力。中国的“丝绸之路经济带”和哈萨克斯坦的“光明之路”计划在发展哈方运输和物流基础设施建设方面利益一致，即 2016 年至 2017 年哈萨克斯坦和中国签署协议以及中国发放信贷的原因所在。扩大各个经济领域双边合作的蓝图已经绘就，推动“丝绸之路经济带”与“光明之路”一体化的联合工作组已经揭牌。根据这些计划，预计将有四个合作领域（Tengrinews. kz，2016）。

第一个领域：在哈萨克斯坦发展过境运输走廊、建立物流中心，简化程序（海关、税务、金融等），旨在扩大双边贸易。哈萨克斯坦的目标是分得中国和欧洲之间的部分贸易流量。

第二个领域：工业项目合作。2015 年 9 月，时任总统纳扎尔巴耶夫宣称，决定将 51 家中国工厂迁往哈萨克斯坦。其中主要在东哈萨克斯坦州建造一座铜熔炼厂，在阿特劳州建造一座聚丙烯厂，以及对奇姆肯特炼油厂进行现代化改造。作为“丝绸之路经济带”倡议的一部分，项目计划由丝路基金和亚洲基础设施投资银行资助。中国投资整个合作计划超过 260 亿美元（Bnews. kz，2016）。

第三个领域：高科技产业合作。哈萨克斯坦和中国正在考虑在科研机构和大学层面以及在创建联合企业方面进行合作（Bnews.

kz，2016）。目前正在商讨哈萨克斯坦和中国将在哪些具体领域进行合作，尚未最终确定将在哪些机构或大学开展合作。

第四个领域：农业合作。如今哈萨克斯坦和中国正合作 19 个项目，总金额超过 17 亿美元。最近就几个农业主要合作项目达成了协议（Bnews. kz，2016）。例如，浙江日发控股集团有限公司计划在哈萨克斯坦东部地区投资建设一座肉类包装厂，其中 80%的产品将出口到中国。该项目预计投资约 1707 万美元。中信集团公司与白特克控股公司（Baiterek Holding Company）签署了一项协议，承接与饲料场和家禽养殖场相关的项目。香港东英金融集团计划投资哈萨克斯坦公司卡泽克斯波特斯蒂克（Kazeksportastyk），开发面向中国市场的农产品加工，投资总额约为 5 亿美元（Alibekova，2016）。

上述事实证明，“光明之路”计划与“丝绸之路经济带”不仅已达成合作，还开展了具体项目，更得到了投资。2014 年至 2015 年期间，中国对哈萨克斯坦经济的担保投资增长了 3 倍（Syroezhkin，2016）。

2016 年，哈萨克斯坦完成了西欧—中国西部国际公路的部分建设。中哈铁路（霍尔果斯—阿拉木图—塔拉兹—奇姆肯特—克孜勒奥尔达—阿克套）与支线（博尔扎克季—埃尔塞）已经竣工，同时里海沿岸的库雷克港渡轮综合设施的基础框架也已完成，其年货运能力达 400 万吨。阿克套港正在进行现代化改造（Kuzmina，2017）。亚投行和丝路基金是这些项目最初的推动者，前者的投资资本为 1000 亿美元，后者为 400 亿美元（Kushkumbayev，2015）。中国通过“丝绸之路经济带”加大了对哈萨克斯坦的投资。除石油和天然气行业外，中国的资金将投入基础设施、工业、农业和旅游业等领域。

对哈萨克斯坦而言，妥善处理“光明之路”计划、“丝绸之路经济带”和欧亚经济联盟之间的关系至关重要。欧亚经济联盟和“丝绸之路经济带”是两个最具体的项目，将为建立大欧亚经济共同体奠定基础。欧亚经济联盟面向后苏联空间，主要帮助成员再工业化，同时建立一个共同的经济空间，为货物、服务、资本和劳动力的流动提供可能。尽管“丝绸之路经济带”本身不是一体化项目，但其为中国商品进入中亚、俄罗斯、欧洲以及近东和中东国家的市场创造有利条件，这与欧亚经济联盟成员的利益相一致。

三者的整合将成为从竞争转向国家间、洲际经济合作的典范。在“光明之路”计划、“丝绸之路经济带”和欧亚经济联盟之间，哈萨克斯坦可充当中国和俄罗斯多维关系的桥梁。

（二）哈萨克斯坦参与“丝绸之路经济带”的挑战与风险

哈萨克斯坦应充分利用与中国在“丝绸之路经济带”框架下合作的新机遇和新利益，尽量减少可能出现的风险和挑战。很明显，当实力相差悬殊的国家参与合作项目时，矛盾不可避免，包括经济、政治、社会文化和环境等方面的矛盾。为了应对这些风险和挑战，哈萨克斯坦的政治家和专家需基于国家长期利益而非短期利润（融资和投资）制定战略。

值得注意的是，哈萨克斯坦公众对中国倡议的看法存在一定的模糊性。政治精英话语传达了对所有领域双边合作的积极看法，而社会话语则揭露了焦虑情绪。

虽然哈萨克斯坦当局宣称前景可观，但社会上针对政府转变的忧虑只增不减。忧虑可能毫无根据，因为关于这些企业将为当地居民创造的就业机会的数量、环境评估等方面的信息很少（Contur.kz，2017）。例如，哈萨克斯坦投资和发展部宣布将51家中国企业迁往哈萨克斯坦，但既未公布企业名单，也未公布双边工业投资合作计划，民众无法准确评估项目相关的机遇（Kuzmina，2017）。

在哈方由于资金不足或劳动力缺乏而无法办企的地区，中哈合资企业的创建和转移是合理的。政府特别委员会和独立专家小组认为，必须确定所有特定企业的需求水平。投资项目的实施必须促进新技术的引进、技术园区的建立、出口到第三国的商品生产、就业机会的创造，以及经济的整体增长。否则，就有可能出现当地居民对政府行为的抗议骚乱。

中国政府推出了一个新型政治体系——生态文明，旨在最大限度地减少中国的环境污染，引进绿色技术等（Green，2017）。为此，中国计划将哪些企业迁往哈萨克斯坦这一问题意义重大（生产经营、环境安全、产品分销前景等）。

“丝绸之路经济带”的实施可能会给中亚地区带来社会风险。根据哈萨克斯坦当局的官方声明，“丝绸之路经济带”旨在创造就业机会，这对劳动力过剩的地区而言十分具有吸引力。然而，由于中国通过国有银行提供优惠贷款，相关项目都由中国公司和中国劳工承担。例如，中国的火车制造商期望得到最高利润，这意味着使用中国的材料、管理和劳动力，哈萨克斯坦制造商不得不承包剩余业务（En.ndrc.gov.cn，2015）。举例不仅解释了中国的利益，也解释了哈萨克斯坦和中亚国家不愿意为“丝绸之路经济带”提供人员和技术支持。

2015年上半年，共计12360名中国公民获得了哈萨克斯坦的工作许可（2014年共有6500人）。很明显，随着中国剩余劳动力在项目实施之初来到哈萨克斯坦，中国的劳动移民人口将成倍增长（Nur. kz，2015）。作为世贸组织的成员，哈萨克斯坦不能加大限制中国劳动力移民的流动，只能寄托于中国的善意。在“丝绸之路经济带”项目中，没有关于中国劳动力移民配额的公共领域协议的信息。这种不确定性是由哈萨克斯坦和中亚民众的沮丧情绪造成的。

“市场换技术”机制可帮助劳务移民解决这一复杂问题。该机制须取代以往的“原料换投资”。在哈萨克斯坦开始生产之前，中国企业必须对当地工人进行培训。投资和信贷迟早会耗尽，但劳工未经培训的问题仍然存在。

哈萨克斯坦当局可以参考中国的做法。首先，实行外资准入制度（不超过25%），限制其在中国经济的关键领域，如茶叶、大米和中药产品的生产。其次，相对于金钱而言，中国更致力于人员再培训。目前，中国能够自主研发技术，更拥有了解发展现代世界市场逻辑的本国人才（Expertonline. kz，2017）。哈萨克斯坦当局在实施“丝绸之路经济带”时，可借鉴中国经验。

反华情绪是“丝绸之路经济带”实施过程中的一大障碍。虽然哈萨克斯坦和中亚的精英们对资金的流动喜闻乐见，但中国企业却遭遇当地民众的排外情绪。他们最主要的担心是，中国的经济、人口将导致哈方主权丧失。2010年，哈萨克斯坦当局无意煽动了另一波“恐华症”，当时哈方宣布将在几十年内向中国出租农田，此举很快引起抗议。最终这笔交易没有通过（Sultangalieva，2016）。该事件促使中国从安全的角度研究“丝绸之路经济带”计划的不足之处。

哈萨克斯坦人民认为，从整体上看，投资未给民众带来价值。他们指责当局的腐败行为，同时还对环境感到担忧。民族主义、不满腐败和环境污染加强了反华和反政府的情绪。当地制造商认为中国商品流入哈萨克斯坦是一种威胁，因为他们无法与中国企业竞争。

尽管地理位置相近，文化历史悠久，但哈萨克斯坦和中国社会之间显然需要进一步沟通。

（三）哈萨克斯坦为确保成功实施“丝绸之路经济带”而采取的措施

为了应对目前的问题，“丝绸之路经济带”覆盖面必须超越高速公路路线。“丝绸之路”的“重生”是将生活在这条路线上的人们聚集在一起的手段。根据“丝绸之路经济带”相关文件，民间外交通过包括教育、文化和艺术、旅游、医疗保健、青年政治、科学和技术等领域的多维度人道主义合作体现。

哈萨克斯坦方面必须正视扩大文化合作——人道主义合作和建立人与人之间桥梁的问题。例如，扩大教育、科学和医疗领域的合作将有利于哈萨克斯坦更好地认识和理解中哈战略伙伴关系。

哈萨克斯坦和吉尔吉斯斯坦进行的一项社会学研究显示，在300名受访者（两国受过良好教育的年轻精英代表）中，96%的受访者对中国投资持积极看法。80%的受访者中最消极的看法与中国移民的流入有关，70%的受访者关注环境污染问题（Caa -network. Org，2018）。根据这项研究，哈萨克斯坦的（中）老年一代对中国的政策感到忧虑。但与此同时，哈萨克斯坦的年轻人通过与中国的“软实力”接触，也在形成自己对中国的看法。显然，传统的“恐华症”与一种新现象——对中国的积极看法并存（Caa -network. Org，2018）。

教育必须在拉近两国民间社会关系方面发挥关键作用。哈萨克斯坦的大学必须考虑到高等教育国际化的创新如何帮助培训高素质的专家，为地缘经济“一带一路”面临的现实做好准备。

除了培养具备实践知识的专家外，还需要培养学生的国际视野、创新思维和新丝绸之路沿线国家的外语知识。

可以说，中国已经成为中亚地区年轻人最向往的国家之一。哈萨克斯坦“博拉沙克”国际奖学金获得者多选择前往中国学习。这也得益于中国政府不断颁发奖学金——针对丝绸之路沿线国家的专门奖学金、组织文化活动等。两国签署了关于科技合作和相互承认高等教育学历的协议。哈萨克斯坦设立孔子学院，哈萨克斯坦学生因此得以有很好的机会在孔子学院学习汉语。孔子学院在哈萨克斯坦国立大学长期办学，被认为是中亚地区最好的孔子学院之一。所有必要物质和后勤条件都已到位，中国教授授课，文化活动丰富。孔子学院与东方学系和国际关系学系紧密合作，每年汉语课招生人数都在增加。

哈萨克斯坦顶尖大学——哈萨克斯坦国立大学与 35 所中国大学在不同领域进行合作，共同开展科学项目并培养专家。哈萨克斯坦国立大学共计 168 名中国学生在读（其中 76 名学生正在学习语言预科，为进入大学做准备）。哈萨克斯坦国立大学是两个大学网络——独立国家联合体大学网络和上海合作组织大学网络联盟的一部分。作为上海合作组织大学网络的主要协调者，哈萨克斯坦国立大学参与“环境”“区域研究”和“纳米技术”领域的硕士课程项目。许多中国大学是以上领域专家培训的合作伙伴（Kaznu. kz, 2014）。良好的舆论环境应成为“一带一路”倡议合作的基础。非政府的文化交流形式应该更加多样化，商业和文化精英之间应该建立沟通。

大众媒体、互联网、公共外交和大规模的公关活动，阐明“丝绸之路经济带”的目标及其与“光明之路”的融合，以及对当地居民和国家的预期红利，可以阻止“恐华症”的蔓延。有必要向公众解释相关问题，公众获取信息便利，将消除猜测和谣言。

把“丝绸之路经济带”项目为该国的发展提供了大量机会更好地向民众传达。在哈萨克斯坦和其他中亚国家，民众了解到与中国合作的利益多于风险。在哈萨克斯坦创建企业将加速国家的知识和技术增长。与中国进行农业方面的合作，哈萨克斯坦产品不仅能出口到中国的食品市场，还能出口到第三国的市场。

为促进建设性的讨论和分析“丝绸之路经济带”对哈萨克斯坦社会经济格局的影响，须保证各领域的专家，包括独立专家，他们在为政府各部门准备分析材料时不会受到限制，并将开发工具来影响公众舆论。与中国建立建设性的关系必须基于对利弊分析的一致意见。制定与中国合作的原则和框架仍然具有现实意义。专家们必须彻底分析双方的客观利益，并相应地明确和调整双边合作议程。如果缺乏关于中国问题的专业知识，哈萨克斯坦将无法就如何进一步发展双边关系方面形成议程。尽管合作不断扩大和深化，中国在世界上的影响力也不断增强，但哈萨克斯坦对“中国智库”的需求仍然较小。除其他因素外，这些都是哈萨克斯坦没有形成汉学家学派的原因。

如何简化海关和签证手续，从而为扩大贸易和旅游业消除障碍，这一问题仍未得到解决。民间外交使两个社会更紧密地联系在一起，减少彼此之间的恐惧。中国与新丝绸之路沿线国家合作的五个主要方向之一是“民心相通”，合作领域涵盖面广，包括文化交流、科学接触、大众媒体和志愿者组织之间的伙伴关系以及旅游等。

今天，许多哈萨克斯坦人与中国合作伙伴开展业务，建立其他经济联系，在中国学习或接受医疗援助，享受中国美食，并作为游客前往中国游玩。因此，民间外交必须得到签证机制等方面的支持。

五、结论

“丝绸之路经济带”项目影响到许多国家的发展领域：安全、社会文化、政治外交和文明等。不可否认，“丝绸之路经济带”给哈萨克斯坦带来了许多新的机遇。政府只有设法确保该项目建立在对哈萨克斯坦有利的条件下，才能利用这些机遇。

哈萨克斯坦参与中国的“一带一路”倡议将促进经济多样化和非商品产业的发展，从而实现长期可持续发展。哈萨克斯坦通过以下方式维护其利益：要求与中国签订的联合合同在法律、技术、环境等各个领域满足一定的标准，并有独立的国际专家参与。“丝绸之路经济带”和“光明之路”计划的整合将有助于哈萨克斯坦从过去“原料换投资”的做法中走出来，转而在加强交通基础设施的基础上发展经济。

与此同时，实施“丝绸之路经济带”还应注意哈萨克斯坦方面需要承担的风险，主要涉及经济、意识形态和文明领域。在“丝绸之路经济带”、欧亚经济联盟和“光明之路”计划之间制订计划十分必要。如果没有计划，将给哈萨克斯坦实现多领域的外交政策带来困难。

为有效保护国家利益，哈萨克斯坦的政治家和专家必须制订计划，在其社会中普及“一带一路”倡议。一方面，这将有助于减轻民众对中国在哈萨克斯坦投资的担忧。政府必须向民众提供有关一体化进程的信息（包括基础条件、项目地点、发展前景），这将有助于平息谣言和猜测，消除反华情绪。

另一方面，该计划必须加强中哈在人道主义领域的联系。教育和文化必须成为这一领域的推动力。若在中国大学学习的学生人数一直增加，那么文化-人道主义领域必将扩大和深化。人道主义领域的工作不仅要关注中国文化及其成就，还要以“双向”原则为基础发展文化和人道主义合作。双边关系的教育必须辅以分析和研究领域的合作。应简化海关和签证程序，以消除障碍，从而扩大贸易和旅游。对彼此的了解越多，伙伴关系就越有效。

参考文献

Aloysius, M., & Jamaludin, S. S. S. (2015). A conceptual study of breastfeeding and postpartum mothers: A Malaysian perspective. *Proceedings of Universiti Sains Malaysia*, 71.

China-Malaysia Centre for TCM. Retrieved fromhttp://www.utar.edu.my/econtent_sub.jsp?fcatid =16&fcontentid=109093

Choudhry, U. K. (1997). Traditional practices of women from India: Pregnancy, childbirth, and newborn care. *Journal of Obstetric, Gynecologic, and Neonatal Nursing*, 26, 533-539.

Chung, V. C. H., Hillier, S., Hong, C., Wong, S. Y. S., Kiong, E., & Griffiths, S. M. (2011). Referral to and attitude towards traditional Chinese medicine amongst western medical doctors in postcolonial Hong Kong. *Social Science & Medicine*, 72(2), 247-255.

Doh, B. K., Won, Y. P., & Karim, N. A. (2005). Postpartum dietary intakes and food taboos among Chinese women attending maternal and child health clinics and maternity hospital, Kuala Lumpur. *Malaysian Journal of Nutrition*, 11, 1-21.

Fadzil, F., Shamsuddin, K., & Wan Puteh, S. E. (2016). Traditional postpartum practices among Malaysian mothers: A review. *The Journal of Alternative and Complementary Medicine*, 22(7), 503-508.

Hesketh, T., & Zhu, W. X. (1997). Health in China. Traditional Chinese medicine: One country, two systems. *British Medical Journal*, 315, 115-117.

Ho, N. K. (2001). Understanding traditional Chinese medicine - A doctor's viewpoint. *Singapore Medical Journal*, 42, 487-492.

Jamaludin, S. S. S. (2014). Postpartum food restriction of rural Malay women. *Asian Journal of Humanities and Social Sciences (AJHSS)*, 2(4), 32-41.

Khattak, J. Z. K., Mir, A., Anwar, Z., Abbas, G., Khattak, H. Z. K, & Ismatullah, H. (2011). Concept of Halal food and biotechnology. *Advance Journal of Food Science & Technology*, 3(5), 385-389.

Kim-Godwin, Y.S. (2003). Postpartum beliefs & practices among non-Western cultures. *The American Journal of Maternal/Child Nursing*, 28(2), 74-78.

Kingston, R., Saravanan, C., & Ooi, W. Y. (2014). Relationship of test anxiety, psychological distress and academic motivationamong first year undergraduate pharmacy students. *International Journal Applied Psychology*, 4, 68-72.

Kumar, S., Rajiah, K., Veettil, S. K., & Wei, N. S. (2015). A cross-sectional study on knowledge and attitude toward Traditional Chinese Medicine (TCM) among adults in selected regions of Malaysia. *Journal of Complementary and Integrative Medicine*, 12(4), 317-323.

Laroche, M., Papadopoulos, N., Heslop, L. A., & Mourali, M. (2005). The influence of country image structure on consumer evaluations of foreign products. *International Marketing Review*, 22(1), 96-115.

Lee, G. B. W., Charn, T. C., Chew, Z. H., & Ng, T. P. (2004). Complementary and alternative medicine use in patients with chronic diseases in primary care is associated with perceived quality of care and cultural beliefs. *Family Practice*, 21 (6), 654-660.

Liu, Y., Xu, C., & Zhang, Y. (2010). An analysis on the international competitiveness of China's traditional medicine industry based on the SWOT model. *International Journal of Business and Management*, 5(7), 225-230 Retrieved from www.ccsenet.org/ijbm.

Mothander, P.R. (1992). Maternal adjustment during pregnancy and the infant's first year. *Scandinavian Journal of Psychology*, 33(1), 20-28.

Omar, U. H., & Putit, L. (2014). TraditionalChinese medicine treatment in Malaysia: Preliminary finding on country of origin and image. *Proceedings of the 24th international business information management association conference - Crafting global competitive economies: 2020 vision strategic planning and smart implementation* (pp. 1731-1739). International Business Information Management Association, IBIMA.

Othman, C. N., & Farooqui, M. (2015). Traditional and complementary medicine. *Procedia-Social and Behavioral Sciences*, 170, 262-271.

Pillsbury, B. L. (1978). "Doing the month": Confinement and convalescence of Chinese women after childbirth. *Social Science & Medicine. Part B: Medical Anthropology*, 12, 11-22.

Posmontier, B., & Horowitz, J. A. (2004). Postpartum practices and depression prevalences: Technocentric and ethnokinship cultural perspectives. *Journal of Transcultural Nursing*, 15, 34-43.

Punitha, S., & Kumaran, S. (2014). Cultural assimilation among Malays and Indians in Malaysia. *Journal of Indian Culture and Civilization*, 1, 1-27.

Raven, J. H., Chen, Q., Tolhurst, R. J., & Garner, P. (2007). Traditional beliefs and practices in the postpartum period in Fujian Province, China: A qualitative study. *BMC Pregnancy and Childbirth*, 7, 8.

Rice, P. L. (2000). Nyo dua hli—30 days confinement: Traditions and changed childbearing beliefs and practices among Hmong women in Australia. *Midwifery*, 16, 22-34.

Richard, A. (1997). Rethinking assimilation theory for a new era of immigration. *The International Migration Review: IMR*, 31(4), 826.

Roth, M. S., & Romeo, J. B. (1992). Matching product category and country image perceptions: A framework for managing country-of-origin effects. *Journal of International Business Studies*, 23(3), 477-497.

Shameless, M., Bin Ramzan, M., Rashid, A., Wan Mustaffa, W., Haroon, R., & Badaruddin, N. (2010). Belief and practices of traditional postpartum care among a rural community in Penang Malaysia. *The Internet Journal of Third World Medicine*, 9(2), 1-9.

Siti, Z. M., Farah, A., Fazlin, S. M., Sondi, S., Azman, A. H., Zaleha, W. C. (2009). Use of traditional and complementary medicine in Malaysia: A baseline study. Retrieved on November 9, 2009, fromhttp://ncbi. nlm. nih. gov/pubmed/19942109

Stern, G., & Kruckman, L. (1983). Multidisciplinary perspectives on postpartum depression: An anthropological critique. *Social Science & Medicine*, 17, 1027-1041.

Tan, M., Uzun, O., & Akcay, F. (2004). Trends in complementary and alternative medicine in eastern Turkey. *Journal of Alternative and Complementary Medicine*, 10, 861-865.

T&CM Division, Ministry of Health, Malaysia. (2007). Retrieved fromwww. tcm. moh.gov.my/en/.

Tindel, H. A., Davis, R. B., Phillip, R. S., & Eisenberg, D. M. (2005). Trends in use of complementary and alternative medicine by US adults: 1997-2002. *Alternative Therapies in Health and Medicine*, 11, 42-49.

World Health Organization. (2001). *Legal status of traditional medicine and complementary/alternative medicine: A worldwide review* (pp. 160 - 163). Geneva: World Health Organization.

第十六章　东南亚地区的华人身份

黄靖雯①

一、引言

19世纪开始，劳动力大规模涌入东南亚，绝大多数来自中国福建和广东两省。到20世纪40年代，在泰国、马来半岛、爪哇和婆罗洲群岛很容易找到大量定居的华人（Purcell，1948；Freeman，1960；Somers Heidhues，1992）。根据美国中央情报局编制的《世界概况》提供的数据，截至2017年7月，约1600万华人分布在东南亚地区的7个国家，其中缅甸约165万人，泰国约68万人，柬埔寨约1.6万人，马来西亚约644.8万人，新加坡约430.94万人，文莱约4万人，印度尼西亚约312万人。该数据库提供的数据表明，19世纪末期至20世纪初期，华人在各自居住的东南亚国家所享有的合法地位和公民身份得到了承认和确立，因此具有十分重要的政治意义。此外，东南亚国家中马来西亚、新加坡和印度尼西亚的华人较多，故东南亚华人研究倾向于在这些国家进行。如表16.1

① 黄靖雯（Chin Wei Wong），中国珠海，北京师范大学-香港浸会大学联合国际学院通识教育办公室，E-mail：weichinwong@ uic.edu.hk。

所示，从东南亚本土人口相关数据可以看出，除新加坡外，大多数华人仍是其居住国家的“少数”民族。

表 16.1 东南亚地区华人数量分布表

国家	华人数量（百分比）	总人口数量（截至2017年7月预估）
缅甸	165万（3%）	5500万
泰国	低于68万（小于1%）	6800万
柬埔寨	1.6万（0.1%）	1600万
老挝	—	700万
越南	—	9600万
马来西亚	644.8万（20.8%）	3100万
新加坡	430.94万（74.3%）	580万
文莱	4万（10.3%）	40万
印度尼西亚	312万（2%）	26000万
东帝汶	—	100万
菲律宾	—	10400万

数据来源：《世界概况》，美国中央情报局出版（The World Factbook, Central Intelligence Agency. Retrieved from its library from the following link: https://www.cia.gov/ library/publications/the-world-factbook/geos/my.html.）。

事实上，从殖民时代的移民背景看，东南亚华人几乎都是中国人后裔。然而，直到20世纪40年代末50年代初，有关海外华人的研究，特别是针对其广泛的社会活动和商业活动的研究才在英文文本中出现。虽然很多学者（尤其是社会和经济史学家）讲述华人移民的社会史，分析二战前华人在当地的殖民期间经济发展壮大的原因，也有学者确信并指出了不同时代的华人在部分东南亚国家同化程度高，而在另一些国家同化程度较低的原因。以上发现表明，东南亚华人如何在东南亚背景下对自身定义，他人如何跨越民族、地理以及历史的差异看待东南亚华人，一直是许多学者在大量研究中所关注的重点。

2013年以来，东南亚地区一直是落实中国“一带一路”倡议的重要地区。自此，东南亚地区的学者和民族国家对于“华人”的定义日趋复杂。虽然有些华裔认为自己不再是“中国人”，但近期研究表明，近年来，随着中国经济的不断繁荣，东南亚地区的部分华裔一直在努力中国化、保持自己的“中国特色”，包括参加汉语课程、学习中国书法、参与孔子讲座。自20世纪末以来，越来越多的华人回国投资。[①] 通过加强其人民与东南亚华人之间的文化联系，中国在东南亚开创共建“一带一路”合作新模式。然而，人们大多忽视了一个事实，即东南亚地区的华人团体如何适应当地环境并取得目前的成就。一直以来，人们很难清晰地认知华人身份的演变，以及为什么东南亚地区的华人会保持、认可、构建多重文化身份。为了消除中国和东南亚华人在当代亚洲背景下对“华人”概念理解上的分歧，本文考察东南亚华人身份发生变化的社会文化语境，旨在帮助中国和东南亚国家更好地认识和把握当代亚洲语境下的“华人身份”。

① 见 Peter J. Katzenstein (Ed.), *Sinicization and the Rise of China: Civilizational Processes Beyond East and West*. London/New York: Routledge, 2012.

二、当代东南亚华人社区研究

20世纪40年代末以来，《东南亚华人》（Unger，1944）和《马来西亚华人》（Purcell，1948）相继出版，英语学术界开始认可东南亚“华人”这一研究主题及方向。作者之所以产生研究该地区华人团体的想法，除了缘于东南亚的个人生活经历，还与其西方政治训练背景有关。安克志（Leonard S. Unger，1917—2010）分别于20世纪60年代和70年代初出任美国驻老挝和泰国大使（Roosa，1985）。维克多·珀塞尔（Victor Purcell，1896—1965）曾在马来半岛担任公务员，在当地的华人社区生活了26年以上，接下来几十年里他将自己的研究扩展到了整个东南亚地区（Purcell，1980）。在东南亚地区（包括该地区所有前欧洲殖民地，如英属马来西亚、英属婆罗洲、英属缅甸、法属印度支那、荷属印度群岛和菲律宾群岛），越来越多的中国移民凭借技术从事工业及主要的商业活动，成为该地区海上贸易、种植园、采矿和伐木行业重要和稳定的劳动力来源。从那时起，学者们普遍认为，20世纪50年代以前，在马来半岛、爪哇和婆罗洲群岛的“华人”为移民，他们主要出于贸易和经济目的离开中国。

19世纪末20世纪初，东南亚采矿业和种植业在殖民时期的发展引起了全世界的关注，我们可以这样理解，这一发展在很大程度上借力于中国的劳动力（Mills，2003：235）。与此同时，东南亚殖民时期，外来的中国劳工对当地贸易和工业技艺作出重要贡献也成了关键转折点，具备商业敏锐性的中国旅居者借此成了定居者。后来，东南亚定居的华人发展带动了中国民族主义的兴起，特别是在第一代东南亚华人移民中出现了南洋华侨的概念（字面上指“居住在东南亚的华侨”，英文作家通常称之为“华侨”）（Unger，1944：217）。19世纪末东南亚语境下，华侨观念和中国民族主义得以形成，基于孙中山提出的“种族”和“民族”思想得以体现，目的是在当时中国革命运动中获得政治与经济上的支持（Wang，1981a：120、1981b：142；1991：6—7）。尽管东南亚地区的殖民政府将出生于该地区的华裔视为殖民地臣民，但由于东南亚华人饱含中国民族主义情绪，他们世世代代都牢记自己的中国人身份。其实在20世纪初期，华人的身份常常通过“华侨”“海外华人”“中国国民”“中国定居者”等旧名词来标示。当时大多数前殖民地都必须处理该地区华人中的“国籍”概念，这可能解释了为什么20世纪早期的中国人口统计数字往往令人困惑（Unger，1944：199；Van den Bosch，1947：80）。

第二次世界大战结束后，东南亚国家获得独立，中国成为社会主义国家，海外华人的意识开始发生转变。根据威尔莫特（Willmott）的研究，20世纪60年代，许多中国人对其所了解的东南亚海外华人出现矛盾态度。虽然大多数在东南亚工作的华人渴望1949年后复兴的中国能在劳动力市场上提升其地位，维持其生计，从此不会像疏离的外人那样遭受歧视与限制；但同时也担心其在东南亚的资本积累行为会让他们及在中国的家人受到老派的中国官员的不公正对待（Willmot，1966：262）。因此，大多数东南亚华人逐渐放弃了“海外华人”（或“中国民族主义者”）的身份认同，构建当地的文化身份，只是基于共同血统称自己为“华裔”或

“华人”（Wang，1988：10；Suryadinata，1997：1—2）。

根据人类学家乔治·威廉·斯金纳（George William Skinner，1925—2008）的分析，东南亚华裔后代共同的华人血统和文化行为的保留不应该被视为确定其华人身份的唯一可靠证据，尤其他们还经历了自18世纪和19世纪以来东南亚大规模世代异族通婚（Skinner，1959）。除了跨种族婚姻，华人与土著及殖民地居民之间的频繁接触和商业互动也能帮助中国移民依靠工业技能和所说方言重组社会群体，以便更好地在异国他乡生存。例如，历史学家玛丽·萨默斯·海德惠斯（Mary Somers Heidhues）研究了邦加和婆罗洲锡矿和胡椒种植地中客家人的聚居地，全面展示了形成新的华人身份对当地商业机会竞争的必要性。人类学家田汝康（T'ien Ju-K'ang，1916—2006）曾对砂拉越古晋的华人进行研究，特别提到商业和贸易的敏锐性，他认为东南亚殖民地时期华人在不同商业活动中的参与和竞争，为华人中不同社会群体的发展划分了界限，包括闽南、潮州、客家人等。这些不同的华人社会群体的标签与殖民政府对赞助制度的侧重密不可分。例如，英国殖民政府根据中国人在砂拉越的语言能力和本土背景来认可其工作能力。福建人和潮州人在砂拉越商业和贸易垄断方面曾享有政治特权，这也是他们成为如今砂拉越城市居民的原因之一。相反，英国殖民政府给予政治庇护较少或没有庇护的群体自殖民时代以来一直很贫穷，如客家人，他们通常生活在城镇郊区，社会经济地位相对较低（T'ien，1953，1983）。

自20世纪70年代以来，也有一些关于东南亚华人聚居地的人类学研究。传统价值观、生物遗产和原始情感等核心要素可阐明华人如何以及为何将其“原始”（祖先）生活模式从中国移植到马来半岛（Li，1970；Moese et al，1979）。这些传统原始价值观为研究华人如何在马来半岛的异国环境中维持和保存其文化提供了巨大优势，而莫里斯·弗里德曼（Maurice Freedman）和威廉·斯金纳（William Skinner）是1950至1970年研究东南亚华人社区的两位最著名的人类学家，他们将华人文化价值观（包括东南亚华南地区的华人所传承的特征和模式）的力量看作一种“迷思”，因为现有研究无法有效解释华人文化为何被消磨殆尽，为何大量华人后裔被东南亚的非华人社会完全吸收（Freedman & Skinner，1979：45）。因此，完全同化与融合的问题已成为东南亚华人研究中一个需要解决的重要问题，尤其是在1940年代和1950年代独立国家崛起之后。

三、东南亚华人多重身份的保留

东南亚华人究竟是不是中国人？20世纪50年代以来，这一问题一直是社会科学家对东南亚华人身份研究的重点。20世纪70年代以来，著名历史学家王赓武广泛查阅了以往文献后，颇有洞见地为东南亚华人可能存在的所有身份进行了全面分类。表16.2显示了自1988年以来东南亚华人可能存在的华人身份的变化，包括历史身份、中国民族主义身份、社区身份、民族（地方）身份、文化身份和阶级身份等。

表 16.2　东南亚地区不同的华人身份

顺序	认同感类型	特点	适用地点
1	历史认同感	源于中国过去持续存在的价值观，但现在界定于更广泛、更有效的文化认同概念中。	东南亚
2	中国民族主义认同	认同的双重性。	东南亚
3	社区认同	以公社主义为基础，获得某地区的政治影响力。该概念可能被削弱，并为更加中立温和的种族认同概念所取代。	马来西亚、新加坡
4	民族（地方）认同	是绝大多数东南亚华人的共同身份认同，是其全部身份认同概念中的重要组成部分，可作为华人的合法及官方政治身份。	东南亚
5	文化认同	可以与传统的历史认同互换使用，但不太适用于那些认为种族起源是决定身份认同的重要因素的人。	东南亚
6	族群认同	通过种族起源决定文化认同。该认同更具体地传达了争取合法少数民族合法权利并在当代获得同情的政治目的。	东南亚
7	阶级认同	基于阶级利益的政治和社会压力（即在新国家中的同化）有条件地形成，通常跨越种族和国家。	东南亚及其他国家

来源：Wang，The Study of Chinese Identities in Southeast Asia，pp. 9-10

表 16.2 所示的几点因素颇具说服力，且共同构成东南亚华人多重身份认同的关键因素，包括华人的自我认知、非华人的刻板印象、19 世纪以来的华人迁徙历史，以及华人与东南亚国家和中国的关系。本文试图针对每种身份类型列举相关例子，了解多重身份如何重叠、共存甚至冲突，以期为当代东南亚华人社区定位提供更好的指导。

首先，随着中国民族主义者身份的形成，二战之前的中国人的中国民族主义认同感更为强烈，此处中国人指东南亚殖民时代背景下的海外华人或华侨，当时大多数东南亚国家都曾是欧洲殖民地。20 世纪六七十年代东南亚国家取得民族独立，中国因“文化大革命”历经动荡，东南亚华人的中国民族主义认同因此发生了变化，逐渐转化为对所在国家（地方）的身份认同。对共同祖先这一概念的思考可能与不同程度的文化适应相关，在这一基础上，那些讲东南亚土著语和/或与土著人结婚的华裔们（如新加坡和马来半岛的峇峇娘惹、爪哇土生华人以及菲律宾华裔混血儿）常常采用民族（地方）认同的概念。

其次，东南亚华人的身份意识主要体现在他们日常生活中保护文化的意识上，大多表现为传统的家庭价值观，以及对方言族群（如闽南语、广东话、客家语、潮州语、海南话等）和宗族起源的认同和忠诚，即中华民族的历史认同。自 19 世纪末 20 世纪初以来，这种历史认同主要发生在首批定居于东南亚的华人中，而东南亚殖民者及原住民当局发现，传统文化价值观是行之有效、润物无声的工具，能帮助华人进行自我调节，从而在这些地区发挥其经济作用。许多中国学者倾向于将中国人的历史认同理解为“不变的中国性”，它能让东南亚的华人后裔保持其中国传统价值观及其种族起源（Kuah-Pearce & Hu-DeHart，2006；Li，1995；Liu & Zhang，2007；Zeng，2003；Zeng，2004）。学者们的研究颇具价值，为此类研究提供了更全面的图景，展现了为何不同汉语方言群体及其志愿组织（即如今新加坡和马来西亚的不同汉语方言群体之间的志愿组织）仍然是帮助华侨超越地域与地理界限、永久保持“中国性”这一文化意识的关键组成部分。然而，20 世纪 50 年代以后，中国历史认同发生了重大变化。正如王赓武解释的另一种身份认同，当地出生的华裔们形成中国文化认同，不仅是为了保留传统的家庭与宗族价值观，也是表示他们愿意接受西方教育和宗教，以加强多语言联盟和跨社会（即受英语教育的华人、华人基督徒和受马来语教育的华人）之间的文化融合。

尽管种族摩擦或族裔不平等问题称不上是全球多元社会中的普遍现象，但仍然屡见迭出（Van den Berghe，1981；Horowitz，1985）。自 20 世纪 40 年代末东南亚地区民族独立国家崛起以来，马来亚联合邦[①]（包括马来半岛和新加坡）的种族冲突和敌对情绪似乎普遍存在。欧洲殖民者曾在经济及地理层面上区别当地马来人与外国移民人口，受其影响，目前新加坡和马来西亚存在多种族人口现象（Hirschman，1986：356）。虽然多元社会能容纳截然不同的文化传统，还涵盖马来西亚原住民以及印度与中国移民后裔的经

① 马来亚联合邦存在于 1948 年 2 月 1 日至 1963 年 9 月 16 日期间，其基础是自 1786 年以来英国在马来亚的殖民领土，包括前海峡定居点、马来联邦州和未结盟的马来州。马来亚联合邦在 1957 年 8 月 31 日获得独立。1963 年，马来西亚作为一个主权民族国家正式成立，现在的新加坡、北婆罗洲和砂拉越是皇家殖民地。1965 年，新加坡从马来西亚分离出来，成为一个主权国家。

济收益，然而在难以逾越的民族社区之间实现种族间联盟和同化的可能性微乎其微。事实上，许多地方政府仍然认为其华裔公民只能相当于“半个”东南亚人。原住民可能会怀疑并发现国家无法接受中国人保持其华人身份，因为这些国家内巨大的文化人口差异可能会造成人口失衡（Suryadinata，1997：20）。鉴于此，马来西亚的华人往往与该国其他占主导地位的族群（华裔、马来人和印度裔）疏远。在这种“民族国家”和“公民身份”的现代概念下，加强社区和种族认同［包括马来西亚华人公会、马来西亚中华大会堂总会（华总）、新加坡宗乡会馆联合总会等］有必要作为一种替代办法来争取和保护社会和政治权利（Anderson，1991：11）。

最后，东南亚华人常常构建并使用阶级认同，以求在商业利益方面超越种族界限。在20世纪50年代之前，华人长期以来作为工商业熟手的传统解释与马来西亚殖民地的政治经济和种族意识形态有关（Begbie，1967：315；Anday & Andaya，1982：142）。在某些情况下，阶级身份可能会作为催化剂，结合并利用“闽南籍商人”或“受过华裔教育的资本家”的文化身份，以确保商业机会和统治地位。然而，这种阶级身份实际上支离破碎，因为它给人一种扭曲的印象，即大多数华人比当地马来人更富有，使华人社区面临一系列种族冲突和政治迫害，包括1969年的马来西亚“五一三”事件和1998年印尼“黑色五月暴动”。

四、结论

本章回顾了东南亚华人社区相关研究，揭示了东南亚华人的多重身份问题不仅由移民和东南亚殖民经历塑造，而且可能会随着当前政治背景而变化并保留。王赓武对东南亚华人身份变体进行了分类，解释了将东南亚的华人和中国理解为文化整体的合理性。在大多数情况下，这些多重身份的形成是为了迎合东南亚国家的民族情感，体现出东南亚华人为东南亚国家促进经济、文化和教育制度的努力。但在某些情况下，华人被鼓励展示、突出其社区和文化认同，作为保护他们在多元社会中具备社会和政治权利的另一种选择。从这个意义上说，东南亚华人的身份本质上不再是血统问题。尽管当代东南亚华人基本都是东南亚民族国家的合法公民，但自殖民时代以来，现代多元社会中不同身份的保留或改变的基础机制与不同族群社区关联。

传统上，中国将东南亚华人解释为“海外华人”，是建立在生活在中国之外的华人之间存在于全球各地的原始纽带之上的。在这种观点下，大多数中国移民长期存在跨越种族和地理差异的共同中国身份。在大多数情况下，人们通常把重点放在东道国的华人移民社区内形成的原始纽带或延伸的亲属关系上。这提供了一种单一解释，即文化认同一直是持久爱国情绪的重要来源，这种情绪将为中国移民提供无条件的互助和情感支持。与此同时，这种认同并没有与东南亚新兴国家华人人口在文化和社会经济适应方面的广泛和多变的活动相适配。

中国提出的“一带一路”倡议会不可避免地将中国与东南亚国家联系起来。该倡议不仅涉及跨国商业活动，还将加深东南亚国家的经验性知识，包括文化体系、宗教信仰和多重民族认同的巨大差异和模式。事实上，对东南亚华人身份的刻板化理解无法解释这种多变的社会行为。虽然华人身份绝非理解华人及其在东南亚地区角色的单一认同标准，但也可以假设中国将进一步探索东南亚的文化和语言多样性，研究该地区的民族划分是如何被社会建构、制度化和修改。从长远来看，这些信息对中国和东南亚都有益。

参考文献

Dasgupta, S.（2014）. Plan for economic corridor linking India to China Approved. Times of India. Retrieved June 9, 2014.

Irzli, M., & Nicolas J.（2015）. China's AIIB, America's Pivot to Asia & the Geopolitics of Infrastructure Investments.*Revue Analyse Financière*. Paris.

Lal, N.（2013）. India and China seek economic integration via Burma, Bangladesh. The Irrawady. Retrieved July 2, 2013.

Laskar, R. H.（2015）. India, Pakistan spar over economic corridor passing through PoK.*Hindustan Times*（India）, June 1

Lee, S. M.（2007）. Information technology and economic development strategy. In D. A. Rondinelli & J. M. Hefferon（Eds.）, *Gobalization & change in Asia*. London: Lynne Rienner Publishers.

Mandhana, N.（2016）. India, Afghanistan and Iran sign deal for transport corridor. *Wall Street Journal*.

Peter, B. G., & Pirre, J.（2001）. Developments in intergovernmental relations: Towards multi-level governance.*Policy and Politics*, 29(2), 131-135.

Rahman, M.（2014）.*BCIM-economic corridor: An emerging opportunity*. www.thedailystar.net. Transcom Group. Retrieved June 9, 2014.

Saran, S., & Ritika, P.（2016）.*Seizing the 'one belt, one road' opportunity*. New Delhi: Observer Research Foundation.

Smith, J.M. (2016). *China-South Asia Relations*. China Economic and Security Review Commission. *Testimony*.

Wickremesinghe, R. (2010). *World economic power sifting back to Asia from the west*. Paper presented in the Rotary International South Asian Conference, Bangkok.

致 谢

玛丽亚·阿洛伊修斯,马来西亚槟城，马来西亚理科大学社会科学学院人类学与社会学系

龙天祥，中国珠海，北京师范大学–香港浸会大学联合国际学院社会工作与社会行政学系

丹尼斯·B. 巴坦根，菲律宾奎松市，马尼拉雅典耀大学菲律宾文化研究院

陈少娴，中国珠海，北京师范大学–香港浸会大学联合国际学院通识教育办公室

郑沙武，柬埔寨金边，湄公河研究院

苏帕纳克·乔恩，柬埔寨金边，柬埔寨金边皇家大学外国语学院国际学系经济学讲师

沙赫里·达斯，印度新德里，贾瓦哈拉尔·尼赫鲁大学国际研究学院东亚研究中心

道林·久谢巴耶夫，哈萨克斯坦阿拉木图，哈萨克斯坦国立大学国际关系系

贺书孟，中国香港九龙塘，香港浸会大学经济学教授、通识教育主任

迪维娅·亨德拉尼，斯里兰卡科隆坡，斯里兰卡国际关系与战

略研究所

凯莉·茵格丽丝，中国珠海，北京师范大学-香港浸会大学联合国际学院通识教育办公室

沙里法·苏拉亚·赛义德·贾马鲁丁，马来西亚槟城，马来西亚理科大学社会科学学院人类学与社会学系

维内拉·R. 哈丽科娃，中国香港沙田，香港中文大学人类学系

高关伟，中国珠海，北京师范大学-香港浸会大学联合国际学院工商管理系

柯群英，新加坡，南洋理工大学社会科学学院

法蒂玛·库克尔耶娃，哈萨克斯坦阿拉木图，哈萨克斯坦国立大学国际关系和世界经济系教授

关利平，中国珠海，北京师范大学-香港浸会大学联合国际学院协理副校长

林寿康，中国珠海，北京师范大学-香港浸会大学联合国际学院通识教育办公室

蓝安伟，中国珠海，北京师范大学-香港浸会大学联合国际学院政府与国际关系系

李朝康，中国珠海，北京师范大学-香港浸会大学联合国际学院政府与国际关系系

梁镗烈，中国珠海，北京师范大学-香港浸会大学联合国际学院社会工作与社会行政学系

李建会，中国珠海，北京师范大学-香港浸会大学联合国际学院教务长兼研究生院副院长

查尔斯·罗威，中国珠海，北京师范大学-香港浸会大学联合国际学院人文与社会科学部

莫爱德，中国珠海，北京师范大学-香港浸会大学联合国际学院政府与国际关系系

吴清辉，中国珠海，北京师范大学-香港浸会大学联合国际学院校长

Yuthnea Ngoy，柬埔寨金边，金边皇家大学外国语学院国际研究系

Pheakkdey Nguon，柬埔寨金边，金边皇家大学外国语学院国际研究系“柬埔寨 21 世纪海上丝绸之路研究中心”

马克·佩里，中国珠海，北京师范大学-香港浸会大学联合国际学院通识教育办公室

维克多·J. 罗德里格斯，中国珠海，北京理工大学珠海学院中美国际学院

路易斯·米格尔·多斯桑托斯，中国澳门，教育家

普罗富拉·萨克，孟加拉达卡，达卡皇家大学

苏越，奥雅纳工程咨询（上海）有限公司建筑可持续性发展

丁郑文，越南河内，河内国家大学研究事物办公室副主任

詹肇泰，中国珠海，北京师范大学-香港浸会大学联合国际学院通识教育办公室

Yuvaktep Vann，柬埔寨金边，皇家法律经济大学

王翔，中国珠海，北京师范大学-香港浸会大学联合国际学院通识教育办公室

王义桅，中国北京，中国人民大学欧盟“让·莫内”讲教授

黄匡忠，中国珠海，北京师范大学-香港浸会大学联合国际学院学生事务处主任、社会工作和社会管理专业教授

黄靖雯，中国珠海，北京师范大学-香港浸会大学联合国际学院通识教育办公室

谢立言，中国珠海，北京师范大学-香港浸会大学联合国际学院全人教育办公室

徐宝军，中国珠海，北京师范大学-香港浸会大学联合国际学院食品科学与技术系

杨斯敏，中国珠海，北京师范大学-香港浸会大学联合国际学院通识教育办公室

余振辉，中国珠海，北京师范大学-香港浸会大学联合国际学院环境科学系

阮宾皓，中国珠海，北京师范大学-香港浸会大学联合国际学院环境科学系

缩略语

American Association of University Professors (AAUP)	美国大学教授协会
Appraisal Center for Environmental Engineering (ACCE)	环境工程评价中心
Asian Infrastructure Investment Bank (AIIB)	亚洲基础设施投资银行
Association of Southeast Asian Nations (ASEAN)	东南亚国家联盟
Bangladesh, China, Myanmar, and India (BCIM)	孟中印缅
Building Environment Assessment Systems (BEASs)	建筑环境评估系统
Bavarian Motor Works (BMW)	德国宝马汽车公司
Belt and Road (BR)	“一带一路”
Belt and Road Initiative (BRI)	“一带一路”倡议
Belt and Road Portal (BRP)	“一带一路”门户网
Chinese Academy of Social Sciences (CASS)	中国社会科学院
China Chamber of International Commerce (CCOIC)	中国国际商会
China Council for the Promotion of Interna-	中国国际贸易促进委员会

tional Trade (CCPIT)	
China Central Television (CCTV)	中国中央电视台
Council for the Development of Cambodia (CDC)	柬埔寨发展理事会
Ceylon Electricity Board (CEB)	锡兰供电局
Confucian Institutes (CI)	孔子学院
Central Intelligence Agency (CIA)	美国中情局
Colombo International Container Terminals (CICT)	科伦坡国际集装箱码头
Commonwealth of Independent States (CIS)	独立国家联合体
China-Malaysia Center for Traditional Chinese Medicine (CMCTCM)	(CMCTCM) 中马中医药中心
China Merchants Port Holdings Company Limited (CMHI)	招商局港口控股有限公司
Chinese, Malay, Indian and Others (CMIO)	首席医疗信息官
China Merchants Ports (CMPorts)	招商局口岸
China Yuan (CNY)	人民币
Country of Origin Image (COI)	来源国形象
Communist Party of China (CPC)	中国共产党
Communist Party of China Central Committee (CPCCC)	中国共产党中央委员会
China-Pakistan Economic Corridor (CPEC)	中巴经济走廊
Chinese University of Hong Kong (CUHK)	香港中文大学
English Language Teaching Management (ELTM)	英语教学管理
Dialogue in the Social Integration Process	社会融合进程中的对话

(D-SIP)	
English for Academic Purpose (EAP)	学术英语
Eurasian Economic Union (EEU)	欧亚经济联盟
Environmental Impact Assessment (EIA)	环境影响评估
Environmental Impact Report (EIR)	环境影响报告
Environmental Impact Statement (EIS)	环境影响报告书
Environmental Protection Bureaus (EPBs)	环保部门
Ethnic Integration Policy (EIP)	居民种族比例政策
English for Specific Purpose (ESP)	专门用途英语
European Union (EU)	欧盟
Foreign Direct Investment (FDI)	外商直接投资
Free and Open Indo-Pacific (FOI)	自由开放的印太
Free Trade Agreement (FTA)	自由贸易协定
Guangdong-Hong Kong-Macao (GD-HK-MO)	粤港澳
Gross Domestic Product (GDP)	国内生产总值
General Inductive Approach (GIA)	一般归纳法
Global Innovation Exchange (GIX)	全球创新交流
Government-Organized Non-Governmental Organization (GONGO)	政府组织的非政府组织
Hong Kong (HK)	香港
Heckscher-Ohlin (HO)	赫克歇尔-俄林
Hong Kong and Shanghai Banking Corporation Limited (HSBC)	汇丰银行
International Finance Corporation (IFC)	国际金融组织
Inter-Industry Trade (IIT)	产业间贸易

International Maritime Organization (IMO)	国际海事组织
Institute of Policy Studies (IPS)	政策研究所
International Relations (IR)	国际关系
Increasing Return to Scale (IRS)	规模报酬递增
Islamic State in Iraq and Syria (ISIS)	伊拉克与叙利亚伊斯兰国
International Social Service (ISS)	国际社会公益服务处
Leadership in Energy and Environmental Design (LEED)	能源与环境设计认证
Liquefied Natural Gas (LNG)	液化天然气
International Convention for the Prevention of Pollution from Ships 1973 as Modified by the Protocol of 1978 (MARPOL 73/78)	经议定书修订的1973年《国际防止船舶造成污染公约》
Ministry of Commerce of the People's Republic of China (MC)	中华人民共和国商务部
Malaysian Chinese Association (MCA)	马来西亚华人公会
Ministry of Environmental Protection (China) (MEP)	环境保护部（中国）
Ministry of Foreign Affairs (MFA)	外交部
Mainland-Hong Kong Joint Mediation Center (MHJMC)	内地——香港联合调解中心
Ministry of Environment (MOE)	环境部
Memoranda of Understanding (MOU)	谅解备忘录
Maritime Silk Road (MSR)	海上丝绸之路
National Development and Reform Commission of the People's Republic of China (NDRC)	中华人民共和国国家发展和改革委员会
New Economic Policy (NEP)	新经济政策

Non-Governmental Organization (NGO)	非政府组织
National Integration Council (NIC)	国民融合理事会
National People's Congress (NPC)	全国人民代表大会
Official Development Assistance (ODA)	政府开发援助
Organization for Economic Co-operation and Development (OECD)	经合组织
Organization of Islamic Countries (OIC)	伊斯兰国家组织
Other Official Flows (OOF)	其他官方资金
Our Singapore Conversation (OSC)	"我们的新加坡"对话
Plan Environmental Impact Assessment (PEIA)	规划环境影响评估
People's Republic of China (PRC)	中华人民共和国
Pearl River Delta (PRD)	珠江三角洲
Special Administrative Region (SAR)	特别行政区
State Council of the People's Republic of China (SC)	中华人民共和国国务院
Social Cognitive Career Theory (SCCT)	社会认知生涯理论
Shanghai Cooperation Organization (SCO)	上海合作组织
Singapore Federation of Chinese Clan Associations (SFCCA)	新加坡宗乡会馆总会
Sri Lanka Ports Authority (SLPA)	斯里兰卡港务局
Stage of Processing (SOP)	加工阶段
Silk Road Economic Belt (SREB)	丝绸之路经济带
Science, Technology, Engineering, and Mathematics (STEM)	科学、技术、工程和数学教育
Strengths, Weaknesses, Opportunities and	态势分析

Threats (SWOT)	
Traditional and Complementary Medicine Division, Ministry of Health, Malaysia (T&CM)	马来西亚卫生部下属的传统与补充疗法部门
Trade Conformity Index (TCI)	贸易一致性指数
Traditional Chinese Medicine (TCM)	传统中药
Teaching English as a Foreign Language (TEFL)	英语外语教学
Teaching English to Speakers of Other Languages (TESOL)	对母语为非英语人士的英语教学
Twenty-foot Equivalent Unit (TEU)	二十英尺当量单位
United Kingdom (U. K.)	英国
United States (U. S.)	美国
Union Development Group (UDG)	联合发展集团
United International College (UIC)	联合国际学院
United Nations (UN)	联合国
United Nations Commission on International Trade Law (UNCITRAL)	联合国国际贸易法委员会
United Nations Development Program (UNDP)	联合国开发计划署
United Nations Environment Program (UNEP)	联合国环境规划署
United Nations Educational, Scientific and Cultural Organization (UNESCO)	联合国教科文组织
USA Dollar (USD)	美元
U. S. Green Building Council (USGBC)	美国绿色建筑协会

World Health Organization (WHO)	世界卫生组织
World Integrated Trade Solution (WITS)	世界综合贸易解决方案
World Trade Organization (WTO)	世界贸易组织
Xiamen University Malaysia (XMUM)	厦门大学马来西亚分校

《国外“一带一路”研究译丛》第二辑

《从丝绸之路到“一带一路”：重塑过去，共创未来》

《南亚制造业与就业：经济可持续发展战略》

《“一带一路”：中国与亚洲》

《“一带一路”倡议和全球经济（Ⅰ）—国际贸易和经济发展》

《中国“一带一路”倡议与国际私法》

《中国：交通运输基础设施，创新与“一带一路”倡议》

图书在版编目（CIP）数据

从丝绸之路到“一带一路”：重塑过去，共创未来 /（孟加拉）黄泽（Md. Nazrul Islam）主编；余承法，段园园译. --长沙：湖南人民出版社，2023.11

ISBN 978-7-5561-3322-2

I. ①从··· II. ①黄··· ②余··· ③段··· III. ①丝绸之路—研究 ②“一带一路”—国际合作—研究 IV. ①K928.6 ②F125

中国国家版本馆CIP数据核字（2023）第179486号

CONG SICHOU ZHI LU DAO YI DAI YI LU：CHONG SU GUOQU，GONG CHUANG WEILAI

从丝绸之路到“一带一路”：重塑过去，共创未来

主　编	[孟]黄　泽（Md. Nazrul Islam）	印　刷	长沙超峰印刷有限公司
译　者	余承法　段园园	版　次	2023年11月第1版
责任编辑	吴韫丽	印　次	2023年11月第1次印刷
装帧设计	格局视觉	开　本	710 mm × 1000 mm　1/16
责任印制	肖　晖	印　张	26
责任校对	杨萍萍	字　数	326千字
		书　号	ISBN 978-7-5561-3322-2
出版发行	湖南人民出版社 [http://www.hnppp.com]	定　价	140.00元
地　址	长沙市营盘东路3号		
邮　编	410005		
经　销	湖南省新华书店		

营销电话：0731-82221529（如发现印装质量问题请与出版社调换）